王晓虹◎主编

"三问"教学法

深度学习的聚焦

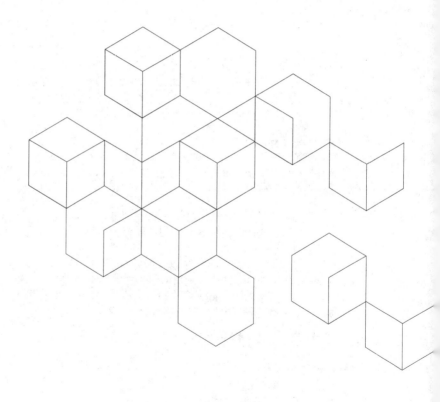

华东师范大学出版社
·上海·

图书在版编目（CIP）数据

"三问"教学法：深度学习的聚焦 / 王晓虹主编
. —上海：华东师范大学出版社，2020
　ISBN 978 - 7 - 5760 - 0720 - 6

　Ⅰ.①三… Ⅱ.①王… Ⅲ.①教学法—教学研究—高
中　Ⅳ.①G632.41

中国版本图书馆 CIP 数据核字（2020）第 211199 号

"三问"教学法：深度学习的聚焦

主　　编　王晓虹
责任编辑　刘　佳
项目编辑　林青荻
特约审读　陈成江
责任校对　张　沥　时东明
装帧设计　周轶雯

出版发行　华东师范大学出版社
社　　址　上海市中山北路 3663 号　邮编 200062
网　　址　www.ecnupress.com.cn
电　　话　021 - 60821666　行政传真 021 - 62572105
客服电话　021 - 62865537　门市（邮购）电话 021 - 62869887
地　　址　上海市中山北路 3663 号华东师范大学校内先锋路口
网　　店　http://hdsdcbs.tmall.com/

印刷者　上海展强印刷有限公司
开　　本　787×1092　16 开
印　　张　17.25
字　　数　271 千字
版　　次　2020 年 12 月第 1 版
印　　次　2022 年 6 月第 2 次
书　　号　ISBN 978 - 7 - 5760 - 0720 - 6
定　　价　52.00 元

出版人　王　焰

编 委 会

目　录

第一章　分析学生的认知基础 / 13

　　分析学生的认知基础有多种多样的方法。课前目标与重难点的设计，主要可以采用前测、访谈和问卷调查的方法；课中根据学生的学习状态，即时调整教学预设，主要可以采用观察法和提问分析的方法；课后为教学的反思和改进提供依据，主要可以采用后测、访谈和作业调研的方法。

第二章　知晓学生的学习能力 / 35

　　知晓学生的学习能力，需要找准恰当的切入点，长期跟进。首先，要科学区分学习能力的"显性因素"与"隐性因素"；其次，注重运用一些跨学科的方法，进行"跨界融合"，全程跟踪；最后，还需要坚持"点"与"面"的结合，既照顾整体，也兼顾个性；坚持长期性与阶段性相结合的原则，及时进行调整。

第三章　把握学生的学习情意 / 59

把握学生的学习情意，需要科学严谨的方法。首先，要进行真实的数据搜集，进行量性研究，主要包括问卷调查法和自陈量表测量法。其次，需要进行科学的质性分析，通过数据分析学生的心理活动和行为的共性规律。同时，还可以借助访谈、心理测试等方法深入地了解学生的心理状态，做到知情达意，以求教学中的知行合一。

第四章　聚焦学科核心素养 / 77

聚焦学科核心素养，影响是多方面的。首先，表现在教学目标的设定上，要坚持以核心素养为纲，各学科对于6大核心素养的侧重虽有差别，但终极目标却是一致的；其次，影响着教学资源的拓展，可以根据《课程标准》，构建"任务群"，以"板块化"来进行合理的教学内容重构；再次，倒逼教学方法的改进，提升学生在课堂中的存在感与参与度。

第五章　优化单元教学设计 / 105

单元教学设计是集"单元内容""能力层级""核心素养"于一体的系统。实践中,通过"精选单元知识""划分能力层级""明确核心素养"三个维度,建构单元教学坐标系,直观地呈现出知识、能力与素养三者之间的对应关系,既明确目标,也把握重点,还兼顾学情,达到"一箭三雕"的效果。

第六章　精准设定教学目标 / 123

教学目标的设定是优化课堂的前提和保障。以学习为中心的"三问"教学法要求教学目标的设定立足于学生的学情,结合学科课程标准,合理使用"单元教学坐标系",深化对课标及教材的理解。课堂教学目标的设定应关注学科核心素养的要求、整体课程架构、单元教学框架、具体学情特点等,精准的目标设定将是课堂教学实现变革的落脚点,是教学过程最优化设计的前提。

第七章　重构教学内容 / 145

重构教学内容是对教学资源的重组与优化。教学内容重构须以深入研读教材、了解其编排体系为基础;教学内容重构须以掌握并充分考虑学生的学情和认知规律为前提;教学内容重构要注重对教学资源进行科学合理的优化,"细分优化""精准优化",以期达到较好的教学效果。

第八章　优化教学方法 / 189

　　优化教学方法是学情精准分析和教学目标达成的桥梁。教师应根据学情、教学目标、教材内容、学科特征、自身优势等因素，在教学过程中进行主题突出、目标明确、形式多样的教学方法实践，不断优化教学方法，提升教学效果。优化教学方法既是对学情是否精准把握的有效试验，也是对教学目标能否达成的宝贵探索。

总 论

以学习为中心的
"三问"教学法

上海市第六十中学一直坚持"成才教育"办学思想，深入开展课程教学改革，在教育综合改革背景下，依据"成才教育"办学思想和新时代"造就多元人才，和谐全面发展"的办学理念，学校整体构建学校"全景式课程"体系，展开新一轮课程教学改革的探索。

学校的课程教学改革始终关注研究文化的培育，在推动学科个性化优势发展的过程中，开展了以学习为中心的"三问"教学法的实践探索，要求教师在教学实施中思考并解决三个问题："第一问"指向学情分析与目标设定，即学生的学习起点"在哪里""要到哪里去"；"第二问"指向教学内容与策略方法，即该"怎么去"；"第三问"指向教学效果的反馈与评价，即"去了没有"。这三个部分关联循环，螺旋式提升。

一、"一问"：学情与目标

提升课堂教学有效性的基础在于，教师须明确学生的起点在哪里、要到哪里去，从而进行教学过程的整体把握。教学起点的精准划定与目标的科学设定是教师选择教学策略、实施教学过程、完成教学评价的两个关键点。

(一)精准分析学情

精准分析学情即要求教师对学生情况与状态进行客观分析，日常教学活动中的学习对象可以是班级或个体两个层面，学情把握的目的在于使得教学更有针对性；内容包括学生的认知基础、学习能力，以及非智力因素方面的学习情意。

1.学情分析的目的

无论是面向班级的群体教学，还是针对个体的个性化指导，都需要进行精准的学情分析。精准的学情分析有助于教学目标的明确具体,学生在每一个学习阶段的年龄特点、认知能力、学习需求等都是不一样的,只有充分了解学生现有的知识经验、能力基础和心理特点,才能有的放矢地设定教学目标、进行教学活动;精准的学情分析有助于教学内容的精当把握,教师基于学情分析,对教学重、难点准确把握,对教学内容有序重组,从而梳理出教学过程中最核心的知识脉络;精准的学情分析有助于教学策略的恰当选择,教学过程是一种师生双边活动的动态变化过程,教学策略与方法的使用与调整,应基于学生学习的实际情况,教师的讲解、活动的设计、学生的练习都应基于学情分析。

2. 学情分析的内容

学情分析所涉及的内容相当广泛,学生现有的知识结构、情趣特点、思维特征、认知状态、心理状况以及发展的愿景等都有可能影响学生的学习,都应该是学情分析的关注点。我们所提倡的学情分析,大致可以分为以下三个方面,八个"知道"。在实践中,要根据不同的需要来明确学情分析的侧重点。

第一方面是学生现有的认知基础。学生已经具有了哪些知识储备,达到了什么水平层级,还存在哪些困难,等等。只有针对这些情况进行深入了解,然后才能够对症来下药,量体而裁衣,才能真正呈现出因材施教的教学状态。具体来说,应该做到**两个"知道":知道学生的知识水平、知道学生的困难疑惑。**

第二方面是学生现有的学习能力。知识是一个可以衍生的系统,是可以发展的。学生在接受知识的过程中,教师除了引导学生掌握新知识以外,还需要借助教学手段,让学生掌握学习的技能、技巧,尽最大可能帮助学生进入到"最近发展区"。因此,充分了解学生的思维能力、接受能力、迁移能力、创造能力等因素,也是教学活动的关键。具体来说,应该做到**两个"知道":知道学生的思维方式、知道学生的学习方法。**

第三方面是学生现有的学习情意。主要指向学生的习惯、动机、意志、品质等非智力因素,需要侧重了解学生身心发展的各种特点,需要了解学生的未来发展愿景等;要能够科学提炼和总结出共性规律,作为教学活动设计与实施的重要参考。简要来说,要做到**四个"知道":知道学生的心理特点、知道学生的学习态度、知道学生的兴趣爱好、知道学生的学习需求。**

3. 学情分析的方法

教师在课前、课中、课后不同时段所进行的学情分析对各个教学环节均会起到引导和支持作用,但由于对促进教学有效性的价值是不同的,因此所采取的分析方法也不尽相同。

课前学情分析的意义在于科学调研学生知识储备、学习经验、思维方式等信息,科学定位教学目标,从而为教学内容的分配、教学策略的选择等教学设计提供方向,主要可以采用前测、访谈和问卷调查的方法;课中学情分析的意义在于实时了解、判读学生的学习状态,从而为即时调整教学节奏和教学策略,调整教学预设,生成教学"火花"提供契机,主要可以采用观察法和提问分析的方法;课后学情分析的意义在于分析和评价教学达成的程度,从而为教学的反思和改进提供依据,主要可以采用后测、访谈和作业调研的方法。

学情分析根据不同的主体和需要,其侧重点也是不同的。对于学校而言,课程的开设要充分了解本校学生的发展愿景,立足生涯规划,全面提升学生素养;对于教研组计划、教学进度的制订,要立足于知识的系统性等方面的分析;对于教师一节课的设计而言,需要综合考虑学习能力、学习态度等各种因素。

(二) 精确设定目标

"到哪里去"即要求教师从学生的实际出发,思考要达到怎样的教学目标。教学目标是教师对教学活动预期达到的结果或标准,精确设定目标是教学内容甄选的基础,是教师进行课堂设计与教学策略选择的依据;精确设定目标是也是教学评价的基础,是教师进行科学评价的标准。从教学变革的历程来看,教学目标经历了由"双基"到"三维目标"再到关注"学科核心素养"的过程,其变化反映了国家对人才培养目标发展的进程。

1. 教学目标设定的原则

学生通过每一门学科的学习,逐步形成正确价值观念、完善必备品格,锻炼关键能力,是每一门学科、每一个教学活动都必须关注的,因此,教学目标的设定要有整体性。

教学目标的设定应立足于学生的学情,只有建立在真正了解学生的能力、水平、学习需求等基础上,再结合学科课程标准,来进行有针对性的目标设定,才不至于出现目标过大或者过小的情况,才能够保证教学活动是行之有效的,因此,教学目标的设定要具有针对性。

2. 教学目标设定的路径

如何全面、深入地理解凸显"学科核心素养"的课程标准并落实,确立科学、有效且可评、可测的教学目标,我们认为可以通过单元教学目标的精准设定来实现。单元教学目标的设定有助于教师在整体目标的指引下,完成关注学科核心素养的学习任务的设计。

如何更精准地设定单元教学目标,我们认为可以通过"单元教学坐标系"的构建来完成。

坐标系是理科研究常用的辅助方法,能够直观地呈现出各个事物之间的相互作用和关系,而我们建立"单元教学坐标系",就是为了进一步明确教学要素间的关联,从而科学、有效地指导我们精准地设立单元教学目标。

"单元教学坐标系"的横坐标为"单元知识",内容参照各学科的课程标准、教材、教学基本要求等素材;纵坐标为"能力层级",各学科可以以布鲁姆的学习水平分类系统为基础,同时参考各学科课程标准及考试手册中对于目标层级的相关说明,将目标分为若干个能力层级。横坐标强调单元相关知识内容的基础性和不可或缺性,纵坐标体现了学生认知从简单到复杂的能力,讲究目标的层次递进。在横、纵坐标的交汇处,以核心素养点状分布的方式形成知识—能力—素养之间的关联。

为了使得知识—能力—素养之间的连结更为合理,教学目标的设定更加准确,"单元教学坐标系"的构建须以解读学科核心素养和精选单元核心知识为基础。首先,教师应充分了解学科核心素养的内容及特征,关键词的内涵及外延,各维度之间的关联。同时,教师应在全面把握学生学情的基础上,仔细阅读学科课程标准、教材单元文本,对单元内容、结构及内涵进行深入的研究和分析,梳理得

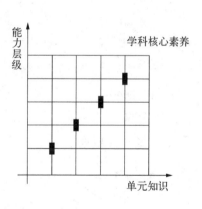

到单元教学内容的主题与脉络,筛选出单元核心知识内容,并科学定位能力层级。最后,教师应将素养、知识与能力实现贯通,形成完整的坐标体系。

合理使用"单元教学坐标系"有助于深化我们对于课标及教材的理解,当我们通过自主思考、组内研讨等方式建构起一个学期甚至一个学年的教学坐标系时,可整体把握学科教学的内容分布,由此选择更为适宜的教学策略。

二、"二问": 内容和方法

在充分了解学生"在哪里""到哪里去"之后,还要思考"怎么去"。而"怎么去"的关

键是课堂,课堂上教什么、怎么教,都应基于学生学习起点并直接指向教学目标的达成与否。

(一) 提高把握教学内容、驾驭教材的能力

学校课堂教学的重要任务,就是最优化实施国家课程。在实施过程中,教师既要全面、深入地理解凸显"学科核心素养"的课程标准,同时也要依据学情和教学目标,对教材进行整体把握、精确重构,分阶段、分模块地进行实施,还需要优选教学参考辅助材料,即以国家课程标准为基准,立足实际,整合出最适合学生的教学内容。

1. 掌握课程标准

教师理解和掌握学科课程标准是把握教学内容,达成教学目标的前提条件。

基础教育课程承载着党的教育方针和教育思想,是国家意志在教育领域的直接体现。2017 年,教育部重新修订了普通高中各学科课程标准,这是一套既符合中国国情,又具有国际视野的纲领性文件,体现了三个特点,一是各学科基于学科本质凝练了本学科的核心素养,明确了学生学习该学科课程后应达成的正确价值观念、必备品格和关键能力;二是进一步精选了学科内容,重视以学科大概念为核心,使课程内容结构化,以主题为引领,使课程内容情境化,促进学科核心素养的落实;三是明确学生在完成本学科学习任务后,学科核心素养应该达到的水平,各水平的关键表现构成评价学业质量的标准。

2. 重构教学内容

教师基于学科课程标准和学生学习实际进行教材内容重构是达成教学目标的重要手段。

基础教育教材一般是遵循由简单到复杂、由具体到抽象的螺旋式编排原则,根据教育规律,每个年段都有不同的要求,逐步帮助学生对学科知识形成比较完整的认识。教师需要统观全局,熟悉教材中教学内容编排体系,研究教材各章节知识的内在联系,分析课程标准中的学业质量水平层级,依据学情和学生认知规律,整体考虑,从教材内容结构和实施时间上做出适当安排,使学科中的不同内容和思想方法既各显其能又和谐统一,以期达到较好教学效果。由于知识的掌握有一个反复的过程,能力的形成有一个逐步上升的过程,教师对教材的整体把握和重构显得至关重要。

3. 优选教学资源

教师利用各种教学资源来提升学识修养,是把握教学内容和驾驭教材能力的一种

重要表现。

首先是博览,这是一种治学态度。可以从纵横两方面搜集、查阅资料,积累整理资料。纵向的包括各种学科参考、指导书,各级杂志上同行的经验成果,国内外最新的研究信息等;横向的包括教育学、心理学等方面的书籍。其次是筛选,这是一种治学之道。教学中,不同的见解处处可见,通过比较、分析、判断,形成对问题的独特见解,从而完善对学科的认识。第三是创新,这是一种治学能力。所谓根据所处教学情境积累的经验,不一定适合每个人的全部实际,更不可能为每个问题提供正确答案,对参考材料不简单模仿,而是加工、改造,这就是创新。

(二)优化教学方法

课堂上,教师如果只注重讲授,其实质就是用讲授代替了学生的学习,同时也必定挤压了学生学习的时间与空间,导致学生在课堂上无法体验知识产生和发展的过程,从而无法习得方法,得到收获。换言之,就是教师在课堂上是否坚持"以学习为中心",在很大程度上决定了学生会产生什么样的学习效果。

以学习为中心,我们认为有三个关键:学习策略科学、教学节奏适当、教学环节均衡。

1. 学习策略科学

以学习为中心,就是提倡教师要从认知策略、情绪调控、教育资源使用等方面指导学生选择适切的学习策略,促进学生思维能力的培养和发展。

情绪调控、教育资源使用等策略是为了更好地使学生的学习和认知活动得到积极发展,因此认知策略是核心,情绪调控、教育资源使用和认知策略之间是相互联系、相互补充的。高中阶段的知识一般有描述性知识和程序性知识两种,其认知策略大致分为三个层次:是什么? 为什么? 还有什么?

要搞清所学知识是什么,可采用教材的阅读、讲解的变奏、训练的变式等方法;要研究其为什么,可通过进一步追问、质疑、讨论、评价等,加深理解、提高思维能力;在研究了某一知识"是什么、为什么"之后,还要问一问"还有什么",即通过对学过的内容进行梳理总结,反思自己是否真正把握了知识结构。一个人对学习知识的体验是有时效性的,如不及时进行总结,这种体验就会消退,从而就会失去宝贵的思想方法的形成的机会,失去从经验上升到规律、从感性上升到理性的机会,这是学习的一种最大浪费。

2. 教学节奏适当

以学习为中心，必须强调教师的课堂主导地位，教师对课堂教学节奏的把控是影响学生学习情意的重要因素。为此，我们对教师课堂教学提出"缓坡度、高密度、快节奏"九字要领。

缓坡度，即教师要注意教学目标设定的层次性，依次螺旋式上升；要注意教学内容安排的层次性，分散难点、突出重点、由浅入深；要注意教学实施的层次性，不同难易的问题选择不同的方法和不同的学生来解决；要注意作业布置的层次性，作业的数量与难度因人而异。要以中间学生的有效学习来带动学习稍有困难的学生，促进学有余力的学生学得更好。

高密度，即指课堂教学要把控信息量的扩充，关注思维量的增加，重视交流量的提高。高密度的课堂，对教师的教提出更高要求：重点突出、简明扼要，不拖泥带水；生动有趣、举一反三、不就事论事。

快节奏，快节奏不是快进度，而是教师采用小步子、高频率的方法，减小知识坡度，加快学习速度，缩小学生学习差距。课堂节奏是一种规律，也是一种艺术。课堂节奏包括：内容轻重疏密搭配的节奏，师生交替活动的节奏，等等。

3. 教学环节均衡

以学习为中心，强调学生是积极主动的知识建构者的地位，就需要教师在课堂上要给学生"读、想、讲、练"的机会，"使学生成为独立的、自主的、高效的学习者"。

"读"是指导学生阅读教材，写读书笔记，这是教学的基础；"想"是让学生独立猜想、思考问题，这是教学的关键；"讲"是教师进行启发诱导，或学生讨论、回答问题，这是教学的重要环节；"练"是让学生主动、独立地练习，这是掌握知识的重要途径。

课堂上的"读、想、讲、练"是有机统一的，教师制订学习任务单，指导学生自学教材，思考学习问题，让学生在尝试自主学习的同时提高自学能力；另外，教师须在课堂中创造让学生没有困难地再现知识、运用知识的机会，以达到帮助学生巩固知识的目的。当然，对不同学科、同一学科不同内容的课堂而言，其侧重点各不相同，但作为课堂教学的重要活动环节，使学生能在老师的帮助下，主动进行课堂上的主体参与，这既有助于调控其学习动机、学习过程、学习技能，形成学生自己对知识的独立理解，培育和提高学科核心素养，也有利于学生非智力因素的发展，更为学生可持续发展奠定基础。

三、"三问": 反馈与评价

反馈与评价是依据教学目标对教学过程及结果进行价值判断,对教学决策提供有用信息的过程。反馈是在教学过程中,教与学双方各种信息的相互传递和相互作用。其中,反馈面向课堂学习情况的信息集中,而评价是在教学反馈的基础上指向教学过程和教学效果,二者相辅相成,互为补充。反馈与评价共同指向的是学生在某一阶段、某一学段的学习效果。

(一)反馈与评价的原则

反馈与评价是教师测量教学效果的重要途径,是基于教学实践而进行的效率评估,因此,反馈与评价应该注重以下几个原则:

1. 及时性

当教师在进行评价并获取反馈信息时,一定要及时对这些反馈进行回应,以保证这些反馈的时效。特别是捕捉到学生错误认知的反馈信息时,应该及时对其进行纠正,并迅速做出教学策略的调整,这样能大大提高课堂效率。

2. 全面性

教学要面向全体学生,反馈与评价的对象也应该是全体学生。教学评价与反馈不能只针对个别学生展开,应当涵盖不同层次的学生。每个学生都是不同的,当面对不同层次、不同能力、不同性格的学生时,教师应该因材施教、因地制宜,从而才能在量大面广的反馈中全面真实地反映教学目标的达成度。

3. 科学性

反馈与评价必须是科学的。要制订科学的评价方案,形成相对完善的反馈机制,才能在反馈数据的基础上,进行科学分析,得出客观的、科学性的结论,才能够规避学习方向的偏离,避免走弯路、错路的现象,才能精准定位学生到底"走到了哪里"。

(二)反馈与评价的标准

为了确保反馈与评价的及时、全面、有效,我们认为其在实施过程中需要有相对明晰的标准。其对象是学生,其目的是为了提高教学效果,其载体是教学内容的逐步贯彻与落实,这就需要在进行评价时充分考虑学情、教学目标、教学内容等因素,做到"三合"。

1. 是否与学生学情相吻合

在反馈与评价时,要注重是否与学生学情相吻合。这个过程是评价——得到反馈的信息——再评价——改进教学策略——达成教学目标的过程。因为学生的年龄、性格和能力等都不尽相同，教师只有根据实际制定学习评价的标准，形成一定的机制，才能量大面广地反映教学目标的达成度。

2. 是否与教学目标相契合

在反馈与评价时，要注重是否与教学目标相契合。教学目标既是教学的出发点，同时也是教学的归宿。教学目标的达成度实际上就是对教学效果的检测，因此，教学反馈与评价也需要以教学目标为引导和指向。在教学过程中，教师通过反馈与评价的实施，搜集学生的反馈信息并有针对性地调控教学行为，规避、校正教学方向的偏离，对教学目标的达成起着至关重要的作用。

3. 是否与教学内容相贴合

在反馈与评价时，要注重是否与教学内容相贴合。教学内容经过教学行为的展开转化为学生的知识与能力，教师要明确教学内容是否已经被学生吸收、内化、应用，需要有相应的反馈与评价机制加以测量，以此确保教学内容的有效开展，从而达成学科核心素养的有效培养。

（三）学习反馈与评价的策略

学习反馈与评价是引导学生学习和发展的关键方式，也是教师检测学生"走到哪里"的重要手段。

在实施过程中，我们主张课堂与课后的两个结合，即课堂观察与课后记录相结合、课堂练习与课后作业相结合；多种评价方式的综合，即学生自评、小组互评、教师评价等方式综合起来；多个评价侧重点的契合，即目标的达成、内容的选择、过程的实施、方法的掌握等相配合使用。

同时，根据反馈与评价的对象，以时序为标准，采用"即时性""阶段性"和"总结性"相结合的方式，可以使反馈与评价程序化繁为简，事半功倍。

1. 即时性反馈与评价

课堂教学中的即时反馈与评价往往是教师运用语言对学生在课堂上的学习态度、方法、过程、效果等方面进行即兴点评的过程，它是促进学生成长、提高课堂教学质量的重要手段，有着反馈、激励、调控、导向的作用。课堂上的即时性反馈与评价主要为了激励、唤醒与鼓舞，调动学生参与的热情，发掘学生的诸多潜能，有利于打开学生思维的闸门，促进课堂效果和课堂的有效生成。

2. 阶段性反馈与评价

阶段性反馈与评价一般是在某一种学习阶段结束之后进行,按照内容划分可以是在某一个知识点、某一个章节、某一个单元学习结束之后,也可以根据时间周期来划分,包括一周、一旬、一月等,它是对学生发展目标实现程度作出的较为规律的评价与反馈,是一种动态的评价与反馈。它可以有效帮助学生认识自己的不足,查漏补缺,调整自己的学习策略;可以帮助教师发现教学中的不足,从而及时调整教学策略,重组教学内容,改进教学方法,使教学实施更顺畅。阶段性反馈与评价是教学过程中不可缺少的环节,是老师和学生了解教学和学习效果,调整"教"和"学"行为的重要手段。

3. 总结性反馈与评价

总结性反馈与评价一般是指某一教学活动告一段落后,为了解教学活动的最终效果而进行的反馈与评价。学期末或学年末,各类学业水平测试、综评等都属于这种方式,其目的是检验学生的学业是否最终达到各科教学目标的要求,是否达到培养学生学科核心素养的目标。总结性评价指向的是学生在某一学段结束之后所达到的学习效果,以总结性的评价手段与反馈内容对被评价者做出全面鉴定,作出客观的、量化的评价,并对整个教学活动的效果做出总结性评定。

"三问"教学法凝结了学校长期以来在学科教学管理上的先进理念与科学经验,展现了学校优秀教师长期以来在教学实践中的既有共性又独具特色的教学主张与思想精华,凸显了学校的教育智慧。

（撰稿人：王晓虹　单颖　胡胜辉　陈硕　赵翀）

第一章

分析学生的认知基础

  分析学生的认知基础有多种多样的方法。课前目标与重难点的设计,主要可以采用前测、访谈和问卷调查的方法;课中根据学生的学习状态,即时调整教学预设,主要可以采用观察法和提问分析的方法;课后为教学的反思和改进提供依据,主要可以采用后测、访谈和作业调研的方法。

学情分析包含的要素很多,而其中最为重要的是掌握学生认知基础：学生已经具有了哪些知识储备,达到了什么水平层级,还存在哪些困难,这是进行教学设计的基本出发点。只有全面了解学生原有的认知基础,了解学生在即将学习某一内容时所具备的与该内容相联系的知识、技能、方法、能力等,才能真正明确教学的起点,做好承上启下、新旧知识有机的衔接,才能真正达成教学目标,提高教学效率。

掌握学生的认知基础贯穿于整个教学过程,是一个自始至终的延续性的教学活动。在学校"三问"教学探讨的实践中,教师们在各个教学环节中,始终运用各种方法进行深入探索。有的老师注重在课前的系统分析,以梳理出成系列的知识结构,进行有针对性的教学预设;有的老师会根据课中有效性的问题设计,进行"即时性"的反馈,进而做出相应的教学策略调整,注重课堂上"教学生成"的及时处理,进一步建构完整的知识系统;也有的老师强调了课后时段的作业设计,通过借助作业的方式全面考量学生的认知基础：已经掌握了哪些,哪些方面还有漏洞,来作为下一学习内容的学情分析的基础和教学重难点、教学策略选择的依据。

掌握学生认知基础的方法也多种多样,各有侧重。在实践中,教师也根据需要以及自身特点,科学运用。如课前为了目标与重难点的设计,主要可以采用前测、访谈和问卷调查的方法;课中根据学生的学习状态,从而为即时调整教学预设,主要可以采用观察法和提问分析的方法;课后为教学的反思和改进提供依据,主要可以采用后测、访谈和作业调研的方法。

当然,学生的认知基础是一个动态的变化过程,这就要求我们对于它的分析也是动态的过程,避免将认知基础的分析单纯理解为知识点的罗列这一僵化的模式,要深入具体分析每一类学生在面临新的教学内容时应具备怎样的知识结构,可能会有什么困难与障碍,进而思考与解决的对策。同时,对认知基础的分析,还需要与学生的学习能力、学习情意等方面进行有机结合,才能真正发挥学情分析的效果。

(胡胜辉)

1. 高效分析：构建差异化课堂教学

王佳琦

　　初中阶段,受中考政策的影响,学生尚未对生物学科引起足够重视,导致初中生物基础较差,但在初中课本中,已经出现较多的与高中知识的相关知识,例如呼吸作用和生殖方式,酵母菌的呼吸产物和不同生殖方式等。同时,新的高考政策明确学生可以选择在高二就参加生物学科等级考试,导致教学时间被大大压缩,学生也被迫在课后花时间依赖"死记硬背"进行弥补。这种现状,如果不对学生的认知基础进行科学分析,仍旧坚持老一套的方法,必将是"教师乱、学生累"的局面,更重要的是并没有实际效果。

一、高效分析认知基础的意义与价值

　　学生的认知基础包括知识技能、身体、心理、智力以及情感态度[①]。在中考改革、高考改革以及 2020 学年高中生物新教材的多重因素影响下,学生对于生物的认知基础在改变,同时,课堂教学中对于学生认知基础的需求也在变化。此外,认知基础的变化不仅仅发生在初高中之间,在每一章、每一节的课堂之间,学生的认知基础都会产生差异。例如在学习第六章中转录翻译过程时,第二章中的核酸相关知识、第三章中的细胞结构相关知识便成了这一节的认知基础。认知基础是影响课堂教学中重要的一个因素,教师只有在充分了解学生的认知基础情况下,才能选择合适的教学方法、确定完备的教学策略。而认知基础的差异化,更要求教师对于不同年级、班级和层次的学生制定不同的教学方式。这便需要进行认知基础分析,了解学生已有知识经验和认知

---

① 邵南燕,黄燕宁.学情分析:教学研究的重要生长点[J].中国教育学刊,2013(2): 60—63.

方式等特点,做到因材施教,对不同认知基础的班级进行差异化教学,进而提高高中生物教学的有效性。

认知基础分析,对于教学的帮助有以下几方面:帮助教师了解学生的知识基础,明确教学目标;帮助教师根据班级学生差异调整教学内容以及重点;帮助教师了解之前教学的有效性,及时反思和调整。

（一）课前明确教学目标

高中生命科学的教材、教参以及课程标准是教师选择教学重难点的依据,如果仅参考这三者,按知识点进行备课,则不同班级每一节课的内容都大致相同,就有悖于"学生是教学的主体"这一理念。教师备课,备教材、备知识点是基本,在此基础上还需要备学生,也就是必须了解学生的认知基础,其中复习课上学生基础差异在班级群体之间、学生个体之间尤为明显。

（二）课中及时调整教学内容及重点

课堂是动态的,教师备课是对于课堂教学的预设。在授课过程中,教师要不断观察学生对于内容以及问题的反映,根据学生的学习效果及时调整课堂重点。例如在探究减数分裂中染色体和染色单体数目变化时,学生对于染色单体、等位基因等概念不清,应及时对相关知识点进行复习,然后再继续开展下一步的学习。

（三）课后有效反思和调整

课后的差异分析不局限于作业和测验,教师也可利用访谈法,在面批、订正期间与学生沟通,了解学生对于整个学习过程的体会,并整合作业情况、自我反思,以及学生反馈的课堂共性难点,对本节课的内容进行修正和调整。同时针对部分个性问题,可逐一与相关学生共同解决。

二、高效分析认知基础的具体内容

认知基础的分析是对学生的知识基础、心理特点、认知基础、思维方式等多方面的分析。要达到全面把握认知基础,需用多种方式针对不同方面进行调查和分析。

学生的认知基础同时兼具着共性与个性。每个时代的学生之间存在着认知基础上的差异,当代上海学子对于先进科学技术有更多的了解,因此就转基因技术、杂交育种、克隆技术等内容认知基础普遍较为扎实。同时,虽然一个学校的教学进度是由备课组统筹的,但是不同班级、不同学生对于相同知识点的接受程度是不一样的。这一点在高二实行按选科重组行政班的学校中以班级差异为主,而维持行政班实行走班制的学校中则更突显出学生个体之间差异。

（一）分析学生的共同认知基础

人体的生长发育是存在一定规律的,因此,学生的认知发展也与年龄有一定联系。相同地区同一年龄段的学生经历的学习过程和教育方法大多一致,因此彼此之间学习动力、认知方式以及思维方式的差异并不明显。

教师在进行课前认知基础分析时,可着重于学生共性的分析,需要更好地把握学生的基础知识掌握情况,快速调整教学目标以及进度。对于知识基础的认知分析,教师可整合初高中教材以及课程标准,分析学生对于初中知识的掌握情况,适当增减教学内容。对于学生的认知方式和思维方式,根据不同班级不同的认知方式,调整教学方法,使教学更有效。

（二）分析学生的个性认知基础

不同学生在认知能力、思维方式、知识储备以及学历能力上都存在差异,即便是同一班级的学生之间也会存在着不同,尤其体现在不同选课的学生之间。教师需要通过认知基础分析掌握不同学生的学习能力,制定合适的教学重难点,定制分层化作业,着重于掌握情况较差或学生不易理解的教学重点上。此外,由于学生学习能力的不同,其掌握的知识是不同的。目前高中生命科学教材中前三章内容为知识基础,教师在进行相关课程前,可参考学生的作业和考试情况进行分析。也可重新进行认知基础分析,获取更为可靠的数据情况。

三、高效分析认知基础分析的方法途径

高中生物的认知基础分析首先必须明确分析内容,主要分为年龄特征、知识基础及学习动力和认知思维三个方面。在信息技术高度发达的现代,大样本的测试和数据分析更为便捷和高效。教师可多利用问卷软件以及网络交流软件或者生命科学二次学习平台进行认知分析。

1. 年龄特征属于学生的共性认知基础,高中主要分为高一和高二,高一学生尚处于初高中衔接阶段,更习惯于给予式教学。在生物学习上也符合当今快餐式阅读方式,比起文字更愿意看图,并且厌烦长段的材料与题干。高二学生通过一年的高中学习已具备一定的抽象思维,对于表格图形更易理解,更适合引导式或探究式学习。教

师可以通过访谈法，与学生沟通，与其他任课教师沟通，了解学生学习的喜好与特点，或是利用观察法，使用不同的教学方法进行授课，比较教学效果等方式来掌握不同年级学生的年龄特征，并且做到与时俱进。

2. 就知识掌握情况，教师可采用比较简单的练习，或是用思维导图的方式来反馈学生对于知识的掌握情况。这种方式能够兼顾个性和共性，教师能通过批阅了解班级以及每个学生的情况，从而在课前掌握学生的知识基础，或者课后了解到课堂教学的效果。针对知识掌握情况较差的学生，教师可进行针对性补缺。

3. 知识掌握情况较为客观，易于分析，但学生的学习动力、学习能力，以及认知思维差异较大且较为主观。学生在高中心理已经日趋成熟，经历过中考后，也具备一定的内在学习动力。教师在熟知学生知识掌握情况的基础下，可通过网上问卷的方式了解学生的学习情况并整合分析学生的学习能力。问卷设计以快速高效为主旨，并满足有效性和科学性，尽量做到客观、科学、全面地反映学生的情况[1]。

认知基础分析可以提高生物教学的效率，但是学生学习效率除认知分析外还受到多方面因素的影响。初中生命科学学习大多以了解和识记为主，鲜有学生可以形成系统的学习方式，因此高中生刚开始接触到生命科学的规律，需要一段时间转变学科思维。同时，教学策略的改变，更多偏向于学习能力不强、依赖教师的学生。在高中生物教学时间缩短的大前提下，如何更有效地做到提优补差，教师仍需尽力做好学生的认知基础分析，从而提高生物教学效率。

---

① 俞宏毓.学情分析存在的问题与有效方法[J].现代中小学教育,2016(12)：27—31.

2. 因材施教：精准分析学生的认知基础

周晓彤

　　"学情分析"在现代教学中已经越来越受到重视，这是教学发展的必然结果，我们的教学必须贯彻"以人为本"的精神，这其中学情分析的重要性不言而喻，学情分析的重点之一便是了解学生的认知基础，不了解学生的认知起点，自然也就无法科学、有效地进行教学设计，更遑论高效课堂了。

一、认知基础的内涵与分析认知基础的意义

　　认知基础所涉及的内容相当广泛，不仅包括现有的知识基础，还包括学生的认知能力、认知过程以及相应的认知模式等。学生在求知的过程中往往通过发现规律，将其内化为自己的认知经验，从而达到学习的效果，所以学习不能被简单地定义为从外部世界获得知识，而是学习者主动构建属于自己的知识经验的过程。在这个过程中，教师要充分考虑到不同学习者的认知基础、知识背景、个人经历、兴趣爱好等方面的不同，而不是千篇一律地灌输知识，否则教学活动就是无效的，也就是要以学生的认知基础为起点进行教学设计，才能够对症下药，量体裁衣，才能真正呈现出因材施教的教学状态，提升教学有效性。

　　（一）精准分析认知基础有助于明确教学目标

　　学生在每一个学习阶段所具备的学习基础都不一样，因而教学目标的设定应依据学生现有的知识经验、能力基础和心理特点，有的放矢地进行教学活动。例如杨绛先生的代表作《老王》就曾同时收录在 2012 版人教社《语文》八年级上册和 2007 版华东师大出版社《语文》高中一年级第二学期的教材里，显然这两版影响力都很大的教材对于《老王》的定位是不同的，和初中生相比，高中生在知识基础和能力上都有明显的提

升,所以对于高中学段《老王》的教学目标就不能仅停留在解读人物形象,而应该注重更深层次的写作手法和写作意图的分析。

（二）精准分析认知基础有助于教学重点的精当把握

教师精准分析认知基础,有助于准确把握教学重难点,从而梳理出教学过程中最核心的知识脉络,同样以《老王》为例,对于高中生来说,他们所具备的认知基础,不足以支撑他们独立分析作品背后的深层含义,比如为何杨绛先生在多年以后还会怀着"愧怍"之情写下这篇怀念老王的文字,为何多年后还对"镶嵌在门框里""眼睛上结着一层翳"的老王记得那样清晰,这背后体现出的知识分子对自我灵魂的审视与反思,是高中生已有的认知基础和能力所不能解决的,这些才是教学中的重难点。

（三）精准分析基础有助于教学策略的恰当选择

教学过程是一种师生双边活动的动态变化过程,教学策略与方法的使用与调整,应基于学生学习的实际情况,基于学生现有的认知基础以及认知风格,只有精准了解学生的认知基础,才能选择最恰当的教学策略。①

二、分析认知基础的策略与方法

教师在课前、课中、课后进行的学生认知情况分析对教学的各个环节均起到引导和支撑作用,认知基础分析根据不同的主体和需要,内容的侧重点也是不同的,对于教学设计而言,需要综合考虑认知基础、认知方法和认知能力等各种因素。

课前认知基础分析的意义在于了解学生知识储备、学习经验、思维方式等,科学定位教学目标,从而为教学内容的分配、教学策略的选择等提供方向,主要可以采用前测、访谈和问卷调查的方法;课中认知情况分析的意义在于实时了解、判读学生的认知状态,从而为即时调整教学节奏和教学策略,调整教学预设,生成教学"火花"提供契机,主要可以采用观察法和提问分析的方法;课后认知情况分析的意义在于分析和评价教学效果,从而为教学反思和改进提供依据,主要可以采用后测、访谈和作业调研的方法。

三、精准分析认知基础的实践与操作

分析学生的认知需要教师在课前、课中、课后持续进行,在这里以 2019 年部编高

---

① 陈宇卿,徐承博,戈一萍.为了学习者的学而教：小学学科学习设计的实践研究[M].上海：上海人民出版社,2010：63—64.

中语文教材《百合花》的教学为例,探讨通过分析认知基础进行教学的有效性。

(一)课前分析认知基础,确定教学重难点

教育部 2017 年颁布的《普通高中语文课程标准》要求文学作品的阅读重点在于引导学生感受作品中的艺术形象,理解欣赏作品的语言表达,把握作品的内涵,理解作者的创作意图,获得审美体验,发现作者独特的艺术创造,积累、丰富、提升文学鉴赏经验等。[①] 从教材的编排来看,《百合花》被安排在必修上册"青春的价值"主题之下,通过本单元内创作于不同时期的五首诗歌和两篇小说,感受对于青春的吟唱,单元导语对教学重难点的设置提供了指导。[②] 从文本角度出发,《百合花》是茹志鹃的成名作,通过一个发生在战争前线包扎所的故事,用自己独特的见解诠释了战争和人性,表现了战争年代人与人之间圣洁的情感,以及普通人的善良、纯朴的人性之美。以上是教学大纲和教材对学生提出的客观要求。

为了了解学生的认知基础,课前搜集学生的问题并进行整理,发现学生的疑问较一致地集中在人物和细节上:"小通讯员和新媳妇只是一面之缘,为何会把自己贵重的唯一的嫁妆百合花被子送给小通讯员陪葬?""为什么新媳妇在帮伤员擦身体的时候红了脸,不情愿,但是可以毫不忸怩地给小通讯员擦身体?""为什么要交代中秋节与天快亮了的细节?"由此可知,学生在自主阅读的过程中对于人物、细节有所感知,但又不能够完全理解或者完整表达,这就是学生现有的认知基础,在了解学生的认知起点后,就可以以此为依据有针对性的设计教学过程了。

比如对于新媳妇在不情愿帮助伤员擦身体,但是在小通讯员牺牲后可以毫不忸怩地"庄严而虔诚"地给小通讯员擦身体的前后态度变化,可以拆分成两个问题:为什么一开始新媳妇不情愿帮伤员擦身体? 这就要求学生结合自己的生活和阅读经验,一个刚刚出嫁的媳妇,在面对陌生异性时必定是忸怩害羞的,她不情愿帮忙,也便合情合理;为什么后来又主动帮同样是异性的小通讯员擦拭身体? 这就需要对人物的心理进行分析,彼时那个稚气未脱、害羞又倔强的"同志弟",此刻已经成为了拯救别人牺牲自己的英雄,新媳妇的"毫不忸怩""庄严而虔诚"恰恰表达出新媳妇对于小通讯员牺牲的悲痛、歉疚和崇敬之情。又如新媳妇一开始不愿意借被子,最后反而"劈手夺过被子,

---

① 中华人民共和国教育部.普通高中语文课程标准[S].北京:人民教育出版社,2017:23.
② 王宁,巢宗祺.普通高中语文课程标准(2017 年版)解读[M].北京:高等教育出版社,2018:127.

狠狠地瞪了他们一眼"地将自己"里外全新""唯一的"嫁妆拿出来，这样的细节，正是作者对于人物塑造的匠心独运，在教学过程中，根据学生已有的认知基础进行分析，自然能够收获有效的教学。

同样，学生根据已有的认知基础不能理解的"中秋节"的安排，合理引导学生结合阅读和生活经验，联想到"月亮""故乡""团聚"等关键词，呼应了"我"和小通讯员是同乡，这个曾经在家乡过着静谧安宁生活的年轻人，此刻却在战火中冲锋陷阵，"我"不禁担心起来，也就顺势为下文写小通讯员的牺牲张本。中秋过于皎洁的月色也对黑夜作战不利，暗示着即将发生的悲剧，这样充分依据学生认知基础而展开的教学过程有助于进一步提升学生的思维品质。

充分解读了细节之后，自然过渡到作者安排细节的理由，也就是写作意图的探讨。这就要求教师提供能够引发学生思考的把手，弥补学生认知基础中的不足，茹志鹃在《我写〈百合花〉的经过》中自叙道："我麻里木足地爱上了要有一个新娘子的构思。……我要写一个正处于爱情的幸福之旋涡中的美神，来反衬这个年轻的尚未涉足爱情的小战士。"文中的百合花被子、小战士、新媳妇，都是作者基于自己写作意图而设计的，是战争摧毁了所有美好的人和物，那么作者的写作意图是否只停留在对战争的谴责？作者又写道："战争使人不能有长谈的机会，但是战争却能使人深交。有时仅几十分钟，几分钟，甚至只来得及瞥一眼，便一闪而过，然而人与人之间，就在这个一刹那里，便能够肝胆相照，生死与共。"学生由此结合相关阅读经验，不难理解作者在和平年代经历了人情冷漠，从而怀念、赞美那些在艰苦的战争岁月中仍然能够保持纯朴善良的美好人性，以此来讴歌生命的美好和青春的美好，对作品主题的深层探讨也就水到渠成了。

教学进行到这个层面，除了完成了教材所提示的"把握小说叙事和抒情的特点，体会小说的独特魅力"的教学目标外，还和学生探讨了如何结合写作背景探究写作意图，完全做到了依据认知基础进行教学设计。

（二）课中观察认知情况，合理因势利导

在整个教学过程中，对学生认知情况的实时掌握和分析起到了至关重要的作用，要通过师生共同讨论，以教师为向导，依据学生的实际阅读层次和认知情况来确定课堂提问，也就保障了学生在课堂上有话可说，积极表达，课堂上积极热烈的讨论也能体现"量身定制"的课堂给学生带来的思考和交流的愉悦。

在课堂教学过程中还要关注个体差异,比如在进行《边城》的阅读教学时,对于文中作者细腻描绘翠翠呼唤爷爷却得不到回应后委屈地哭了的情节,就有男同学表示不能理解翠翠的行为,而同班的女同学却纷纷表示能够感同身受,在解读《哦,香雪》的时候也有同样的情况发生。由此可见,性别所带来的认知差异也是在教学中要加以理解并且充分关注的因素。

(三)课后分析认知情况,巩固教学效果

课后让学生回归课前提问,通过学生的阅读体会可以看出学生对于人物形象和作品主题的分析都颇有收获,也掌握了方法,由此实现了认知的提升,也能够体现出教学有效性的提升。

四、通过分析认知基础提升课堂效率的反思与提示

(一)分析认知基础要充分结合学生实际和客观要求

在进行学情分析的时候,既不能仅仅停留在对学生作出整体性空泛的描述,完全由学情去决定教学的内容,在具体的实践中,在立足于学情的同时,也要结合文本本身的特点和纲领性文件的要求,才能够真正实现高效教学。

(二)分析认知基础应该注重集体,兼顾个体差异

在现有班级授课制的模式之下,认知基础的分析必然要以集体为主要对象,要充分了解班级共同的认知基础和学习能力,群体共同的心理特征、学习态度等,但是集体中的个体差异也应该得到兼顾,这样才能真正体现出依据学生认知基础设计教学的优越性。

(三)分析认知基础应该具有动态意识,避免僵化

教育教学和学生的发展是一个动态变化的过程,需要进行动态的分析,可以以一段时间为单位,注重内部的连续性和传递性,同时还要兼顾教育大环境的变化,才能真正做到高效教学。

3. 作业度量：基于作业的学情分析策略

张玲娟

高中数学与初中数学相比较学习内容多，难度大，对逻辑推理的思维能力要求高，但上课总学时少，而要求老师在有限的时间里出色地完成教学任务，这就需要提高数学课堂的教学效率。自从 2017 年上海作为高考改革试点以来，上海数学高考卷开始文理同卷，对教师的课堂教学也提出了更高的要求。同时随着时代的进步和教学改革的深入，越来越多的教师认识到学情分析对提升教学效率的重要性，并运用学情分析的结果改进教学。

学情分析的内容包含了元认知和认知、个体差异、情感和环境。而元认知与认知包含了知识基础、认知困难、认知水平、思维特征和自我监控；个体差异又分为学习水平差异和学习风格差异；情感包含了学习兴趣、创造意识、民族自豪感；环境包括学校类型、班级氛围、家庭环境[①]。对于这些学情可以通过已有经验、观察、查阅文献、测试和作业分析等方法来进行分析，从而给教学设计提供可靠的依据。

一、作业分析的学科与学校背景

在高中阶段，学生正处于思维逐步趋于完善和成熟的过程。刚进入高中的高一学生，由于来自不同的学校，对高中阶段需要的数学储备知识参差不齐（初中学校对部分选学数学知识有的学校教，有的学校不教），为了更好地让学生适应高中数学的学习，利用本校的校本教材对全体学生进行初高中知识点的衔接（因式分解、一元二次方程

---

① 毛耀忠，李海，张锐.高中数学教学设计中的学情分析现状调查[J].数学教育学报，2018，27（05）：33—36＋87.

根与系数的关系、二次函数的一些性质、圆的性质等),以达到比较统一的知识基础。

在高考改革的新背景下,为了班级管理和教学的稳定,本校采取在高一结束后根据学生科目选择的不同进行分班的做法,将选修加三学科相同(或有两门相同)的学生组成新的班级,将加选政治和历史(或物理和化学)的学生分在一个班级中,使得班级中的学生在思维方式上有明显的特征,因此数学教学的侧重点和策略也有所不同。选物理和化学的学生相对来说逻辑推理和抽象思维比较强,而选科为历史和政治的学生形象思维有优势,但在运算能力方面和逻辑推理能力方面相对来说比较欠缺。所以针对选科不同的学生,在新知识的传授上需要设置的台阶和坡度也不同。

每一个具体的数学知识点都不是独立存在的,每一个知识点是前面所学知识的延伸,又是后面知识点的源头,它们之间环环相扣,是知识点序列中必不可少的环节,这形成数学知识的结构性。正是如此的结构性,使新知识总是孕育在旧知识之中,从学习者面临的外在信息与已有的旧知识的结合中产生新的数学知识。在这以旧带新的演绎过程中,每天的作业布置、批改及分析是检验学习者是否很好掌握、理解所授知识必不可少的一个环节,也是后一天学习内容的前在数学知识基础,因此在批改后对作业的分析是承上启下的关键步骤。本文结合学校开展的"三问"式教学的实践探索,通过作业分析的方法对学情进行分析。

二、作业分析的操作策略与案例呈现

(一)作业收交的份数与班级人数的对比

根据每天所交作业的份数,教师可以对班级整体的学习态度有初步的判断,区分哪些学生在学习态度方面存在问题。通过一对一交流找出不交作业的原因:是学习上有畏难情绪导致不愿完成作业,或是兴趣不在学习上(沉迷游戏或小说或追剧中),或是其他原因(可能安排出国学习之类)。

对于以上不交作业的学生,第一类可以采取的措施是先让学生完成力所能及的部分,有困难部分约好时间以个别辅导的形式答疑,让学生在教师的帮助下跟上班级整体的水平,从而认真做好作业,形成良好的学习态度;第二类学生兴趣不在学习上,需要了解学生的兴趣所在,根据学生兴趣及时与家长交流,适当引导学生并采取相应的措施;对于第三类学生,如果是即将出国学习,那可以根据出国的需要调整要求与家长及学生达成共识,使学生不放纵自我,同时不影响班级的学习氛围。

对整个班级学生的学习状态的了解，使教学环节的设计可以细化到学生个体，使课堂上的提问更有针对性和有效性，有助于把握课堂教学的整体节奏。

（二）作业错误率及错误原因

教师对所交作业进行批改后，对基本概念辨析（基础型）、概念及性质运用（理解型）、综合运用（能力型）各部分的错误率进行统计，并对错误原因作出分析。

1. 关于"计算错误"的分析：很多学生和家长认为是粗心，只要学生仔细一点就能避免，这是一个错误的认知。计算是数学学习中最基本的能力，这是从小学就开始培养的数学素养。它要求学生在计算过程中要专注，而这种专注在课堂上就是能集中注意力进行有效学习的能力，是学生自我调控（是指学生在学习活动的全过程中，将自己正在进行的学习活动作为意识的对象，不断对其进行积极的计划、监察、检查、评价、反馈、控制和调节的过程）的体现。基于本人所教班级是政治与历史组合的文科班级，共36人，其中女生26人，男生10人。在计算能力上比较欠缺，究其原因首先，做作业时不够专注（如：边做作业边听音乐，边微信聊天边做作业等），又喜欢心算不打草稿；其次，往往凭记忆或印象解题，而不是专心致志、脚踏实地地推理演算；再次，对较复杂的计算缺乏耐心和自信心。针对前面两点对学生提出要求，希望用对待考试的状态完成每天的数学作业，而以做作业的心态去对待考试；对于缺乏耐心和自信心，需要在教学设计中加强对较复杂运算的演示和练习，从而提高教学效率。

2. 关于"对基本概念理解不准确"的分析：高中阶段数学基本概念一般分为同化型概念、形成型概念和类比型概念。教师首先必须搞清楚本概念的类型，找到学生的认知难点。对学生作业中反馈的不容易理解的难点进行再加工处理。例如：函数的单调性是一个同化型概念。学生要在初中直观感性的认识基础上上升到理性的高度，用准确的数学符号语言去刻画函数单调性，对学生来说是个难点，所以在教学设计中通过经历观察函数图像，结合图、表，用自然语言描述函数图像特征，用严谨的数学符号语言定义函数性质的过程。但在作业中仍有一部分学生对于 $\forall x_1, x_2 \in D$，若 $x_1 < x_2$ 都有 $f(x_1) < f(x_2)$ 的一般性理解不到位，用特殊的成立来判断 D 上的都成立，这个点在函数的奇偶性、对称性乃至周期性中都会碰到，所以必须要弄清"$\forall$"的含义，这个点可以借助图像举反例来说明。高中数学概念对逻辑思维水平和抽象概括能力较高，对学生很具有挑战性，所以在作业中分析出学生对基本概念在哪个点上理解不到位或不准确是后续教学设计的重点，在教学中设置能让我们学生理解的情景和台

阶非常重要,这样才能更好地帮助学生理解概念的内涵。

3. 关于"没有掌握性质及其运用"的分析:数学中很多概念是逐步扩充拓展的,就比如数的概念,从小学的自然数、小数、分数到初中的有理数和无理数,将数的范围从正数扩大到实数,然后到高中阶段的为了解决负数开平方根的问题,引进了虚数单位,扩大到复数。随着数集的扩充大部分运算性质依然适用,但也有补充的性质。例如:复数的乘积(或商)的模等于模的乘积(或商)。有小部分学生在作业中会先求出乘积(或商)再求模,就属于对性质的不理解,导致运算过程繁琐且正确率低。有些学生知道这一性质,但在解题过程中没有运用,是没有把性质和运用联系在一起,只运用了低级别的思维方式解决问题。作业中反映出来的类似问题,可以促进教师在后续的教学中进一步地采取补救措施,以达到最佳教学效果。同时也为教师在以后的教学设计提供了素材,即在课堂上讲解知识点的运用时需要设置相应的例题,并请相应的学生来分析解题思路,避免出现不会简单运用性质的这类情况,使教学效果更上一层楼。

4. 关于"缺乏知识点和性质综合运用、相互转化的能力"的分析:这部分作业涉及的知识点较多,且知识点与知识点间的相互转化对能力的要求较高,是为班级中上水平的学生而设置的。这部分作业做得好的学生,基础知识扎实,认知水平相对较高,思维活跃。因此这部分作业的讲解,可以发挥这些优秀学生的能动性,利用课余时间在班级中展开讨论,既给了这些思维活跃的学生一个展示自己的舞台,激发他们的内部学习动机,使他们更乐于积极主动地去学习,从而促进了学生自身学习自我监控能力的形成与发展,又营造良好的班级学习氛围,同时也使认知水平欠缺的学生有更多的方式开拓思维。对于教师在后续的课堂教学上可以适当设计一些较难的环节让这些好学生参与讲解,或在课堂结束后设置一些思考题,更好地培养学生的思维品质和逻辑推理能力。

三、作业分析的价值与不足

作业分析实质等同于测验的质量分析,区别是范围不同。测验是针对一个阶段或一个章节学习情况的检验,而作业是对于每堂课的知识点检测,两者相同点在于都是用来分析所学知识的掌握程度的,作业还起到了承上启下的作用,一方面可以对学生课堂学习的效果作出反馈,以便及时采取补救措施;另一方面是掌握后一节教学内容的学情。作业可以更及时地掌握学生的学习动态,更有利于接下来的教学。作业相比于测验的缺点可能就是真实性稍有欠缺，毕竟有部分学生做作业时会相互讨论，或者有学习动机不纯的学生会出现抄袭作业的现象。若能将两者很好地结合起来，相信一定能达到事半功倍的效果。当然测验在时间的要求上相对高，作业分析更日常化，也更容易实施，因此在数学教学中能充分运用作业分析掌握学情并持之以恒，相信在教学效果上定能有很大的提升。

4. 作业先行：探寻学生认知基础的有效途径

叶喜明

在英语教学环节中，家庭作业是必不可少的一环。经常有学生着急来问：今天的家庭作业是什么？对此，我们是否是没有做过多的思考而随口一说呢？

基于学校的"三问"教学法的实践探索，即教师在教学实施中思考并解决三个问题：学生从哪里来、要到哪里去？怎么去？去了没有？第一个问题是指的是学情分析与教学目标；第二个问题是教学内容与方法；第三个问题指向教学反馈和评价。其中学生"从哪里来"内容包括学生的认知基础、学习能力以及非智力因素方面的学习情意。毫无疑问，了解学生认知基础是首要一环。本文通过事先对家庭作业的精心设计来了解学生英语的认知基础做了一些尝试，从而达到预设的效果。家庭作业不仅是巩固已经掌握的知识有力法宝，实际上也是教师了解学生认知基础的简单而有效的途径。我们通过对作业的针对性设计，能精准掌握学生的英语认知基础，为以后的课堂教学内容和策略打下基础。

一、探寻学生认知基础的意义与价值

（一）了解学生英语认知基础是英语学科核心素养落实的前提

《普通高中英语课程标准（2017 年版）》提出英语学科的核心素养体系：语言能力、文化意识、思维品质和学习能力这四大要素。课标中指出语言能力是其他要素发展的基础，因为语言是文化的载体和思维的工具。[①] 因此，学生要提高英语语言能力，作为

---

① 教育部基础教育课程教材专家工作委员会普通高中英语课程标准修订组.普通高中英语课程标准（2017版）解读［M］.北京：高等教育出版社，2018：43—45.

教师首先要了解学生的英语语言已有的基础。这样在教学环节才能有的放矢，对症下药。

（二）了解学生英语认知基础是学校开展"三问"教学法的首要环节

根据学校的"三问"教学法，教师应该对学生现有的英语认知基础也就是学生的英语学习"原点"——学生对英语知识有哪些知识储备，达到了什么水平，还有哪些困难等——有所了解。并随着深入了解，才能量体裁衣，因材施教，形成有效的教学状态。我们要做到两个"知道"：知道学生的英语知识水平，知道学生的英语知识方面的困难疑惑。

二、采用作业先行了解学生英语认知基础的主要目的

（一）家庭作业对学生认知基础了解的可行性和有效性

说到了解学生的认知基础的方法，很多人可能会立即提出问卷法和个体提问法等。但是我们高中学生，学习任务重，时间紧，偶尔用一次上述的方法是可行的，但是不可能常用。问卷法要进行科学的设计，还要经历资料制作、数据采集、数据分析等多个环节，工作量大，反馈不及时，跟不上教学的节奏。而个体提问法，只涉及少数几个学生，难免会以偏概全，信息是不准确的，对以后的教学工作不具有科学指导性。

而家庭作业这种形式，学生熟悉，教师也能熟练设计和把握，不需要大费周折。家庭作业的功能不仅是对当天课堂教学内容的巩固和检查，而且它也可以成为针对学生对将要进行的教学内容的重点和难点进行摸底。看看学生对该知识点了解多少，如果有所了解，了解到什么程度？他们的困惑在哪里？需要补充些什么？所以说家庭作业的这种形式简单，具有可行性和有效性。

（二）家庭作业对学生认知基础了解的及时性和对教学的指导性

教师通过批改作业，记录学生作业上反应的问题，并进行数据上的分析，从而及时摸清本班学生对所要进行的教学内容的了解程度：哪些人一无所知的，哪些人有一定了解的，哪些人已经很懂。只有明确了本班学生的认知基础，教师才能为下一节课的教学目标、教学内容和教学方法的设计打下基础，从而最大限度地实现因材施教、有的放矢，发挥课堂教学的最大效益。所以说运用家庭作业的方式能及时地摸清学生的学习情况，对教学设计的指导有决定性的作用。

三、明确家庭作业的设计原则

教师在进行基于了解学生认知基础的家庭作业的设计上,要遵循以下两条原则:**家庭作业的设计内容是服务于近期的教学目标;家庭作业的设计的形式符合高中生的认知习惯。**教师明确了第一条,就不会随意布置作业,而是要精心设计,一步步靠近教学目标。同时不能脱离高中生的认知习惯,结合本班学生的认知能力,设计出既有针对性,也有一定挑战性的题目。这样学生不会感觉太难而畏手畏脚,也不会觉得太容易而感觉无聊。

四、家庭作业的设计和作业反馈的案例分析以及对教学的指导

由于我们高中老师对新进高中学生的英语认知基础不甚了解,虽然他们中考分数看起来都很高,但是他们英语语言的基础能力究竟怎样,还是没有底的。我们在教学中,特别是高一年级的教学中,采用设计家庭作业来摸清学生认知基础的方法,对接下来的教学起到了较好的指导作用。以下为笔者在实践中的案例呈现。

案例 1

高一牛津教材中,Unit 1 中的语法是时态的复习巩固。我们不知道自己的学生在初中阶段对于英语中时态的知识究竟理解到什么程度。为了摸清他们的认知基础,我设计了单句时态填空和复合句时态填空作为家庭作业。通过作业的批改和分析,得出以下结论:

1. 单句时态填空较好,但是没有掌握 had done 的用法;

2. 单句时态填空中,遇到被动都写成主动的了,学生没有被动的判断意识;

3. 单句填空时,用一般现在时时,第三人称单数谓语形式有 60% 的人不注意;

4. 单句填空中,对时间状语 in the past + 一段时间,要用 have done 这个语法点没有掌握,80% 的同学用了 did;

5. 复合句中,学生前后句的时态混乱,没有掌握英语里面的主从句时态

一致的规律。

针对以上的分析，我制定了 2 节课课堂教学，采用小步子、快节奏、缓坡度的策略。

第一节课，课堂的前 10 分钟设计单句填空，主要是学生初中时所掌握的难度，巩固他们初中所学的内容，这一部分属于快节奏；课堂当中的 25 分钟，主要针对单句填空中的易错点（第三人称单数的谓语和与 have done 的连用的时间状语）和难点讲解（被动和 had done 的用法）。最后进行总结回顾。在这节课最后 5 分钟，再进行综合小练习（20 道题），学生完成后，交上来，老师课后批改，看这节课是否达到教学目标。

第二节时态课，前 10 分钟讲评前一节课单句时态填空完成情况；当中 20 分钟，重点讲解英语复合句中，前后句要时态一致的规律。分四步走：第一步是观察法。给出一些复合句，让学生划出时态。第二步，让学生总结，不足之处老师再补充强调。第三步是让学生纠错，给出几句前后时态不一致的句子。第四步让学生来做复合句的时态填空。采用小组合作学习——通过讨论，取长补短，达到共同进步。最后 10 分钟，设计小练习，对学生进行评价，看是否达到教学目标。

案例 2

在新课标中，我们高中英语教学中要求学生能够运用听、说、读、看、写五种语言技能。其中对写的要求是"根据表达的需要选择词汇和语法结构"。[①] 对新高一的学生，我们老师主要任务是要教他们写出词汇恰当和语法正确的句子。所以在平时的家庭作业中，我会布置每日 5 句中译英。在中译英的批改中，发现大部分学生会出现以下三个问题：1. 没有正确的句法概念，一个句子里要么有几个谓语动词，要么一个谓语动词都没有；2. 没有词性的概念，写出的句子词性混乱；3. 没有固定词组的概念，中译英大都是自己创造的词组和句式。

---

① 教育部基础教育课程教材专家工作委员会普通高中英语课程标准修订组.普通高中英语课程标准(2017版)解读[M].北京：高等教育出版社,2018：104—105.

　　词性不分的最典型是 although 和 despite 用法上不分；replace 和 instead of 混用；句法不懂的典型例子是使用 there be 句型时，还有其他谓语动词出现。比如：There were several accidents happened last month. 没有固定词组概念的是 pay attention to，有的同学写的是 pay attention on，有的同学是 pay attention to do…平时在同学们的作业中，我把这些错句都收集起来，然后我一周一次来讲评这些错句。为了让同学们有更好的学习效果，我采用多样的形式。除了我讲解外，我还会鼓励英语学习能力强的同学来讲；有的时候让同学们小组讨论，一起去发现错误，纠正错误。然后分别请学习能力强、一般和较差的同学总结这些常见错误。最后再设计 10 句中译英作为家庭作业进行巩固和加强。

第二章

知晓学生的学习能力

　　知晓学生的学习能力,需要找准恰当的切入点,长期跟进。首先,要科学区分学习能力的"显性因素"与"隐性因素";其次,注重运用一些跨学科的方法,进行"跨界融合",全程跟踪;最后,还需要坚持"点"与"面"的结合,既照顾整体,也兼顾个性;坚持长期性与阶段性相结合的原则,及时进行调整。

　　学习能力的分析是学情分析中的相对高层次的分析，除了需要掌握学生认知基础：学生已经具有了哪些知识储备，达到了什么水平层级，还存在哪些困难之外，我们还需要借助教学手段，充分了解学生的思维能力、接受能力、迁移能力、创造能力等因素，对于学生的思维方式和学习方法的了解，是学习能力分析的两个主要内容。

　　知识是一个可以衍生的系统，是可以发展的。如果说学生已有的认知基础是一个相对静态的呈现，那么学习能力则是一个动态的发展过程：学生已经具备了哪些思维能力？新的知识的接受又需要哪些新的思维方式和学习方法？是我们在教学之初就应该重点考虑的问题。

　　分析学生的学习能力，方法多样，途径多条，切入点也多个。在实践中，教师可根据需要，科学选择。比如，有的教师注重了对于学情"显性因素"与"隐性因素"的分析，实际上就已经涉及学生思维发展与能力提升的范围。有的老师借鉴了其他领域的思维导图形式，进行"跨界融合"，也不断地开辟探索着教育的新路径。也有的老师注重学生为本，构筑具有针对性的"导学"，既起到预习的作用，也能根据"导学"的反馈结果来调整自己的教学预设与对策。还有的老师注重了整个过程中的学生发展，采用不同的手段，"望闻问切"，全面了解学生的学习能力，以做出富有个性化与针对性的进一步引导与培养。

　　需要注意的是，学习能力本身具有复杂性的特点，如有的学生长于形象思维而拙于抽象思维，有的善于记忆，有的却善于推理；并且，学习能力还具有层递和反复的特点，会接受知识未必会迁移，会迁移也许还不会创造，等等。这些就要求我们在对学生学习能力进行分析时，要坚持如下原则：1. 坚持"面"与"点"的结合：既要考虑到学生的整体能力水平，也要兼顾到学生的个性差异。2. 坚持"阶段性"与"长期性"的结合：既要考虑到某一个阶段的能力水平，也要考虑到思维发展的规律，做出相对长期的对策设计。只有这样，教学才能够真正地做到因材施教、有的放矢。

（胡胜辉）

1. 跨界融合："6S"管理思维在教学中的应用

蒋荣蔚

教育改革的关键在于打造高效课堂,而如何打造,就成了每一个教育者都在考虑和探索的问题。但不论方法如何,有一个原则必须是要坚持的,那就是"以学习为中心";而要做到"以学习为中心",需要教师和学生共同合作、共同付出;需要知晓学生的学习能力。只有知晓了学生的学习能力,实现教学目标才能起到事半功倍的效果。

近年来,教育部颁发《普通高中地理课程标准(2017 年版)》中明确强调要注重学生地理实践力,倡导学生通过地理观测、实验、调查等实践活动,培养自主能力[①]。通过对本校学生调查发现学生在地理学习中的阻碍是缺乏地理学习方法;特别是知识综合运用上联系性不足。因此,为提升学习能力,特别是学习方法上的培养,我们将借鉴在"6S"先进的管理方法,从管理方法中结合地理教学探寻出一套实施精细化的教师指导学生学习的方法,以期能为授课教师提升课堂教学效率提供参考。

一、在地理教学实践"6S"管理思维的必要性

(一)高中学生地理学习存在众多的困惑,亟须解决

通过细致的调查发现,高中学生在地理学习方面,存在着不少的困惑与认识上的误区,亟须进行对策上的探索解决:

1. 初级阶段地理基础不扎实。地理学科在学生学习众多科目中属于边缘学科,因此在初级阶段中学生重视程度较低,缺乏最基础的地理基本概念、基本原理,知识面相对狭窄。对于普遍存在于生活中的地理现象缺乏关注度,即使有关注地理现象也缺少

---

① 中华人民国内共和国教育部.普通高中地理课程标准(2017 年版)[S].北京:人民教育出版社,2018.

理论基础。特别是进入高中阶段地理内容难度上进行深层化教学，学生因知识内容导致学习困惑。

2. 地理等级考竞争压力。随着上海新高考改革，高中地理课程教学时间由原先三年缩短至两年，在高二阶段实行等级考方式算作高考成绩，吸引了大量学生以地理作为加试学科。学生对于"第一门高考"都很重视，想尽办法尽可能取得高分，但却迫于自己知识与能力不足，成绩上无法实现，产生心态上的焦虑，学习上的困惑。

3. 地理学习缺乏学习方法。高中地理学科具有很强的逻辑性，聚焦学科核心素养。对于高中学生而言，大部分同学都是"初学者"身份，几乎没有任何经验与学习习惯。即使保持着较高的热情，也会在学习过程中因缺乏系统性而失去耐心。

这些现象表明，高中生在地理学习中存在着知识断档、能力断档和习惯断档。由此对于高中地理教学和社会关注升学角度而言，存在着时间短、任务紧、从零开始的特点，对于学生和教师而言，是一个共同协作并完成的"火神山"任务。

（二）在地理教学中实践"6S"管理思维的可行性

在一些成功的学生中，并不会因基础好坏而判断其将来成功与否，往往是对自我的管理与约束，认清自我的优劣之处，逐渐培养良好的学习方法与学习习惯，塑造并提升学习能力，从而使自我变革逐渐成功。"6S"管理正是一种管理模式，在日语中以罗马音均为"S"为首的六个单词，分别为"整理（Seiri）、整顿（Seiton）、清扫（Seiso）、清洁（Seiketsu）、个人素养（Shitsuke）和安全（Safe）"，其目的是通过建立井然有序的工作环境与工作制度，以此来提高企业员工素质，养成良好的习惯①。

对于地理教学而言，企业管理的概念不同于地理教学，但却能掌握到从全局角度考虑问题的操作性与逻辑性，因此将其管理思想引入地理教学，制定地理"6S"管理思维（即以汉语拼音均为"S"为首的六个单词），帮助教师和学生能够共同协作，提升学生地理学习能力，创造高效的地理课堂。

二、在地理教学实践"6S"管理思维的内容

在实践中，可以借助"6S"管理思维，与地理学科进行深度融合。

----

① 安娜.管理模式在音像资料管理工作中的运用——以"6S"和"报联商"为例[J].科技情报开发与经济，2013,23(16)：158—160.

1. 通过收集、梳理,针对地理知识点进行相关内容收集,使学生能够熟悉即将所学的内容,调动知识储备。其次通过资料查阅能够帮助学生进一步了解即将所学的内容,对整个内容进行梳理与消化,在此过程中能够明确学习中的困惑点,并做划重提示,以求在课堂中解决困惑,为课堂教学提升做足准备。

2. 通过思考、实践,有利于学生思维碰撞,帮助学生知识的重构,建立思维认知过程感。在学习中积极同教师、同班级同学之间进行商讨,发现在学习中存在的缺陷,通过探究性学习以帮助自己解决在学习中的困惑,从而对知识内容进行掌握。

3. 通过渗透、扫尾,有利于提升学习内容,加深对学习内容的印象,提升学生学习效率。提倡学生对学习内容进行深加工,挖掘学习内容的深度,从而达到更加全面地了解,加深印象。在学生学习阶段完成后,建立学生进行扫尾反思的流程,排查仍存留的疑问并对学习内容再一次巩固,以此使学生的学习有始有终。

三、在地理教学实践"6S"管理思维的操作实践与成效

为提高学生地理学习能力,需要教师在地理教学上进行多方位探索,并能在潜移默化中渗透给学生,帮助学生养成良好的地理学习思维。

(一)培养地理教师的"6S"管理思维,为学生作出示范

近代教育学之父夸美纽斯曾说过,教师的职务是用自己的榜样教育学生。教师在与学生接触中,言行举止都会影响着学生的发展。因此,教师在地理教学上实施有效管理方法,并体现出高效发展的现象,能为学生作出具体示范,影响学生主观意识上寻求自我改变。

1. 地理教学有操作性。英国著名登山家乔治·马洛里面对记者"为何要攀登珠穆朗玛峰"提问,回答道:"因为它就在那里!"地理学科是研究地球表面任何事物的一门综合性学科,因此所有的内容都在地球上。在浩瀚的知识中,对于教师教学与学生学习势必无从切入。因此,需要通过有效管理的方法将知识进行可操作化,进行符合学生学情的教学,牢固树立三个方面。

(1)知识方面。知识是搭建能力的基石,高中地理知识点非常多,覆盖面也非常广,需要扎实的学习功底和知识储备,大部分学生在初级阶段的地理学习方法与知识储备比较缺乏。从管理角度看,建立教学知识库,实行"一课一导"制,即每节课对应一张纸质导学案,涵盖课前预习、课时整理和课后深化三部分。课前预习是通过预习方

式,对基础内容进行识记,铺好课堂教学基础。课时整理是针对本节课重难点,进行深化教学与学生探究讨论。课后深化包含知识练习和讨论思考,达到对本节课的巩固。

(2) 实践方面。获取的经验最为深刻,在地理教学中不乏有一些地理实验和生活案例。对内容进行设计中,提前发放调查问卷,组织学生进行相关的探究性实验。例如,在探究大气保温作用与全球变暖的成因中,组织学生动手制作三组实验器具,第一组为未覆盖保鲜膜并存放温度计的盒;第二组为覆盖保鲜膜并存放温度计的盒;第三组为充满二氧化碳气体、覆盖保鲜膜并存放温度计的盒。通过控制变量法,记录盒中温度计读数并绘制温度变化曲线,通过第一组与第二组实验数据的对比,学习大气保温作用原理,通过第二组与第三组实验数据的对比,探究全球气候变暖成因。学生通过动手实验体会到乐趣,并在实验中探究到地理现象,逐渐将生活结合到地理学习中。

(3) 育人方面。教学目的不仅限于知识内容的落实,更主要的是核心素养的落实与育人目标的达成。在课程资源开发上,将地理教学与德育教学结合。例如,学校每月都会进行防灾演练,结合地理课程中防灾减灾的知识观点,利用班会课时间,发挥学生班级"主人翁"角色商讨制订班级自救计划,通过群策群力完成班级自救指南,凝聚了班级集体,既达到地理教学在生活渗透又能帮助学生树立防灾减灾的德育教育,整个自主能动氛围影响着学生[①]。

2. 教学评价可观测性。与学生交流中了解到一门学科有多本教材和教辅会造成学习上顾此失彼,在教学管理中实施的"一课一导"制,有助于学生进行资料的整理。高中地理学习上具有非常强的逻辑性,知识之间的联系非常密切,在使用的导学案,对学生每节课都能做到过程性评价。教师会进行至少四次的检查。第一次在课前,检测学生在课前预习的成果与问题,以便在教学中进行有的放矢;第二次在课堂教学中,对于学生的思考和笔记反映出的问题可以进行因材施教;第三次在课后巩固上,反映出学生知识上的薄弱点,从而适当调整内容;第四次在后期其他内容学习,需要本节课知识点进行知识迁移上,若学生表现出困惑,则可以体现出学生没有扎实掌握基础,由此使得地理教学评价可以观测并及时确定对策。

3. 教学反思有针对性。地理学习是一个连续的过程,体现在学生利用知识去解决生活实际问题的能力。学生掌握地理学习能力并非一朝一夕能够练就,需要不断地训

---

① 钱文群."地震与火山"公开课后的启示[J].地理教学,2006(12):20—21.

练。结合 6S 管理方式，以"一课一导"制的实体反应，能够及时发现并定位不同学生在地理学习中的短板，并结合管理中系统性方法来分析出班级学生和个别学生的显现出学习中的不足，并以此来进一步调整后续教学过程中的侧重点和巩固练习的跟进，针对性地完善学生学习中的问题。

（二）对照教师教学"6S"管理模式，培养学生地理学习能力

学生是发展中的人，在学生学习过程中加以"6S"管理影响，以"6S"管理要求为标准，以学生目前现有地理学习中问题为突破口，着力解决实际存在的问题，培养学生地理学习能力。

1. 地理学习有方法性。针对学生未掌握良好的学习方法问题，通过引导学生做好每次地理课程的学习计划，减少形式化，提升学生学习效率。高中地理中对读图分析能力与语言表达能力有着很高的要求，特别是学生缺乏的区域地理知识。在相关课后练习中，以区域知识作为分析材料，并明确学生以已学的相关知识点去解决问题，在学生回答中以其语言表达作为重要评价依据，确保学生能够准确使用表达，减少学生在初学阶段发生学习误差的几率。

2. 学习习惯有规范性。苏霍姆林斯基曾说："实现自我教育才是一种真正的教育。"学生是学习的真正主人，学生参与学习管理，是提升地理学习能力的一个有效途径，更有利于落实学习习惯的规范性。针对高中学生学习资料过多，不愿整理材料的缺点。在班级中开展地理资料经验交流会，选出优秀的地理整理资料，介绍整理与学习经验，通过树立优秀典型，促使班级同学针对自我学习习惯可以相互借鉴，共同促进与进步，使整个班级在地理学习上良性竞争。

3. 学习能力有严谨性。结合当前课程所学内容的知识点与生活中时事热点，积极开发学习资源，及时通过情境案例的形式，组织学生进行地理问题研究型探究，不断促使学生将已学过地理知识进行反复巩固。

2. 望闻问切：整体了解学情的有效途径

张毅雪

学情分析是教学活动的必备环节，也是教学研究的基本内容。我校"三问"教学中的第一问，就是"学生的学习起点在哪里，要到哪儿去"，前者直接指向学情分析。希望通过精准分析学情，对学习者情况与状态进行客观分析，有效把握学生认知基础、学习能力和学习情意，为精准确立教学目标，合理选择教学策略而服务，实现有效教学，提高教学效果，避免脱离学生实际的、教师一厢情愿的自我表演。

笔者认为，"望、闻、问、切"是综合了解学情的有效途径，可以在教学实施过程中"以人为本"，以学习为中心，在课前、课中、课后不同阶段，侧重不同，了解学生各方面情况。

一、"望闻问切"的意义

"望、闻、问、切"是教师在教学过程中，了解学情的不同途径，虽含义不同，但意义都指向对学情的全面了解，实现有效教学。

"望"，即观察。教师通过观察学生在学习过程中各种外在的行为表现及其学习情绪、学习态度等的自然流露，了解学生的学习情意、心理状态，从而指导设计或及时调整教学活动，有效调动学生学习积极性，提高课堂效率。

"闻"，即倾听。教师通过在课前、课中、课后，耐心倾听学生提出的问题、对课堂问题的回答以及学习过程中同学间的交流等，及时把握学情，优化教学过程。

"问"，即访问。教师通过在课前或课后的访问，了解学生学习基础、学习兴趣、学习效果以及学习困惑等，指导后续教学，合理确定重难点以及后续教学中必须解决的问题。

"切"，即判断。当学生学习遇到问题时，要精准判断出学生的困惑根源是什么，点拨、引导学生找到解决问题的方法。

二、"望闻问切"的操作方法

"望、闻、问、切"四种途径是一个有机整体，各有侧重，又彼此依托，应用时没有严格的顺序，可相互渗透，灵活机动。

"望"，可以是观察学生的个体表现，也可以是观察学生小组或班级整体的群体表现。通过观察，了解学生个体以及群体对老师个人或这门课的态度，教师可以因势利导，亦或反思、改进自己的教学及与学生的相处之道，在共情中提高教学效率；通过观察，发现学生的特点：上课经常抢答、喜爱表现，还是思维缜密、成熟稳健，动手能力强还是弱，团队合作中是否积极，同学关系是否融洽等，了解这些，更有益于"因材施教"的实施；对于学生个体而言，通过观察，还可以了解今天或这节课他的情绪如何，上课过程中精力是否集中等，针对这些表现，教师可以机动灵活地改变对于这名学生的教学策略，如是否请其回答问题，回答哪一类问题，以哪种方式调动其积极性和学习兴趣等。"望"的方式和内容有很多，但唯心中有学生，眼里才会有学生，才会真正了解学生。

"闻"，通过倾听学生课前提出的问题，了解学生的学习基础和困惑，根据教学要求确立教学目标；通过耐心倾听课中学生对教师问题的回答，了解学生观察能力、表述能力、思维能力、知识的迁移能力，以及学生的思维习惯等，同时也可以了解教师提出的问题指向性是否明确，教学目标是否达成，合理调整教学策略。例如学生在回答问题时，若能准确抓住教师所提问题的核心，正确回答问题，并且条理清晰，表述完整，则说明教师提问指向性明确，学生学习效果较好，学习能力较强；相反，学生会支支吾吾，答非所问，或不敢大声回答问题。课后倾听学生的讨论、疑问以及对课堂的评价等，了解课堂实施效果的同时，也了解学生的思维习惯、学习能力。

"问"，"亲其师"方能更好地"信其道"，教师通过询问，主动关心、了解学生的现实状态，创造和谐的师生关系，调动学生非智力因素，提高教学效果。教师的"问"，还可以以知识点回顾、调查问卷或小卷子等形式，通过课前预设好的问题，根据学生回答情况，了解学生思维状态和解决问题的能力。课后可以通过作业、反馈教学效果，了解学生思维误区，从而在后续教学中，查漏补缺，有效地进行作业反馈，使作业讲评重点更突出、更具针对性，提高作业讲评的效率。

"切"，"望、闻、问"比较侧重于教师发现具体学情动向的过程，"切"则更侧重于教师依据个人经验，针对具体情况，做出适切判断的过程。同样的学生表现，有没有切中要害、点拨到位，结果大相径庭。在课中、课后"望、闻、问"的实施过程中，针对学生的不同反应，及时发现学生的困惑原因，是思维习惯还是生活经验造成，是知识基础掌握不扎实还是教学示例没有听懂，适切引导，帮助学生得到正确结论，此时不能仅是为了完成教学的既定内容，而不顾学生实际情况，直接向后进行。只有解决好学生的难点、痛点问题，才能实现教学的有效性。

三、"望闻问切"的实施案例与分析

笔者在沪教版高一第一学期第三章 C 节"物体间相互作用　牛顿第三定律"的教学活动中，在课前、课中、课后，通过"望、闻、问、切"把握学情实施情况，举例如下：

1. 课前的"问"和"闻"

笔者课前通过学案中"知识点回顾"和"个别访谈"两种形式，了解学生学习本节内容的认知基础。

知识点回顾：

力的概念：力是＿＿＿＿＿＿＿的作用。物体之间的作用是＿＿＿＿的。初中初步学习的一对相互作用力的特点：＿＿＿＿。通常从哪些方面描述一个力？

个别访谈问题：

初中学习有没有出现作用力、反作用力的名称？不接触的物体间会出现相互作用吗？如何找一个力的反作用？物体在变速运动时，物体间相互作用的力是否仍然"等大、反向、共线"？相互作用力还有哪些关系？一对平衡力和物体间的相互作用力有什么区别？

根据学生的回答，笔者了解到：作用力、反作用力的概念在初中没有具体提出；学生对如何找一个力的反作用力也不太清楚，物体间的相互作用是否受运动形式、物态、是否接触等因素的限制还不太确信，知道力如何分类、可以从哪些方面描述力，知道一对平衡力和一对相互作用力都是等大、反向、共线，受力物体有区别，其他区别尚不清楚。由此，笔者明确了本节课的教学目标，确定了教学重、难点，并设计了教学策略。

2. 课中的"望""闻""问""切"

课堂示例中,学生在找静止在桌面上的课本所受重力的反作用力时,回答问题的同学居然直接说"重力没有反作用力",引起一片哗然,同学们或赞成、或质疑、或反对。经进一步的追问,笔者发现,虽然通过前面教学,学生已经知道每个力都有反作用力,不会单独存在,并知道重力是由地球施加给物体,由于力的相互性,物体对地球应该也有反作用力。但学生疑惑的是"为什么只看到在重力的作用下物体向地球运动,而没有看到过地球在物体的作用下向物体运动?"看来影响学生正确找出物体重力的反作用力的,不是本节知识,而是学生的生活经验和对相对运动理解以及地球受多力而平衡的认识不够造成的。今后教学设计中应注意这一点。

又例:在播放火箭发射、升空过程的视频资料后,学生对问题"是什么物体给火箭的力使火箭由静止开始向上加速运动,火箭进入太空后怎样加速?"的回答,非常准确到位。由回答可知,部分学生的观察能力和分析问题的能力很好,看到火箭点火后开始向下喷气焰后,才开始加速升空,能够得出"被喷出的气焰对火箭产生了反作用力",同时他们跟同伴的交流能力以及表述能力也不错,使得所有同学都能理解火箭升空的原理。在观看水火箭图片后,也能说出水火箭的发射原理,说明同学们具有一定的知识迁移能力和类比归纳能力。但在之后"放飞气球"环节中,解释气球在空中飞舞的原因时,还是有不少同学解释成"周围的空气推动了气球",经追问,笔者发现,空气不同于火箭喷出的水或气焰,是看不见摸不着的,对学生来说是抽象的,所以很多同学会忽略气球中喷出的气体,这是分析问题的难点和堵点。由此也说明了学生深度思维能力还是有欠缺的,往往会从经验或感觉得出粗浅的结论,理性分析问题能力需要再培养。

再例:在学生分析"教室里的吊扇在启动前静止,和启动后匀速转动时,吊杆对电扇的拉力大小是否会变化"这一问题时,绝大多数同学都面带难色,有意回避老师寻找答案的眼神,或低头小声讨论。由此可以知道,学生们分析遇到了困难,大家没有意识到电扇在转动时,风叶和空气间的相互作用,觉得电扇静止时和匀速转动时都是平衡状态,吊杆的力应该总是等于电扇的重力大小,但既然老师提出这个问题来,那应该没这么简单,所以害怕老师让自己回答。此时,教师及时开启电扇,让同学们谈谈电扇开启前后的不同感受。一阵电扇风吹过,同学们茅塞顿开,争相回答。细心地观察和适切地引导,使教学过程更顺畅。

3. 课后

课后作业中，学生分析：（1）马拉车加速开始运动过程中，车向前加速的原因；（2）人从地上跳起的受力原理；（3）分析人站在沼泽地面上而下陷的原理等问题时，出错较多。由作业反馈可知，学生更习惯分析静止和匀速运动的物体所受力中的作用反作用关系，虽然教学中有示例学习，但在结合牛顿第二定律分析这类有加速度的问题时，部分同学还是显得知识迁移能力不足，不能正确找到互为相互作用、反作用力的一对力，还是会觉得这对力有大小之分。今后教学中仍需强化相关内容，多举实例，让学生真正理解，使教学难点真正突破。

"望、闻、问、切"是综合了解学情的有效途径，实际应用时应有机融合在整个教学过程中，不必严格条块分割。当然可分析的学情内容有很多方面，学情分析的方法也还有很多，不同学科根据学科特点选取的方法也可不同。在具体实践中，不必拘泥于形式，可以多种方法综合应用，也不必每次分析都面面俱到，为分析而分析，根据具体学情适当选择即可。所有方法的学情分析都必须为有效教学服务，这样的学情分析才是有意义的。

3. 巧用导学：立足精准学情分析的教学支架

王 卿

钱军先认为学情分析的内容包括学生起点状态和学生潜在状态两个层面，主要着力于学生的已有经验、认知能力、心理特征和学习风格。[①] 可以说，围绕学生主体发生的基本情况和状态都可视作学情。立足学校"三问"中的首问"学生在哪里"，即关注对于学生情况的分析尤其是目前的认知能力的分析，在阅读教学中巧用导学能够把握学生目前的学习经验、学习状况，定位学生的学习能力，"巧用导学"能为课堂教学的有效起到支架作用，能够为有的放矢地设立教学目标、确定合适的教学内容、选取与之匹配的教学策略做好准备。

一、"巧用导学"的教学意义

当前学情分析较多集中于学生的认知层面，对学生核心素养的考查相对显得不足。核心素养注重提升学生在真实情境中解决真实问题的能力，对教学提出了新要求。基于精准的学情分析，在进行阅读教学时，采用导学形式，能定位学生的学习经验、学习能力，从而立足精准的学情分析，以了解学生动态的学习能力，提供与学生的学习能力相匹配的思维方法，提升学生的学习兴趣，从而能够丰富学生语文经验、创设真实情境、激发学习兴趣，逐步培养学生在真实情境中解决问题的能力。

（一）了解动态的学习能力

巧用导学，能够了解学生动态的学习能力，明确学生的认知水平，能够将预设学生

---

① 钱军先.学情分析：有效教学的核心和关键[J].教育研究与评论,2009(8)：14.

所需语文经验放置其中，着力于平稳、逐步达成教学目标。教师在精准分析学情、设立恰当的单元教学目标后，应思索如何帮助学生缓坡度、高密度、快节奏地逐步达成教学目标。在此过程中，需明确需要哪些语文的学习经验和学习方法来起到支架作用，以帮助学生逐步将"已知"与"未知"、"已知"与"新知"形成联系。

（二）提供与学习能力相匹配的思维方法

利用导学可了解学生的思维方式及其存在的思维问题与思维漏洞，明确教材的分析路径，提供与学习能力相匹配的学习方法，可创设任务情境，如"读一读""写一写"等。引导学生结合任务，寻找策略与方法解决问题，在训练思维能力的同时积累在处理问题过程中所采用的思维方法，通过积累典型阅读方法，培养学生在真实情境中解决问题的能力。

（三）激发学生探究的兴趣

利用导学，能够较为准确地探查学生的认知需要，从而便于进行课堂教学策略的选取。学生得以将所知所得运用于实际生活、学习之中，打通课堂内外联系，将理论运用于实践，学习典型策略解决典型问题后，提升自我效能感，逐步激发学习兴趣与探究兴趣，达到终身学习的根本目的。

二、"巧用导学"的操作方法

"导学"在语文学科教学中最常见的操作方法为布置预习时完成"导学单"的任务。通过对"导学单"的板块设计和内容处理，教师能够再次精准定位学生的"起点"是否与先前预判相当，同时为学生提供语文学科知识储备、阅读方法指导、表达与交流的机会。

（一）提供语文学科知识

在"导学"时，利用课前"导学单"提供学生语文学科的相关知识，期待学生进行有效预习，衔接文本，聚焦落实教学目标。尤其是其中的"梳理与探究""阅读与鉴赏""表达与交流"的方法，能使学生对信息进行处理与储备，以待其与文本进行交融与碰撞，深化落实语文学科核心素养。

（二）提供阅读方法指导

在"导学"时，基于前期对于学生思维方式掌握，提供学生必要的阅读方法，如阅读"实用类文本""论述类文本""文学鉴赏类文本"的不同方法和路径，帮助学生学习典型方法和典型策略,在动态提升学生思维能力的同时形成不同的阅读图示,提升学生在真实情境中解决问题的能力。

（三）提供附有展示与交流的平台

"导学"时,立足精准的学情分析,提供学生展示与交流的平台,在思维的碰撞中提升学生的学习兴趣与自我效能感,在达到读写结合的同时提升学生的语文学科核心素养。

三、案例与分析

"导学单"设置步骤（以《拿来主义》为例）

1. "导学单"预习主问题：初读文本你有哪些问题?

2. 收集学生问题进行归纳、整理得出：

《拿来主义》问题总结

一、关于写作目的

鲁迅为什么要写这篇文章?

（1）作者的写作背景?

（2）作者想反映的中心思想是什么?

（3）作者的情感如何?

二、内容理解

（1）关于"拿来主义"

1. "拿来主义"是什么?

2. 怎么"拿来"?

8、9、10 三节

• 第 8 段

第 8 段中,"我想,首先是……""拿来",这又是为什么?

第 8 段往后什么意思?

第 8 段批评了"送去主义"的什么?

第 8 节跟"拿来主义"有何关联? 第 8 段"穷青年"是否有所暗指?

"宅子"的例子,烧? 隐射了什么?

"拿来主义"者是全不这样，那是怎样？

· 第9段中，"还有一群姨太太……各自走散为是……有些危机"为什么请她们各自走散？否则会有哪些危机？（杨艳婧）第9节与"拿来主义"有什么关系？

· 倒数第三节的举例，想说明什么？拿来主义者？

· 第10段最后一句为什么说"没有拿来的人不能自称为新人"文艺不能自成新文艺？"新文艺"是指什么？

"使用，存放，毁灭"后，主人会成为新主人？

这人应该沉着，勇猛，有辨别，不自私与"拿来"的关系。

· 倒数第二节想表达什么？

3. 所谓"拿来"主义其侧重反映的是中国缺漏的哪些个方面？

（2）为什么要"拿来"？题目为"拿来主义"，开首为何提到别的主义？

"送去主义"：

"活人替代了古董……显出一点进步了。"为什么是进步？（不是贬义？）

送来：

多次写到"送来"的意义是什么？

为什么会被"送来"的东西吓怕？为何青年对洋货"感到恐怖"？

抛来和抛给（送来）有什么区别？

三、文本思路

第2、7节在文中的意义。

第2节在文中的作用。

怎样理解第7节？

四、文本特色

为什么要通过借助形象进行说理？

鲁迅这么讽刺，结果如何？（为何要这样来行文）

为什么"摩登"打了引号？（陈元元）为什么文中出现那么多引号词语？本文的语言特色？

作者举了许多西方的例子，和中国有什么关系？

为什么要使用许多当时的社会事例？

五、零碎地读完可以自己解决:

1. 为什么要拿来而不是礼尚往来?

2. 作者举尼采的事例有何作用?

3. 作者文中对于送来之物的处理形式是什么?

4. 制作导学单。

《拿来主义》导学单

【学法指导】

1. 认真朗读课文,借助导学单充分预习,勾画重点词句和疑难之处。

2. 认真限时,独立完成,规范书写。

【学习目标】

1. 理清文章思路,体会文章主旨。

2. 学习本文先破后立的思路和比喻论证的方法。

3. 学习作者正确对待文化遗产的态度。

预习单(课前完成)。

【自主学习·整体感知】

助读资料

1. 概知作者:鲁迅,原名周树人,浙江绍兴人,是我国现代伟大的文学家、思想家、革命家。他一生有大量的创作,对我国现代文学的发展有巨大的影响。作品主要有短篇小说集《呐喊》《彷徨》《故事新编》,散文集《朝花夕拾》,散文诗集《野草》以及大量的杂文集,如:《坟》《而已集》《二心集》《华盖集》《南腔北调集》《且介亭杂文》等。

2. 弄清背景:本文写于 1934 年 6 月 4 日。日本帝国主义占领我国东北三省之后,妄图进一步占领华北地区,中华民族面临严重危机。

3. 国民党反动政府顽固推行"攘外必先安内"的卖国反共政策,对外出卖国家领土,对内实行反革命的军事"围剿"和文化"围剿"。于是文化界的反动文人随之叫嚷"发扬国光"，掀起一股复古主义的逆流，以此来对抗革命文化的传播和发展。由此可见，"媚外"与"复古"二者紧密配合是国民党反动政权和一些反动文人的基本特点。而一些资产阶级买办文人，甘作"洋奴"和"西崽"，极力鼓吹"全盘西化"完全否定我国的文化传统，以此对抗革命文化。当时在如何对待文化遗产的问题上，存在着种种错误思潮和糊涂观念。为了揭露和打击敌人，为了澄清认识，鲁迅先生写了这篇《拿来主义》。

文体知识：杂文指现代散文中以议论和批评为主而又具有文学意味的一种文体。

4. 阅读文章九自然段，完成下表。

喻 体	本 体	应采取的态度
鱼 翅		
鸦 片		
烟灯和烟枪		
姨太太		

5. 我的疑问

以上《拿来主义》的"导学单"的设置来源于对于学生问题的归类、分析、总结，提供学生语文经验、语文知识和学习方法，明确了学习要求，提供了一定学生生成性问题得以外显与展示的支架，能够关注到学生动态的思维变化过程，从而选定合适的教学目标、适切的教学方法与教学内容。

四、"巧用导学"的反思与提示

"巧用导学"能够了解学生的思维方式，定位学生的学习能力，其根本目的是为了提升教学有效性。语文教学中的阅读教学以不断丰富学生的语文经验为基础，力求根据单元教学目标设置学习任务，以"导学"形成教学支架，了解学生动态的思维方式、思维过程与程度的同时帮助学生连接学习经验与文本世界。

（一）落实应以学生为本

对学生"从哪里来"的关注，立足对学生的知识基础、学习态度、学习方法的了解，唯有动态定位学生的学习起点才能有的放矢地对学生进行有效的引导，从而落实以学生为本，使学生从不会到会，从被动到主动，如此才能真正切实可靠地提升教学有效性。

（二）"导学"是为了"促学"

立足精准学情分析的导学是基于与教学目标、教学策略的一体化考量与设计后的产物，是促进学生学习的"触发器"，其重要性不言而喻。"导学"是优化教学和促进学习的基础。有准备、有体系、有阶段性的"导学"能够依据学生的思维发展需求，助力切实提升学生的学习能力。

当然，"导学"的形式可以千变万化，语文阅读教学中的"导学单"仅仅只是沧海一粟。但无论形式如何，其本质内容需基于精准的学情分析才能有的放矢地得以实现，也才能保证切实提升教学的有效性。

4. 显隐并重：基于"三问"教学法的学情分析

王春蓓

"三问"中的"学生在哪儿"，指向学情分析，其中包括了解并掌握学生在学习过程中所形成的学习能力。优秀的数学教师不仅要熟练地驾驭教材，更要真正了解学生已有的学习能力、知识经验和心理认知特点，从而确定学生在不同学习活动中的"学习能力"并给予一定的甄别和区分。只有针对具体学生界定讲授内容的重点、难点和关键点才能有效地、有针对性地进行教学。由此可见，学情分析是进行良好教学的前提，是所有教学活动的出发点和落脚点。笔者根据教育教学实践从显性因素、隐性因素等角度来分析一下数学学科中学生学习能力的探索，对现在的学习情况进行探索，以期为后期进一步提高教学实践做好扎实的铺垫。

一、注重对学习者获取知识的能力、运用知识能力等显性因素分析

学生的学习能力是一个错综复杂的系统，是按照一定的要素和结构层次组合起来的结构整体，可分为获取学习知识的能力和运用知识的能力。学习能力是在学习活动中形成和发展起来。学生的知识技能储备不同，反映出的能力水平也不尽相同，因此对学生获取知识的能力和运用知识的能力进行分析，因材施教，有的放矢，才能达到教学的有效性，才能提高学生的学习能力。

（一）注重对学习者获取知识能力的分析是了解学习能力的首要条件

获取数学知识的能力也就是获取数学思维的能力。有的个体敏感度高，具有相当扎实的数学功底，一次讲解便可掌握，接受能力比较强。有的个体接受新知能力比较慢，需要进行多次反复引导才能有所体会。数学六大素养，在每个个体中都有不同情况反映。那么教师正视这种情况的存在，并找出适合各种能力学生的普适教学方法才

能让不同类型的学生都能从中汲取到养分。教学中设置一定的阶梯,问题设置由浅入深,了解学生的认知水平,并逐渐深化。为学生找到学好数学的方法,实现学生数学思维的严密性,加强学生逻辑思维能力。

例如:函数中"不等式恒成立问题"是高考中的重要考点,教学过程设计中分成三步骤:

函数 $f(x)=3x^2-ax-a$ 无论 x 取何值,函数值都大于 0,求实数 a 的取值范围。

变式(1) $f(x)=\sqrt{3x^2-ax-c}$ 的定义域为一切实数,求实数 a 的取值范围。

变式(2) $f(x)=\sqrt{3\cdot 3^{2x}-a\cdot 3^x-a}$ 的定义域为一切实数,求实数 a 的取值范围。

变式(3) $f(x)=\lg(3x^2-ax-a)$ 的值域为一切实数,求实数 a 的取值范围。

此题原题是直接 $\Delta<0$ 就可解决,所有同学能够一下获得。后面的三个变式虽然与前式极为相似,但是侧重点是依次加深的,虽然都是横成立问题,但变式(1)多加了根号,部分同学仍然能发现其中考察重点;变式(2)将 x 换成 3^x,有近一半学生仍然套用原例题的解法,显然缺少等价转换思维;变式(3)能力要求很高,适合有较高素养的学生。通过此题的设立,可以了解每个学生的学习能力,为之后教学提供了很好的模板。通过一题多变、一题多解形式更好地了解学生的学习能力,并提高他们的学习能力。

(二)注重对学习者运用知识能力的分析是增强学习能力的催化剂

学以致用是数学教学的目的之一。数学教学由浅入深,学生学习过程是将生活经验不断深化的过程,运用已有知识处理解决某些问题是经验迁移的必经途径,正确引导,认识问题本质,加强联系,利用转化思维解决问题,从而增强学习能力。数学中到处存在着转化问题,有些学生对纯数学问题解题能力尚可,但遇到现实问题时,学会怎样将现实问题转化为纯数学问题,始终是一道坎。这需要教师的适当引导,加之不断练习和巩固,才能逐渐提高。

解析几何授课时研究过四种圆锥曲线与直线的位置关系。学生对知识点的掌握以及计算能力在平时的各种评价练习中已经非常熟悉。然而,后续调研中,一道玻璃过椭圆形门的题目却难倒了不少的学生。原题为:"一施工队欲使一块边长 2.3 米的正方形玻璃板通过一个半椭圆形拱门,门的跨度是 2 米,高为 2 米,请问正方形玻璃板能否通过拱门？（玻璃板厚度不计）"。首先，可以看到这是属于椭圆一类问题，因此，学生会主动建立坐标系，并求出椭圆方程。可是玻璃怎么过门，学生的思维比较发散：有的认为正方形平面过门过不去；有的认为玻璃侧过来垂直地面过不去；有的认为玻璃侧面横过来也过不去。这道题后来引发学生的激烈讨论，教师引导，一定是侧面入门，这时玻璃侧面可以看成一条线段，那么此问题不就可以转化为将线段的一端固定在门的左下角，求椭圆上的点到该点距离的最大值问题了吗？这样步步为营，将实际问题逐步转化为椭圆中两点距离问题，学生顿觉数学有趣。

可见，运用知识比简单获取知识更具有实用价值，也更能够提高学生的兴趣和能力。

二、对学习者生活经验、环境差异、情感与发展需要等隐性因素的分析

学习能力就是一种知识建立的网格化、程序化的过程。而在建立各种知识网络中由于学生的隐性因素差别会形成不同的知识感知，重视这些隐性因素恰恰是提升数学学习能力的重要途径。

（一）重视课前了解学生生活经验的水平是检测数学学习能力起点的重要依据

学生在学习数学的过程中经常会把既往经验与新知内容进行联系，而既往的经验就源于学习者从前的知识网络，也是学生学习数学的隐性因素。网络的疏密程度就会形成不同的能力起点。缺少这种联系，会造成学习数学的障碍。而正确的使用关联会对数学学习能力的提高有非常大的促进作用。数学中有许多概念与生活中的意义不同，但会用同样的字眼，这使得学生容易从相同字而引发联想，比如：零点被认为是"点"、平行向量被认为是"平行无交点"的向量、截距被认为是"距离"所以为正数等。对于这类由经验引发的错误感知，教师集中在课堂教授、在新知引入时，将问题直接抛出（比如：问"零点是点吗？"），引导学生通过阅读教材，分析新知概念与生活经验到底存在哪些不同之处，学生分组讨论，得出正确的命题——零点是方程的解、平行向量只考虑向量是否同向或反向、截距是直线与坐标轴交点的某一坐标，可正可负。区分与生活中概念不同之处从而进行恰当引导并强化，是进行概念教学中的必要手段和途径。在这一过程中培养学生的数学概念阅读能力，锻炼学生的数学辨析能力，提升数学的分析能力，加强学生的学习有效性。

（二）重视课堂对学生学习环境营造是提高数学学习能力的重要保证

数学是一门深奥的学科，是基于一定认知基础，进行思维再加深的学科。然而在教学中经常会出现这种情况：一类问题用普通的语言讲解很难使学生理解，学生往往听起来云里雾里，接受知识吃力。这类问题在立体几何中尤其明显，而且男生和女生空间感的差异也常常使教学进入尴尬境地，这时需要跳出常规的教学手段，为学生营造一种体验式的教学环境，通过小组互助形式，动手实践感知不失为一种突破瓶颈的方法。

例如：高中课本中一节《球面距离》的课程，是研究球面上两点之间的最短距离问题。其中有一个难点是：球面上两个同纬度的点，如何进行计算两点间的球面距离。教师对两个班进行了比较教学：甲班用黑板、PPT 动画演示教学；乙班让学生们四人一个小组，将做好的简单地球仪拿在手上，同学们自主地去研究。课前教师提出了几个问题：1. 你能找到同纬度两个点 A、B 的球面距离在什么位置吗？2. 怎样进行这两点间的球面距离的计算呢？见图 2−1。

图 2−1

一节课四十分钟后，教师对两个班进行简单抽样调查。甲班（32 人）问了 4 个男生，表示借用 PPT 动画演示能听懂看懂，但是自己画图找到球面距离并计算有困难。问了 8 个女生则表示十分为难，动画没有看懂，教师的解题过程更是费解。乙班（35 人）仍然在研究并激烈讨论中，在下课时，有三组同学能够自行研究出球面距离的解法，并可以自己将立体图平面化，在纸上自主地进行研究和演算。

可见，对同样一节新课内容，学生认知水平相差不大的情况之下，营造适应此课题的良好学习环境，对学生的学习能力、学习兴趣的提升都很有帮助，是提高学习能力的重要保证。

（三）重视学生的情感与发展需要是提高数学学习能力的重要支撑

数学是一门理性学科，也是基础学科，它的应用性比较强。这也是部分学生感觉数学枯燥难学的原因。有畏难情绪就难有钻研精神，感觉枯燥就没有兴趣。然而兴趣是最好的老师，它可以激发学习者的主动学习愿望，能够学以致用更加能体现学习的价值，也称为提高学生的学习能力的重要支撑。

在讲到解三角形应用这节课时，学生已知正弦、余弦定理。为增加学生学习的兴趣，教师提出，在不能爬高的前提下，就近取材，利用手头上的皮尺和量角器测量计算学校雕塑的高度，并制订方案，写出你的计算过程和计算结果。

这是一道半开放式命题，方案的执行过程中，提高了学生的学习兴趣，发展了学生的应用能力，提高了数学建模能力，增强了计算能力。在研究过程中对自身的数学能力多了一份肯定，增加了对学校的热爱。

在其后的一次数学练习中，大部分学生对这种设计方案的数学题不再畏惧，愿意去钻研。

精准地了解学生的现实基础，了解学生的生活经验基础上，利用多种手段营造良好的适情的学习环境，提升学生学习过程中的良好体验，发挥和利用好这些隐性因素，促进学生的学习过程朝更高更好的方向发展，切实地提高学生的学习能力。

学习数学是复杂的过程，重视学生的获得知识能力、运用知识能力等显性因素是基础教学中的重中之重，是根本。为了提高教学的有效性，使学生学习中更有主人翁精神，主动探究问题，并解决问题，更需要重视对学习者生活经验、环境差异、情感与发展需要等隐性因素的分析。两者互相促进，使学生发展成为具有较高素养的个体，更需要教师将这两方面融合显隐并重在教学实践中。

第三章

把握学生的学习情意

　　把握学生的学习情意,需要科学严谨的方法。首先,要进行真实的数据搜集,进行量性研究,主要包括问卷调查法和自陈量表测量法。其次,需要进行科学的质性分析,通过数据分析学生的心理活动和行为的共性规律。同时,还可以借助访谈、心理测试等方法深入地了解学生的心理状态,做到知情达意,以求教学中的知行合一。

在日常教学过程中，我们经常会发现，认知能力相差无几的学生，学习情况经常会呈现出阶段性巨大反复，产生较大的差异。究其原因，就在于学习的过程不仅与认知基础、学习能力有关，也受学习情意等因素的影响。学习情意，它是指除认知因素外，一切与心理活动相关的因素，包含习惯、动机、兴趣、意志、态度等非智力因素。分析并全面了解学生的学习情意，可以调动学生的主观能动性、助力教学目标的有效达成，对学生在教学过程中能否取得最佳效果起着重要作用。

在实践中，对于学习情意的分析既要注重延续性，也要有动态的变化。为了知道学生的心理特点、学习态度、兴趣爱好与学习需求，进而精准地把握不同学生的学习情意，教师进行了不同的尝试。有的老师注重在课前通过问卷、访谈等方法，全面分析影响学生学习情意的因素，在"知情达意"的基础上将其融入教学目标，进行教学设计。有的老师则注重在课中通过真实生活情境的创设，激发学生学习与运用知识的积极性，达到"知行合一"的教学效果。在动态生成、激发情意、观察反思的基础上，综合分析学习情意。更有老师根据课例，从心理学理论的层面，提炼出学习情意分析的一般方法，并围绕"兴趣提升"来进行教学内容的建构。

分析学习情意的路径、方法多种多样，但百虑一致，目的都是为了精准定位学情，教师可以根据学生的具体情况灵活选择。总的来说，通过课前问卷、访谈分析情意是教学设计的重要参考。通过课中的激发、观察分析情意是选择教学策略的重要依据。通过课后的反思、研究分析情意是教学设计升华的重要路径。

必须指出，学习情意的分析不是一劳永逸的，它会随着时空、对象、认知内容、师生关系等因素的变化而变化，同时，任何教育教学活动都不是孤单前行的，学习情意与认知基础、学习能力等相互作用，只有在全面分析学情的基础上，才能保证学情分析的效果。此外，学习情意的分析还要关注学科的共性与特性，集体与个体的差异，唯有如此才能更好地定位学生的学习起点，在教学中实现激发情意、增强情意与升华情意。

（王祖康）

1. 知行合一：基于学情分析的课堂活动设计

顾 菁

综合性、活动型学科课程这一学科本质是《普通高中思想政治课课程标准》（2017年版）对高中思想政治课程性质的界定。促进知行合一是高中思想政治课课程结构设计的主要依据之一。学生在参与课程各项实践活动的过程中，习得学科核心素养是高中思想政治课的课程目标。学科核心素养习得的水平需要借助学生的外在行为来评价。当学生行为表现与学科核心素养的要求一致时，即体现知行合一。立足知行合一，基于学情分析，设计贴合学生学情的课程活动，将推动学生学科核心素养的习得。

一、"知行合一"的理念与意义

中国历史上最早提出"知行合一"理念的是明代思想家王阳明。"知"即指人对主客观世界的认识，"行"即指人的实践活动。人们在开展实践活动的过程中往往是以自身对主客观世界的认识为指导的，获得对主客观世界的正确认识是有效开展实践活动的关键。高中思想政治课课程设计依据之一"促进知行合一，凸显活动型学科课程的实践性和参与性"[1]，对课程的实施提出了新的要求。教师在教学设计中既要尊重学生的主体地位，立足于学生学情设计活动，又要在活动中实现培养学生学科核心素养的目标。学科核心素养的培养成效需借助学生外在的行为表现来反馈，学生在情境中做出准确的价值判断和行为选择是学科核心素养有效培养的表现。高中思想政治课程中"知行合一"，是指学生通过学习具有政治认同、科学精神、法治意识、公共参与等学科核心素养，坚定中国特色社会主义道路自信、理论自信、制度自信、文化自信，在此

---

[1] 中华人民共和国教育部.普通高中思想政治课程标准（2017年版）[S].北京：人民教育出版社，2018.

基础上，学生能够运用学习获得的学科核心素养正确分析并解决社会实践活动中的各种问题，积极参与中国特色社会主义实践并提出合理建议。因此，知与行的统一是学生学科核心素养习得的有效评价途径。

学情分析是指对学生的认知基础、学习能力以及非智力因素方面的学习情意的客观分析。课前精准的学情分析，对教师在教学中设计契合学生已有经验、调动学生参与的实践活动具有关键作用。有效的活动设计有助于实现课程培养学科核心素养的教学目标，能在活动中显现学生获得的学科核心素养的水平，检测"知行合一"的达成度。

（一）学情分析有助于了解学生的最近发展区

最近发展区是指学生可以在他人的帮助下通过自身的努力实现原本不能独立完成的任务。了解学生的现有水平和学生可能的发展水平，在两个水平之间即"最近发展区"进行的教学设计可以促使学生潜在发展水平不断提高。教师通过精准的学情分析准确把握学生的认知起点，了解学生的已有知识，未知知识，能够知道的知识，从而准确判断学生已具备的学科能力，了解学生通过努力可以达到的能力水平，分析学生的最近发展区并完成教学活动设计。

（二）学情分析有助于确定学生的兴趣关注点

学生在非智力因素方面的学习情意对学习的成功开展起着动力作用。学生对课程学习的活跃程度越高，参与课程的积极性越大，就越能在课程学习中形成观点和情意的认同，推动认知学习的进行，从而实现课程的教学目标。教师通过学情分析，能够掌握学生想了解什么知识、学生如何去获得知识的具体途径等信息。据此，可以分析学生的兴趣关注点，选择能够引起学生兴趣的学习情境和辨析探究活动。

（三）学情分析有助于提升教师教学策略选择的适切性

适切的教学策略有助于教师完成教学目标。教师在选择讲授法，讨论法、问题探究法等教学策略时，应基于学生学习的实际情况，尊重学生在学习中的主体地位。精准的学情分析能够帮助教师选择最贴近学生"最近发展区"，以及最激发学生兴趣关注点的教学策略。

二、"知行合一"的实践与操作

学科内容的教学与社会实践活动相结合，是活动型学科课程的显著特点。[①] 在活

---

① 中华人民共和国教育部.普通高中思想政治课程标准(2017 年版)[S].北京：人民教育出版社,2018.

动中学习课程的理论知识,在实践活动中展现学科逻辑是高中思想政治课作为活动型学科课程的独有特色。社会实践活动可以是课外的社会调查、专题访谈、参观访问、志愿者服务、各种职业体验等,也可以是课内的辨析探究和学以致用等。"知行合一"的实现离不开课程内容与学科活动的有机结合。

（一）社会调查

课前社会调查是实现"课程内容活动化"的有效形式之一。社会调查的组织者可以是教师,也可是学生。由教师组织的社会调查,主要是教师依据课程内容、课程标准和学科素养要求,设计社会调查方案并由学生完成。由学生组织的社会调查,主要是学生依据教材和自身感兴趣的问题设计问卷并组织同学完成。无论哪种形式,教师都可以通过社会调查反馈的信息,了解学生已知的和未知的知识,明确学生已有知识和应有知识间的差距,明确学生已有的学科核心素养和应有的学科核心素养间的差距,明确学生对某一情境反映的问题已有的行为表现和应有的行为表现间的差距。

（二）辨析探究

强化辨析,选择积极价值引领的学习路径是新课程标准对教学实施提出的建议①。教师在前期学情分析的基础上,根据学生的认知起点和情意特点,选择恰当的复杂真实情境,设计辨析议题和问题探究活动,引导学生开展活动实现"活动内容课程化"。学生在有价值冲突的问题的辨析和探究活动中进行思辨活动,运用学科知识和获得的学科素养,通过比较、鉴别解决问题,在解决问题的过程中更深刻地理解和认同中国特色社会主义道路自信、理论自信、制度自信和文化自信。

（三）学以致用

新课程标准对学生的学业水平的评价采取过程性评价和终结性评价相结合的方式,其中过程性评价侧重评价变化,终结性评价侧重评价状态。学生通过课堂辨析和探究活动解决情境问题时获得了一定学科核心素养,但学科核心素养水平的高低需要通过学生外在的行为表现来检测。学生基于一定的价值判断作出的行为选择,体现其"知行合一"的达成度。教师通过学以致用的情境活动设计,展现学生解决问题过程中的变化和状态,评估学生的学科核心素养发展水平。

---

① 中华人民共和国教育部.普通高中思想政治课程标准(2017 年版)[S].北京:人民教育出版社,2018.

三、"知行合一"的案例与分析

在学习"全面依法治国"一课时，我设计了社会调查用于精准分析学情，基于学情分析设计了辨析探究问题和情境，用于检测学生学科核心素养的水平，多维度实现"知行合一"。

（一）社会调查，明确"知行合一"的距离

课前，布置社会调查作业，要求学生收集资料并完成问题探究的自主预习活动。学生需要完成三则资料收集，即中国共产党第十九届中央委员会第二次全体会议审议通过的关于《中共中央关于修改宪法部分内容的建议》；十二届全国人大常委会第三十二次会议拟订的关于《中华人民共和国宪法修正案（草案）》；十三届全国人大一次会议表决通过关于《中华人民共和国宪法修正案》。同时完成问题探究：1. 分析所搜集的三则资料之间的关系。2. 中国共产党在制定发布"修宪建议"前会听取哪些建议？举例说明。3. "宪法修正案草案"如何才能具备法律效力？4. 选择此次"修宪"你最关注的修改内容并谈谈自己对这一修改的看法。5. 你对宪法修改有自己的意见吗？如果你想提出自己的意见，可以通过哪些途径？6. 收集十二届全国人大及其常委会的立法成果，列举一项成果说说其作用。7. 你通过哪些途径了解关于宪法的修订和实施的信息？你还想了解哪些知识？

问题1—3反映学生对党的领导、人民当家作主和依法治国关系的知识，以及依法治国科学内涵的理解程度，即了解学生的已知和未知知识。问题4和7反映学生对宪法及国家立法的兴趣关注点，即了解学生的想知和怎么知。问题5反映学生在参与宪法修改及提出相关意见的能力实际，即了解学生的能知。同时学生所提的修改意见也体现了学生在特定情境中所表现出来的行为。综合以上的学情分析，教师就可明确学生知与行的差距。

（二）辨析探究，搭建"知行合一"的桥梁

基于我国现行宪法第五次修改这一复杂情境涉及的主体中国共产党、全国人大、人民政协、人民，就中国共产党提出的"修宪建议"和第五次宪法修改草案中将"'健全社会主义法制'"修改为'健全社会主义法治'"设计辨析探究问题：1. "法制"和"法治"一字之差不同在何处？2. "党"大还是"法"大？

学生在辨析"党"与"法"的关系时深刻理解依法治国是党领导人民治理国家的基本方略，中国共产党在领导人民制定宪法和法律时，严格按照法定程序，整个过程充分尊重人民当家作主的地位,是党的主张和人民意志相统一的过程,各级党组织和全体党员要带头遵法学法守法用法。学生在辨析"法制"与"法治"的区别时明确社会主义法治的健全离不开社会主义法制的完善,社会主义法治的实现更关注法律的实施和监督。通过辨析学生在"知"的方面加强了拥护中国共产党的领导的政治认同,在"行"的方面会做到遵守法律法规,实现"知行合一"。

(三)学以致用,检验"知行合一"的实效

深化依法治国实践离不开科学立法、严格执法、公正司法、全民守法的推进。设置记者采访全国人大代表、政府官员、法院工作人员、某校校长、高中生的情境活动,从立法、执法、司法、守法四个角度检测学生的行为表现,并将其行为表现与上述社会主体在推动深化依法治国中应有的行为表现比较,发现两者的差距,评价学生获得的学科核心素养水平。

四、"知行合一"的提示与总结

"知行合一"的有效落实离不开真实且复杂情境的设置,不同复杂程度的教学情境可以综合不同的学科核心素养。教学中应设计与学生生活经验联系的真实的情境,激发学生学习的兴趣,吸引学生参与到学科内容的学习和分析,实现学科核心素养的培育。

"知行合一"的有效落实离不开契合学情的问题设计。发现问题、解决问题不仅是学生运用知识的过程,更是学生思维创新的过程。教学中只有进行契合学情的问题设计,才能真正吸引学生展开积极的深度思考,转变学生的学习方式,实现合作学习和探究学习。

2. 知情达意：基于学科学习情意的教学探究

叶 子

一、"知情"的教学意义和价值

艺术作为一门丰富学生审美情感的学科，区别于其他课程，具有其独特性。中学生在学习时心理和生理的一般特性，直接影响到教师在教学时对于教学内容和方案的设计与组织，分析和了解学生的学习情意对于艺术学科教与学具有重要的意义。因此，教师在课前要强调"知情"，站在学习者的角度，从各个层面细致地分析探讨高中生对于艺术（音乐）学科的学习需求和情意。教师只有立足于"知情"，才能真正落实教学目标，做到"达意"。

在课程改革的背景下，学校推动教师在教学中探索"三问"式教学。首先一问"从哪里来"，即学情分析，在充分了解学生学习的情况、特点、方法、兴趣等的基础上，再问"到哪里去""怎么去"，继续教学目标与方法。第一问"从哪里来"是探索教学的源头环节，由学生的习惯、需求、态度以及心理等因素形成的学习情意，是在第一问环节中需要着重研究的重要因素。而高中的艺术课程在注重课堂本身的同时，授课老师把关注点放在对学生情意的分析上，也是必不可少的。正所谓欲"达意"，必先"知情"。

二、学生的学习情意共性规律

在中国教育体制内成长起来的普通家庭的学生，学习情意有一定的共性。教师需要从学生共性规律中探究艺术教学所存在的问题，最终为艺术教育服务。探究学习情意的共性规律，可以从学生自身经历发展方面、老师家长和学生的心理方面、社会艺术氛围等方面展开。

（一）学生自身经历与发展方面

高中阶段的学生,经历了九年义务教育,未来面临的将是高考的重大选择。学生在幼儿园兴趣启蒙阶段时,家长往往会发掘孩子的兴趣爱好,选择一项或多项艺术方面的兴趣发展方向对孩子进行培养,此时大多是为了开发智力、培养艺术气质或为考取艺术考级等。到了小学阶段(一年级至五年级),学生的身心快速成长,接受体制内的音乐和美术教育,通过简单直接的唱歌、画画等艺术活动,掌握音乐和美术等艺术门类的基础知识。适龄时,一些家长会为孩子寻找合适的兴趣班或兴趣爱好老师,在体制外进行艺术方面的课外辅导。例如在上海市,很多家长会在孩子成长到合适学习钢琴的年纪,为孩子找钢琴辅导老师,将练习钢琴作为兴趣爱好培养。在初中阶段(六年级至九年级),学生在心理上有了较为丰富的感情,易幻想,易激动。在此学习阶段,虽然意识控制能力显著增强,但逻辑调控能力依然欠缺。六年级至七年级期间,学生基本掌握音乐和美术在表现和欣赏上的基本过程与方法。到八年级至九年级,音乐和美术学科合并为一门"艺术"学科,学生已经可以分辨各个艺术学科之间的异同,能够选择一个门类进行艺术表现。但是在此阶段,也是学生第一次面临重要学业压力的阶段,大部分家庭会迫于学习时间的紧促而不得不作出选择,因而放弃或停滞常规学业以外的兴趣班。因此,在幼儿园以及小学期间培养的艺术特长就此停滞,难以再坚持下去。

在高中阶段,学生思维方式和思维能力得到快速锻炼和提升,形成以逻辑性为主导的思维方式。学生更趋于独立、自主、理性,学习动机从兴趣型向信念型转变。在高中的所有课程当中,艺术课区别于其他门类的课程,丰富了学生的情感,具有独特性。高中阶段在艺术课堂当中会为学生普及丰富的艺术知识,让学生了解中外不同的艺术流派和风格,提升艺术修养。同时学生也可以自主选择参加一些艺术活动,例如艺术社团的活动等,培养挖掘新的兴趣爱好或是继续发展其在九年义务教育时培养的特长。但是迅速发展的逻辑思维也对应着高考的繁重学业,在文化课学习和艺术技能发展之间,时间的紧张成了高中生普遍的问题。因此,在平常的艺术课堂过程中,学生看其他学科的学习资料、做其他学科的作业等现象频繁出现。自身有艺术特长基础的学生也会因为学业压力,没有多余时间参加校合唱团、乐队、舞蹈队等组织。到了大学阶段,减少了升学压力之后,在充裕的课余时间和丰富多样的课余生活条件下,学生会依个人兴趣爱好参加学校的社团,自由地培养或发展艺术特长。

（二）老师、家长和学生的心理方面

1. 老师心理。在高中，主课的授课教师也会面临升学率的压力，在教导学生的过程中为了照顾整个班级，难以时刻关心到每一名学生，导致对个别学生的疏忽。教学时若是耐心不够，也会给学生造成一定程度的压力。

2. 家长心理。高中学生家长都希望自己的孩子能在高考中有令人骄傲的成绩，所以很多家长会在没有掌握科学的教育和沟通方式的情况下，对孩子提出较高的要求。孩子迫于压力，一旦一次考试的失误，就会受到来自家长的批评。而大部分家长所采取的解决办法就是把所有的时间都放在考试科目的学习任务上，于是剥夺了孩子继续发展艺术特长的权利。

3. 学生心理。高中阶段的学生在紧张的竞争氛围下，学习压力普遍较大。到了高年级，身体的疲惫也常导致心理上的焦虑，同学之间成绩的互相攀比，心理的落差难免导致嫉妒心增强或是自信心缺乏。在高考前，面临来自学业、来自老师，甚至来自于家长的压力时，情绪往往不能得到有效的疏解。而艺术课堂灵活多样，以感性为主，可以帮助学生在缓解紧张情绪的同时释放压力，是充分发挥学生艺术想象力的良好天地。艺术课独特于别的科目，启发对于艺术作品的感悟和理解，可以帮助学生在成长过程当中树立正确健康的价值观，培养抽象思维能力。

（三）校外的艺术氛围方面

中学生除了在学校的艺术课上能接受到艺术的熏陶之外，丰富的社会文化活动也多多少少影响着他们的艺术素养。在经济飞速发展的中国，文化的高水平发展必不可少，因此艺术在社会生活中占据了越来越重要的地位，现在的社会艺术大环境正在迎来最好的时代。在上海，公共艺术空间越来越大众化，城市的艺术氛围日益浓厚，艺术生态愈发活跃。学生们也能走进音乐厅、剧院，欣赏话剧、歌舞剧、音乐会，走进美术馆看展。良好的社会艺术氛围给人们提供了走进艺术的机会，中学生也可以选择自己感兴趣的内容，去欣赏和了解。

三、基于"知情"的"达意"途径

了解了学生的学习情意，最终还是要服务于艺术教学。教师应更注重从学生本身出发，从根本上了解学生不重视艺术课的原因，进行有效沟通与交流。直面学生的问题，提出解决的方案，并在平时的课堂当中有所引导，让学生进行反思。在引导时，可以举一些生活中的例子,帮助学生意识到要成为一个有文化的社会人,光靠高考考试科目的学习是远远不够的,从而帮助学生认识到艺术课程的重要性,加强艺术教育的实用性。

（一）探寻多样的教学形式和方法,培养学生的兴趣爱好

现实中的艺术教育实践,除了将知识传授给学生,更重要的是要吸引学生踊跃地参与到艺术课堂的活动中。提高艺术课堂的吸引力,很大程度是要依靠授课教师在课前的精心准备。有趣的艺术课堂,让学生了解艺术的重要性,更关注综合性课程对于学生自身发展的影响。通过课堂中对艺术作品的欣赏与分析,提高学生的艺术素养,完善积极健康的审美观念,树立正确的价值观。

（二）加强团队意识

想要让学生适应并融入集体,就要培养其形成良好的团队精神。这不仅仅能在班级活动、课堂的小组活动等方面中体现出来,还能在学生参与相关的合唱团、乐队和舞蹈队等组织中体现出来。例如合唱,需要指挥、钢琴伴奏和各声部每一位成员的配合,在做好自己表演的同时要照顾到其他声部的成员,共同表演并完成作品。共同协作完成的音乐作品能激发每一名学生在参与团队活动时的满足感与荣誉感。

（三）引导多元发展

随着艺术产业的日益发达,从事艺术相关职业的人员也越来越多。作为教师,课堂上不经意间的一句话很可能影响到学生对未来职业生涯的选择。在中学生身上,未来有无限的可能性。作为艺术老师,应该给学生良好的引导,帮助学生对生涯发展有更多元的规划与选择。

从各个方面分析学生的学习情意,归根到底还是在于培养学生的审美感知、艺术表现、文化理解三个音乐学科核心素养。旨在让学生学习了这门学科之后,形成富有学科特征的成就,整体、系统地运用技能和方法,体现艺术学科最终的育人价值。本文注重于"三问"教学法"从哪里来"中学生的情意分析进行了阐述,但是对解决措施和方法的研究仍缺乏系统性和完整性,笔者也将会在后续的时间里,继续深入研究。

3. 兴趣提升：学习情意分析的维度

杨涵茵

一、学习情意的基本内涵与研究意义

(一)学习情意的基本内涵

教育教学中的学习情意是指和情感相关的学习变量，比如对学科的学习兴趣、学习喜好、动机和态度等，从某种意义上来说，它相当于我国课程标准中所提的"情感、态度与价值观"。

一般认为情感是指人对客观现实的对象和现象的刺激所产生的的心理反应。在教育教学的过程中，学习情感包括学生的学习兴趣、学习热情、学习动机以及因学习对象而产生的情感体验。在具体的学习过程中，学生会慢慢形成自己对学习的情感，这种情感会持续影响着学生的学习行为和表现。态度是指主体对态度对象所持有的一种相对稳定的心理倾向性。它由三种心理成分组成：认知成分(对态度对象的认识和评价)，情感成分(对态度对象的情感程度)和意向成分(对态度对象的反映倾向)。价值观是指个体看待客观事物及评价自己的重要性或社会意义所依据的观念系统。它支配着人的行为，使个体的行为比较一致地朝向某一目标或带有一定的倾向性。

(二)学习情意研究的意义

良好的情感对学生获得知识与提升能力有着积极的影响，而知识与能力的提升反过来也能加深学生对同一对象的情感。因此，在相同的条件下，对客体对象有着良好情感的学生在学习表现中也会更出色，能力也更突出。对于教师而言，了解学生对本学科的情感状态、态度和价值观是提升学生学习积极性、强化学生学习动力的重要前提。如果教师置学生的情绪状态不顾，极有可能会引发学生厌学的情绪，极大地影响其学习效率。

二、学习情意的分析方法

（一）量性研究方法

量性的研究方法主要包括问卷调查法和自陈量表测量法。问卷调查法最大的优点是调查面广、代表性强且操作相对简单，便于推广。而自陈量表是一种由被试根据量表题目叙述是否符合个人情况进行回答的问卷，被试可以根据描述是否符合自己的情况来做出选择。

（二）质性研究方法

质性的研究方法有很多，而对于学生的学习情意调查，使用比较多的主要包括观察法、访谈法、投射测验法、语句完形法等。观察法是指在自然条件下，有目的、有计划地察看研究对象的言行表现，从而分析其心理活动和行为规律的一种方法。通过观察，老师能最直接地了解到学生情意发展的外显行为，在此基础之上结合访谈的方法，就能更深入地了解学生的心理状态。而语句完形法则是通过给学生提供一些不完整的句子，让学生补充完整来获得学生内在状态信息的方法。比如说，我喜欢心理课是因为：A.心理课堂的内容_____；B.心理课上同学们_____；C.心理课我可以_____。这种方法可以在一定程度上降低学生的心理防御，更真实地反映出同学们最真实的想法，是评价学生学习情意水平的有效测量工具。

三、"我的兴趣"中学生学习情意分析

（一）"我的兴趣"一课中学习情意的内容

根据学习情意的相关理论，结合本节课的主题，笔者认为"我的兴趣"一课中的学习情意内容主要包括：对探索兴趣的学习兴趣（情感）、对探索兴趣的态度（态度），以及如何看待兴趣对自己人生的影响/兴趣在自己人生中的位置（价值观）。

情感方面主要指对探索兴趣本身的兴趣，包括知觉和行为两个方面以下内容：1. 觉察到自己的兴趣领域和兴趣类型；2. 觉得自己的兴趣很有意义；3. 知道自己兴趣可以展示的平台；4. 想要了解学习生活中接触到的新东西；5. 希望能够和别人分享、推荐自己的兴趣；6. 能找到和自己有相同兴趣的伙伴；7. 乐于参与和兴趣有关的活动；8. 主动进一步地提升自己的兴趣。

在兴趣探索的态度方面，主要包括以下内容：1. 认真学习兴趣相关的知识并积极练习；2. 在学习过程中积极思考，主动与他人交流学习；3. 在兴趣发展中有认真学习、

取得进步的体验；4. 在兴趣发展中有与他人合作的积极体验；5. 在兴趣发展中有获得他人肯定的成功体验；6. 在学习过程中会反思发现自己的问题并积极反馈；7. 能主动总结自己的兴趣经验，并乐于与他人分享。

在价值观方面主要指如何看待兴趣对自己人生的影响或兴趣在自己人生中的位置，主要包括以下内容：1. 乐意听老师介绍兴趣的相关知识及案例；2. 乐意听老师分析兴趣对个人发展的重要意义；3. 能够初步感受到兴趣对人生发展的影响；4. 认识到某些兴趣领域是可以相互转化的；5. 意识到兴趣是可以主动发展、不断培养的；6. 关注自身兴趣领域的价值；7. 能用发展的眼光看待兴趣对人生的意义。

由此可见，在具体的课例中学生学习情意的内容会有所不同。因此，教师在做学生的学习情意分析的时候也要对此做出区分，根据不同的内容来设置分析的方式和材料。

（二）"我的兴趣"一课中学习情意分析的方法

分析评价方法是了解学生学习情意现状的基本工具，不同的数据搜集对象、渠道和分析方法可能会得出不同的分析结果。在对学生进行学情分析的时候，笔者通过问卷调查和访谈调查相结合的方法，希望能够尽可能全面科学地得到学生学习情意相关的内容。

1. 问卷调查

基于本节课需要对学生情意分析的内容，笔者制作了以下问卷来了解学生的情意水平，学生需要在以下问题的选项中选择最符合他实际情况的选项：

1）我有一项非常喜欢的兴趣爱好

A. 非常符合　B. 比较符合　C. 一般　　　　D. 不太符合　E. 非常不符合

2）我坚持一项兴趣至少

A. 五年以上　B. 三到五年　C. 一到三年　D. 半年以上　E. 通常几个月不到

3）我喜欢在其他平台（场合）展示自己的兴趣

A. 非常符合　B. 比较符合　C. 一般　　　　D. 不太符合　E. 非常不符合

4）我经常阅读/浏览一些和自己的兴趣相关的书籍/网站

A. 非常符合　B. 比较符合　C. 一般　　　　D. 不太符合　E. 非常不符合

5）我希望能够系统学习和自己兴趣相关的课程

A. 非常符合　B. 比较符合　C. 一般　　　　D. 不太符合　E. 非常不符合

6）在发展自己的兴趣遇到困惑时,我会

A. 解决困惑后会进一步进行反思,做下一步计划

B. 想办法自己解决,或寻求其他人的帮助直到解决为止

C. 自己努力后发现解决不了就放弃

D. 被动等待,随缘吧

E. 完全不管,放弃

7）学校开展与我的兴趣相关的活动,我会

A. 参加完学校活动后会进一步进行反思总结,为下一次活动做更充分的准备

B. 积极参加　　　　　　　　　C. 无所谓

D. 老师让参加就参加　　　　　E. 不参加

8）当接触到新的东西时,我会

A. 希望进一步了解背后的原理、方法,以便自己更熟练地理解和运用

B. 希望能理解的同时可以初步掌握相关知识

C. 认真学习,能记住基本内容就可以

D. 接触到什么信息就听什么,不做其他思考

E. 不想学

笔者通过一定的计分规则(A—5分,B—4分,C—3分,D—2分,E—1分),对学生的数据进行分析统计来反映被测试群体在兴趣这个专题上的学习情意。如果学生的平均分在32～40之间,说明这个群体对兴趣探索非常感兴趣,并且大家的发展和探索水平较高,本节课的设计可以聚焦在兴趣拓展的主题上;如果学生的平均分在24～32分之间,说明这个群体对兴趣探索有一定感兴趣,并且有一定的实践经验,本节课的设计可以聚焦在兴趣升级的主题上;如果学生的平均分在16～24分之间,说明这个群体对兴趣探索的兴趣不够,则需要对原因做进一步的探索,且课堂的设计要聚焦在激发学生发展兴趣内在动力的主题上;如果学生的平均分在8～16分之间,则需要对个别得分较低的学生做进一步了解和干预,且本节课的设计可以聚焦在兴趣启蒙的主题上。

在做完问卷调查的基础之上,可以进一步通过质性研究的方法更深入地了解学生内部的真实心理状态。

2. 访谈调查

在正式的访谈调查开始之前,首先要确定好访谈的目的,其次准备访谈内容,而访

谈的内容是可以从前期的问卷调查中来做进一步确定的。从笔者本次前期的调查来看,学生问卷的平均分在 24～32 分之间,说明这个群体对兴趣探索有一定感兴趣,并且有一定的实践经验,因此课程的设计可以聚焦在兴趣升级的主题上,而访谈也可以根据这个结果来做一定的设计。以下是笔者设计的针对本节课的访谈提纲。(1)你在兴趣发展方面最大的困惑是什么?(2)你怎么看待没有特别的兴趣的同学?(3)你觉得学校和老师可以提供哪些方面的资源来帮助你发展自己的兴趣?

访谈的结果和前期的问卷结果有一定的差异,访谈发现很多高中生都会有这样的声音:"老师,我没有什么兴趣。""美食游戏小说,能算我的兴趣吗?""我的兴趣都是三分钟热度,怎么办呢?""我好像没有特别突出的兴趣。"这样的结果和问卷得出的"学生对兴趣探索有一定感兴趣,并且有一定的实践经验,因此课程的设计可以聚焦在兴趣升级的主题上"有所不同。因此,笔者进一步对数据进行研究发现学生在兴趣方面呈现出明显的两极化发展,有一部分同学兴趣分化非常不明显,而另一部分同学则有非常突出的兴趣爱好。

(三)基于学生情意分析后的"我的兴趣"教学设计

在学生兴趣呈现两极化现状的基础上,笔者更加清晰了本节课的学生的基本情况和教学目标,并做出了如下设计。本节课以兴趣的金字塔模型为理论基础,围绕"我的兴趣"展开探索,让学生理解兴趣对生涯发展的重要性,希望学生能够觉察并识别自己的兴趣层级,激发学生在高中阶段通过实践探索,不断寻找、发展自己的兴趣方向,确认自己的兴趣乃至志趣领域。

1. 教学目标:学生了解兴趣的三个层级,识别并澄清自己的兴趣类型;通过讨论分享初步确立兴趣发展的方向,学会制订兴趣发展的行动方案,给自己的兴趣"升级"。通过了解身边的榜样,激发学生在生活中培养发展兴趣的主动性和积极性,树立志趣发展的意识。

2. 教学重点和难点:学生识别并澄清自己的兴趣类型;学生学会制订兴趣发展的行动方案,给自己的兴趣"升级"。

3. 教学过程

(1)案例导入:学生观看案例,引出主题兴趣,同时开始思考不同兴趣的差别,以及对人生的意义。

(2)我的兴趣星空图:学生填写并分享自己的兴趣;学习兴趣金字塔模型;学生思

考并澄清自己的兴趣层级。

（3）人生路上的兴趣：网络作家枯玄采访分享，进一步引出"志趣"概念；学生思考并分享对于发展兴趣的启发；教师总结。

制订我的兴趣发展计划。

（4）总结思考。

总之，笔者通过"我的兴趣"一课对学生学习情意的分析做了初步的实践探索，这样的分析给教学设计提供了很好的依据。当然，这是在课程设计前的一些学习情意分析的方法，在课程实施过程中也可以通过科学的观察活动和学生反馈来对课程设计做进一步修正。此外，通过对学生学习情意的有意识地初步分析，提示了教师很重要的一点，在教学设计的过程中始终要记得情感态度与价值观目标设计的核心是学生，是学生在学习过程中需要体验到的模板，教师要引导学生在这个过程中"感受到"这样的情感体验，如果没有这样的引导，很多学生都会忽略这些体验。

第四章

聚焦学科核心素养

聚焦学科核心素养,影响是多方面的。首先,表现在教学目标的设定上,要坚持以核心素养为纲,各学科对于 6 大核心素养的侧重虽有差别,但终极目标却是一致的;其次,影响着教学资源的拓展,可以根据《课程标准》,构建"任务群",以"板块化"来进行合理的教学内容重构;再次,倒逼教学方法的改进,提升学生在课堂中的存在感与参与度。

　　在高中课程改革背景下，我校依据新课程标准，构建"全景式"课程，全面落实"立德树人"的根本任务，努力思索"如何立德""如何树人"。在育人过程中，对于要落实哪些核心素养、如何落实以及到底是否落实做了深入探索。首先，从课程建设的角度凸显核心素养的重要地位，在实践中开设丰富多彩的拓展课程培育学生科学精神与实践创新；其次，积极开展社会实践活动，让学生参与社会，培育学生健康生活、责任担当；再次，积极进行"三问"教学法的探索。"一问"学情与目标，"二问"内容与方法，"三问"反馈与评价，努力提升学生人文底蕴与学会学习的素养。

　　在落实核心素养的"三问"教学实践中，首先表现在教学目标的设定上，要坚持以核心素养为纲。虽然各学科本体存在差异，对于6大核心素养的侧重是有差别的，但终极目标却是一致的。其次，核心素养的落实，也影响着我们教学内容的选择。可以在《课程标准》的指导下，充分挖掘课内外教学资源，并筛选、加工、改造为适宜课堂教学使用的内容，如以"任务群"的构建来进行拟定，以"板块化"来进行科学、合理的教学内容重构，都能使得学生能够在扎实的学习中得到有效提升。再次，核心素养的落实，还要求我们不断地改进教学方法，提升学生在课堂中的存在感与参与度。如创设真实情境，有助于提高学生积极参与其中的热情；任务驱动法有助于培养学生的科学思维和解决问题能力。

　　以核心素养为导向的教学实践是一个系统工程，目标、内容、方法缺一不可，相辅相成。目标不明确，方向就会错；内容不适切，就缺乏依托；方法不恰当，事倍而功半。只有综合考虑，才能真正做到纲举目张，源远流长，将学生的核心素养落到实处。

（胡宝元）

1. 合理分割：以板块化设计开展
素养为本的教学模式构建

张　曙

在人工智能时代，一些纯粹的知识性记忆相对来说已经变得不那么重要了，那么哪些东西是机器无法取代的呢？一个是强大的思维能力，还有一个是情感处理能力。所以，教育的目的之一就是要培养学生具备一系列机器无法具备的核心素养，而不是简单的记忆性知识。那么，什么是核心素养？化学学科核心素养具体包含哪几个方面？在化学课堂教学中我们如何通过系统的"板块化"设计来落实这些核心素养？接下来笔者会带着这些问题，结合高中化学教学案例加以阐述。

一、化学学科核心素养的内涵

核心素养是指学生借助学校的教育逐步形成未来融入社会所需的必备品格和关键能力。众所周知，化学是在原子、分子水平上研究物质的组成、结构、性质、转化及其应用的一门基础学科。针对化学学科本身的特点和育人价值，《普通高中化学课程标准(2017年版)》提出了化学学科的五大核心素养即"宏观辨识与微观探析""变化观念与平衡思想""证据推理与模型认知""科学探究与创新意识""科学态度与社会责任"。尽管这五个方面的侧重点不同，但是在培养学生形成正确价值观，发展综合能力的功能上是同等重要的。

发展学生的化学学科素养不是一蹴而就的事情，而是一个持续的过程，需要踏踏实实地把握好每一节化学课并加以落实。那么，如何对我们的课堂教学结构进行精心设计呢？

二、"板块化"设计，既要落实核心素养，也要遵循内在逻辑

每节化学课都是一个系统，这个系统又是由一个个小的整体构成。我们把构成一节化学课的这些"小的整体"称之为"课堂教学板块"，简称"板块"。每个板块都是独立的，但又不是孤立的，它们有机地结合在一起构成一节完整的化学课，充分发挥化学学科的核心素养功能。所以我们在进行课堂教学设计时应该从整体上加以看待和考察，那么，该如何对教学板块进行合理分割呢？应当既要明确每个板块和板块连接的素养功能，同时也要遵循以下三个逻辑：1. 化学学科逻辑；2. 学生认知逻辑；3. 化学教学逻辑。

例如：高一第七单元探究电解质溶液的性质中"7.3 盐溶液的酸碱性"这节课，教师可以设计如下四个板块：感受盐溶液酸碱性的存在、归纳盐溶液的酸碱性与盐类型的关系、讨论盐溶液呈现酸碱性的本质、感受盐类水解的价值。这四个板块之间采取了递进的连接方式，其逻辑关系如下图 4-1 所示：

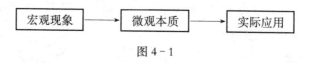

图 4-1

【板块 1】和【板块 2】反映的素养功能是"宏观辨识"，可以举一些生活中的例子，如苏打溶液去油污，进一步使用 pH 试纸分别测定室温下 0.1 mol/L 的氯化铵、氯化钠和醋酸钠溶液的 pH 值，根据实验现象得出盐溶液不仅有中性的，还有酸碱性的。通过多组实验归纳得出：对盐溶液酸碱性进行分类可以从盐的宏观组成特征即盐的类型入手。【板块 3】反映的素养功能是"微观探析"，实验中使用的盐本身构成的微粒不含有氢离子或氢氧根离子，而溶液中的另一成分——水能电离出氢离子和氢氧根离子，但水本身是中性的，为何两者在一起可能会引起氢离子和氢氧根离子浓度不再相等呢？由此引导学生从"微粒"和"平衡关系"角度进行分析，得出盐溶液呈现酸碱性的本质原因。【板块 4】反映的素养功能是"科学态度和社会责任"。利用盐类水解的原理解释或解决生产生活中一些化学问题。比如，利用铝盐或铁盐的水解来净水，利用酸水解原理制作泡沫灭火器灭火；同样有时候需要抑制水解，还是要从水解的原理出发，比如配制氯化铁溶液等。板块与板块之间的连接方式表达了通过宏观现象逐步探入微观本质，即宏微结合的化学思维方式，体现了化学学科的逻辑；从五官感受现象，再到结合电解质电离、弱电解质、化学平衡等已储备的学科知识，通过逻辑推理得出，水

解本质的普遍认知模型,再利用认知模型去解决相关问题。这一过程提升了学生透过现象看本质,利用原理解决问题的能力;从常见的生活现象出发,找出其背后蕴含的化学原理,再辐射到社会问题。符合化学与生活和社会息息相关的理念,反映了化学教学逻辑。

三、通过对板块内容的"任务化"设计落实核心素养

每个教学板块都是一个系统,如何让这个系统完美地运作并发挥作用,就要了解组成它的每个部件及其作用。化学教学板块通常由化学学习情境、化学学习任务、化学学习活动、化学教学活动和化学学习评价等基本要素构成。在上述构成要素中,化学学习任务是问题的核心,它提出了"学什么",作为问题的发起者,在发挥板块素养功能上起关键性作用。化学学习活动和化学教学活动则是围绕化学学习任务展开,回答了"怎么学",化学学习评价则是用来评估"学得怎么样"。化学学习情境可以为学生创造丰富多彩的学习氛围,在这样的氛围中,使学生能够产生积极地思考和探索化学本质的欲望。

例如,高二第十一单元认识碳氢化合物的多样性中"11.4 一种特殊的碳氢化合物——苯"的课时教学中,探究苯分子结构的教学板块是重点和难点。据此,教师可以设计以下学习任务:【任务1】预测苯分子结构。围绕【任务1】提供情境素材——化学史实。即从 1825 年法拉第从生产煤气的剩余液体中分离出一种液体物质,到 1834 年德国科学家米希尔通过化学反应得到这种液体,并命名为"苯"。再到后来法国化学家日拉尔通过测定发现苯的密度是同温同压下乙炔的 3 倍且得到其含碳量为 92.3%。见表 4-1。

表 4-1　【任务1】学与教的活动

学　生　活　动	教　师　活　动
阅读材料,计算苯的分子式	布置学习任务
根据分子式书写苯可能的结构	查看并个别指导或交流
汇报并讲解	点评

【任务1】首先创设有关苯的发现以及制备等情境为学生学习苯营造氛围,感受到科研成果是需要一代代科学工作者锲而不舍的研究。在化学学习活动中,通过已知数

据计算苯的分子式为 C_6H_6。根据分子式判断不饱和度预测苯可能的结构，体现了"证据推理与模型认知"的素养功能。

为验证之前对苯分子的结构预测是否正确，还需设计一个学习任务：【任务 2】用实验验证对苯分子结构的预测是否正确。见表 4 - 2。

表 4 - 2　【任务 2】学与教的活动

学 生 活 动	教 师 活 动
设计实验方案	布置学习任务
汇报实验方案	分析和评价实验方案
观察并思考	演示实验
讨论并思考	与学生讨论交流

【任务 2】化学学习活动中，根据对苯分子结构的预测，其应当含有碳碳双键或碳碳三键。据此设计化学实验方案对预测加以验证。结果其不能使溴水或高锰酸钾溶液褪色，所以推翻之前预测，说明苯的实际结构不是我们预测的结构。通过实验证明或证伪，体现了"科学探究"与"证据推理"的素养功能。

通过实验发现苯的真实结构与我们之前推测不同，那么真实的苯结构到底是怎样的呢？这里可以引入一段化学史情境：1865 年，凯库勒梦见苯环结构，根据梦境提出了苯环单双键交替的正六边形结构，很好地解释了一些反应事实，但不能解释某些事实，如苯不能使酸性高锰酸钾溶液褪色、苯的邻位二元取代物只有一种等事实。随着时代的发展，人们后来知道苯环内部碳碳之间不存在单双键交替的化学键而是一种特殊的价键。

在探究苯分子结构的教学板块最后，引入这段在化学史上很有名的情节作为情境，目的是使学生能够感受并领悟人类揭开苯分子结构的发展过程中所蕴含的学科思想观念和精神内涵。

四、两点建议

1. 用心创设真实具体问题情境。 任何化学概念的建构都是有情境的，任何化学知识的价值体现也都是有情境的，所以真实具体的问题情境是形成和发展学生化学学科核心素养的重要平台，优秀的情境能够激发学生的思考和质疑，引发学生的认知冲突进而提出各种化学问题，促使学生进一步求知和探索。化学学习情境主要分两种，第一种是建构性的，主要是化学史实，使学生从学科本原上把握核心概念的发展以及其蕴含的思想。比如人类对原子结构的认识，卢瑟福通过氦离子轰击金箔的出人意料的实验现象，推翻了葡萄干面包原子模型。进而提出新的行星结构模型。第二种情境是迁移化的，将化学知识迁移，与科学技术、环境问题等有机结合，比如在二氧化硫和酸雨的教学中，提出如何防范酸雨，有哪些措施等，提升学生社会责任感。

2. 重视化学认识视角和认识思路培养。传统教学的弊端在于很多时候为了应试，学生通过大量重复记忆知识，而不是建构习得知识。因此出现了上课听得懂，题目不会解，觉得化学就是靠背的问题。但是知识点永远不是靠死记硬背习得的。学习化学亟待寻找突破口。就是从哪里着手，哪里开始想的问题。怎样与特定的学科主题或核心概念联系在一起的问题，比如无机物化学性质的研究，物质种类和元素价态就是两个重要的认识视角，研究有机物的性质和制备的时候，官能团就是一个重要的认识视角。化学认识思路就是解决"怎么想"的问题，也就是对物质及其变化的特征及规律进行认识的框架，比如盐类水解呈酸碱性的一般分析路径，比如化学中某些物理量之间换算的一般思路。化学认识视角和化学认识思路的培养对发展学生的科学思维和解决问题的能力极其重要。

2. 目标导向：基于核心素养的 教学目标设计策略

胡宝元

新课标要求学生通过阅读与鉴赏、表达与交流、梳理与探究等语文学习活动，在语言建构与运用、思维发展与提升、审美鉴赏与创造、文化传承与理解等方面获得进一步的发展。如何基于核心素养，设立准确合理的教学目标，本文对此做出初步探索。

一、教学目标设立的意义

自 2017 年新版普通高中《语文课程标准》实行以来，上海迎来了语文学科的教材更换，在教学内容大幅更换的情况下，为了更好地实现语文学科教学过程中核心素养的培养，教学目标设立科学性和实践性的研究迫在眉睫。

1. 有助于教学内容的确定。一篇文本往往有多个教学重点和难点，"不知是因为语文教师的教学个性太突出，还是因为语文这门学科的内涵不确定，同一篇课文，语文教师在选择教什么时，仍存在严重的歧异现象"。① 在课堂教学改革的过程中，正确确定教学内容才能更好地培养学生的核心素养。然而教学目标的确立可以有效指导教师确定教学内容。

2. 有助于教学设计的构建。准确确定教学目标是有的放矢地进行教学设计的重要依据。语文课程应尊重学生的主体地位。注重学生自我发展的过程，在教学目标设立后，有助于教学设计中考虑学生个体差异、关注学生不同兴趣、满足不同学生发展需

---

① 冯渊.谈真语文课堂教学内容的确定——以《香菱学诗》为例[J].语文建设,2015(2)：14.

求。目标导向可以使教师在教学设计环节中提供指引作用,以便根据学情进行因材施教,使学生的能力不断提升。

3. 有助于教学策略的提升。教学方法与教学策略的选择,基于教学内容的实施和教学目标的达成。设立教学目标,有利于教师在组织教学过程中思考如何选择教学策略,如何落实教学目标的过程就是思索怎样实施教学的过程,也是教师思索教学策略的重要过程。

二、教学目标设立的操作方法

教师在开展教与学活动之前,首先要思考学习要达到的目标是什么,从学习目标呈现出的学习结果开始,思考并关注学习预期,然后倒推学生的学习历程,设计学习任务,引入学习内容。[①] 所以,教学目标的设立是教学之始。教学目标的合理设置是教学活动成功的关键。

(一)以语文核心素养为纲,设定阶段教学目标。

课改中,课堂空间、时间都有变化,教师要能立足于核心素养,结合学生自身已有的知识,探究新的知识内容。所以在目标设立中,要兼顾语言、思维、审美、文化等四个维度。先设立学期目标,然后设置单元目标。以单元教学为单位,逐步分解、细化教学目标。并在每一个的教学目标中对核心素养有所侧重。

(二)以学习任务群为内容,设定具体教学目标。

语文新课标提出 18 个任务群,在教学中应紧紧围绕这些任务群展开教学。在具体教学目标的设立中应从具体内容出发。从任务群出发,更加有的放矢,促使教学目标的达成。每一个具体的课文内容,在相关任务群中承担着不同的教学角色,所以,在设置教学目标时,应充分体现教学内容所处的任务群。

(三)以学生的学情为根本,设定适合学生的教学目标。

适合的才是最好的,设定教学目标应该尊重本校学生的现状,找出学生的"最近发展区",只有切实从学生实际出发,才可以制定出恰当、准确的教学目标。不同学校、不同年级的学生都有其特点,在制定教学目标前,应做课前调查、学生访谈,以准确把握学生的学情,更好地指导教学目标的设立,指导教学实践。

---

① 王宁,巢宗祺.普通高中语文课程标准(2017 年版)解读[M].北京:高等教育出版社,2018(10).

三、教学目标的设立案例与分析

在新课程标准实施中,怎样在教学实践中切实提高学生核心素养,是大家一直探讨的课题,笔者所教学的高中,学生语文基础尚可,所以在教授文学类文本时,我校希望达成《新课标》中学业质量标准第 5 层级的学习结果,即在鉴赏活动中,能从不同角度和层面鉴赏文学作品,能具体清晰地阐释自己对作品情感、形象、主题、思想内涵、表现形式及风格的理解,能对作品的艺术形象及价值有独到的感悟和理解。

通过课前预习作业,了解到学生对于《史记》中的《鸿门宴》并不陌生,西楚霸王项羽和厚黑的刘邦深入人心。为发展学生思维,提高学生的审美鉴赏与创造能力,笔者建议把《鸿门宴》归入整本书阅读任务群或文学阅读与写作任务群,并根据任务群的特点设定相应的教学目标。

本文以文学阅读与写作任务群为例来论述。《鸿门宴》属于任务群文学阅读与写作中的史传文学,华师大版教材把其编入"史传作品及其鉴赏"专题,希望学生可以加深对中国古代历史和人物的认识。据此,笔者设计的教学目标为：1. 了解《史记》中的基本常识,从而热爱中国文学,热爱中国传统文化并积极传承;2. 学习作者运用对比手法刻画人物的写作手法,从写作手法入手,感受刘邦和项羽的不同形象,提升文学欣赏能力;3. 从细节入手,寻找人物的语言和动作,翻阅史料,评价历史人物项羽和刘邦,发展思辨能力。通过学生主动梳理、整合自己得到的信息,培养语言建构的能力,并在史料中去伪存真,提升逻辑思维和辩证思维,从而加深对历史人物的理解,达到从不同角度、不同层面赏析文本的目标。

四、教学反思

在制定教学目标过程中,教师还应注意以下几点：

1. 在课堂教学中,教学目标可以微调。《新课标》中指出："要重视学生的实践活动,让学生在教学过程中主动学习、探究,重视师生的语言交际和心灵沟通,重视学生思维方法的学习。"[①]笔者在教学实践中,发现在分析项羽人物形象的过程中,学生对樊哙尤为感兴趣,故引导学生挖掘樊哙性格特征,并设计了项羽为什么不杀樊哙反而赏识有加的问题,来分析项羽性格。笔者让学生实现自主探究,发散思维,使课堂活

---

① 王宁,巢宗祺.普通高中语文课程标准(2017 年版)解读[M].北京：高等教育出版社,2018(10).

跃。教学生喜欢的东西可以事半功倍。实施教学过程中,紧紧围绕核心素养,教学目标可以适当调整,以提升学生阅读鉴赏能力。

2. 不能贪图全面而好高骛远。笔者让学生通过查阅相关资料,引导学生积极参与探究历史真相的语文实践活动中。通过小组研讨的形式实现培养学生思考探究的能力,在讨论中学会查阅史实,结合史料分析判断,并开展交流,激发学生的表达欲。同时,增强思维的逻辑性和深刻性,认清事物的本质,辨别是非、善恶、美丑,提高理性思维水平。但这一过程耗时颇久,而且冲淡了学习写作手法的教学,使得写作手法的教学不够深入,时间不足。在教学目标的设定中,偏重某一具体问题的教学比大而全的教学效果更好。

3. 重视知识拓展与迁移。教师在教学中要注重提升学生的核心素养。设定教学目标时,要充分了解学情,设定有探究价值的目标,发挥学生能动性,让学生在合作探究中学习更多知识。《鸿门宴》的教学目标设计中,对历史人物的重新评价引发学生思考,并在课堂中总结项羽失败的原因,让学生查阅史料,进行探究交流活动,激发学生的创造欲望。这使学生在语言建构与运用、思维发展与提升方面都获得进一步的发展。同时,笔者引导学生理性思考,探寻真相,在面对网络信息时,保持冷静客观的态度,树立积极向上的人生理想,为学生全面发展和核心发展奠定基础,以达到语文的工具性和人文性相统一的目标。

3. 史料研习：学科核心素养的有效落实

周　平

教育部制定的 2017 年版《普通高中历史课程标准》明确提出"学科核心素养是学科育人价值的集中体现"，以此为依据的高中历史统编新教材也鲜明、切实、全面地落实了这一要求，以综合提升学生的历史核心素养为目标。在课标、教材变革的背景下，改变教师的教学理念和学生的学习方式势在必行。在国家教育综合改革的背景下，我校在"成才教育"思想指引下，构建并实施"全景式课程"，开展了以学习为中心的"三问"教学法的实践探索，希望学生通过每一门学科的学习，逐步形成正确的价值观念、完善的品格，锻炼关键的能力。本文以高中历史统编新教材上册"两次鸦片战争"一课为例，分析如何在课堂教学中运用史料研习的方法，设计合适的教学环节和情境，有效落实历史学科核心素养。

一、历史学科核心素养的内涵

2017 年版高中历史新课标提出历史学科必备的五大核心素养：唯物史观、时空观念、史料实证、历史解释、家国情怀，是学生通过历史学科学习之后能够留下来的最有价值的东西。高中历史课程的育人功能，重在引导学生多角度地认识历史，提高思维品质与解决问题的能力，同时也能够有一定的情感体验并由此上升到理性思维层次的认知与思考。要形成对历史的正确、客观认识，需要唯物史观的立场、观点和方法，需要准确的时空定位，将历史事件和历史人物放到特定的时间和空间中去理解，需要运用有价值的可靠的史料来论证观点，对历史的认识还应具有价值观念和人文情怀。这五个方面的核心素养，在教学实践中不是分别地、有先后地进行，而是五位一体地整体进行。历史叙事在一定时空中进行，史料实证让历史叙事更接近真实。在唯物史观指引下对历史叙事进行解释并进而培养学生的家国情怀,使学生成为优秀的社会主义事业接班人。

二、历史学科核心素养在教学中的落实

(一)实践与操作

历史学科核心素养是学生在学习过程中逐步形成的,而不是教师讲授学生就能具有的。因此,在教学实践中教师要培养学生的自主学习能力,让学生在学习过程中积极地思考和探究,形成自己对历史的看法,而不是教师直接传授现成的结论。教师要依据学生现有的认知基础和学习能力,把握课标要求,创造性地使用教材。根据课程标准、单元教学内容主题,并结合高中历史统编新教材指导思想,确定每一课的教学目标主题。通过基于史料分析探究的教学活动,创设各种问题情境,引导学生学会自主阅读,自主探究,提高学生学会运用所学知识解决历史问题的能力,强化学生的时空观念以及史料的分析能力、思辨能力、实证能力。

"两次鸦片战争"是《中外历史纲要》(上)第五专题"晚清时期的内忧外患与救亡图存"的第一课,上承第四单元明至清中叶君主专制的强化以及在西方殖民扩张的冲击下,面临前所未有的危机和挑战,下启中国被迫卷入世界潮流,逐渐沦为半殖民地半封建社会,中国开始走向近代化。自此,以"中华民族危机的逐步加深"和"中国社会各阶级的救亡图存"为两条主线的近代史由此展开,既有贯穿中国古代、近代的纵向联系,又有沟通中、外的横向联系。史实内容较多,不易理解,对于学生来说是重点也是难点。高一学生在初中阶段已经学习过两次鸦片战争的基础知识,对两次鸦片战争的大致过程有一定的了解,如战争爆发的背景、过程、结果等。但是关于战争爆发的根源,战后中国社会各阶级的反应,不平等条约对中国的影响,学生知之不多,而且缺乏从宏大的时空背景角度全面把握的能力和对历史问题的理性思考能力。因此需要教师提供材料,设计相应的历史问题,运用地图和时间轴梳理中外史实,打通中外史实的联系,引导学生更深层次地学习,学会从不同的角度去探究历史。

(二)案例与分析

首先依据课程标准、单元教学内容主题,确定本课的教学目标主题为"通过对两次鸦片战争的探究,反思其对中国的真正价值在于中国必须近代化",其次在实现教学目标的过程中,创设历史情境,围绕学习任务,开展指向学科核心素养的史料研习教学活

动,渗透历史学科核心素养:分析鸦片战争的背景,认识鸦片战争爆发的必然性和偶然性的关系,落实历史时空观念、唯物史观和历史解释素养;运用两次鸦片战争形势示意图,梳理两次鸦片战争的历史进程,落实历史时空观念素养;通过史料解读,探究两次鸦片战争爆发原因,从多个角度理解两次鸦片战争对中国社会的影响,落实历史解释和史料实证素养;分析当时先进中国人对战争的反思,了解林则徐、魏源、徐继畬向西方学习的新思想,了解三元里人民抗英斗争史实,体会中华民族反抗外来侵略英勇不屈的斗争精神,激发爱国热情,培养社会责任感,涵养家国情怀。

导入新课:运用人民英雄纪念碑的浮雕之一"虎门销烟"的图片回顾这一重要历史事件,温故而知新,出示材料引导学生思考:"马士认为,鸦片战争的爆发是因为中国实行一种激烈的禁烟运动,虎门销烟导致了中英战争的爆发,你认同这一观点吗?"激发学生的探究兴趣。

学习任务一:分析鸦片战争的背景【素养聚焦:时空观念、唯物史观,历史解释】

教师提问:"鸦片战争前,中英两国的社会状况有何不同?"引导学生根据"17—19世纪英国大事记(部分)"时间轴,概述 19 世纪中期大英帝国的相关体制,并联系同一时期的中国,分析比较鸦片战争前中英两国的不同国情,完成《鸦片战争前中英基本情况对比》表格。教师提问:"有学者认为'就世界大势而论,鸦片战争是不可避免的',你如何理解这一观点?"引导学生观察"19 世纪中期的中国和世界形势图",通过同一时间不同空间的中外对比,认识鸦片战争前的世界大势,分析鸦片战争爆发的根源。学生通过地图、时间轴,进行中西之间的对照,厘清战前世界和中国的不同形势,理解战争爆发的根源是英国工业资本主义扩张的必然结果。出示《19 世纪前期正常的中英贸易示意图》《战前中英双方商贸的统计表》《战前英国对华输入鸦片的统计表》,引导学生分析比较战前中英两国不同时期的贸易政策和贸易情况,理解鸦片战争爆发的直接原因是英国为扭转贸易逆差,维护鸦片走私而挑起的侵华战争。在此基础上引导学生进一步明确英国发动战争的真正意图,在于打开中国的大门,扩大商品销售市场和原料产地,认识鸦片战争爆发的必然性和偶然性的关系。

学习任务二:梳理两次鸦片战争的历史进程【素养聚焦:时空观念】

指导学生阅读"两次鸦片战争形势图",通过地图演示,从战争的两个阶段和空间转移归纳鸦片战争的进程与结果,引导学生在地图上落实英法侵略军进攻路线,主要战役和战败签约的具体地点,将历史的时空观念渗透到历史教学中。

学习任务三：分析两次鸦片战争对中国社会的影响【素养聚焦：历史解释、史料实证】

引导学生分析《南京条约》《天津条约》《北京条约》等一系列不平等条约的相关条款，解读条约文本材料，归纳列强从中获得的特权，提高学生阅读分析原始史料的能力。教师提问："从条约内容来看，中国的哪些主权遭到了破坏？"引导学生制作表格整理归纳不平等条约的内容及其对中国的危害。通过分析表格、解读条约文本材料，引导学生辩证、客观地看待不平等条约对中国造成的危害及其深远影响。引导学生观察"两次鸦片战争后的中国形势图"，阅读清末《越缦堂日记》材料片段，思考"面对两次鸦片战争的失败，当时的有识之士是如何反思的？""《海国图志》《瀛寰志略》价值何在？又有何局限？""对于两本睁眼看世界的著作，国人态度有何不同？""鸦片战争之后，向西方学习为何如此之难？"通过这一系列问题的提出，引导学生探究鸦片战争后中国不同社会阶层的反应，反思鸦片战争对中国的真正意义在于"中国必须近代化"。

学习任务四：练习巩固

鸦片战争前的世界形势以及不平等条约对中国的影响是本课的教学重点和难点，因此可以在新课小结环节设置一道开放性思考题，以检验学生综合运用所学知识分析问题和解决问题的能力。

材料一：这场战争，自西方人 1514 年到中国起，是他们积 325 年窥探之后的一逞。

——陈旭麓《近代中国社会的新陈代谢》

（1）你认为"这场战争"是指哪次战争？陈旭麓是基于什么视角分析"这场战争"爆发原因的？请以史实说明。

材料二：英国学者蓝诗玲在其著作《鸦片战争》中写道："在我看来，英国一直竭尽全力忘记它与中国打了两次鸦片战争的事实，在英国中学和大学的历史课上看不到鸦片战争的内容是十分可能的。还在 1900 年前后，一些英国历史教科书……就不再提及鸦片战争……1997 年香港移交时英国高官的告别演说，也对鸦片和为鸦片打的那两场战争只字不提。"

（2）"鸦片战争"之名最早由一位英国记者提出，以讽刺政府的不道德行为，后来英国教科书"不再提第一次鸦片战争"，其目的何在？

（3）蓝诗玲在其著作中指出，中英两国对于战争的记忆大不相同。中国人为何时刻铭记着鸦片战争？

引导学生对不同视角、立场的史料进行解读，辨析、探究史料背后的内涵意图，能够从史料中获取有效信息进行历史叙述，并据此提出自己的历史认识，教师及时检测教学实效。

综上所述，依据高中历史新课标和高中历史统编新教材，进行学情分析，明确教学目标，把握教学内容，设计基于史料研习的教学活动，选择恰当的教与学的环节，使教学更有针对性和实效性，不同层次的学生都能在课堂中找到存在感，学生的课堂参与度很高，也提升了学生的证据意识和阅读、分析、解释史料的能力。

三、教学反思

历史学科渗透核心素养，是要解决"怎样学"的问题。以学习为中心的"三问"教学法的实践探索是落实学科核心素养的有效途径，有助于学生拓宽历史知识视野、构建历史知识体系，培养历史思维能力，涵养正确的历史观，在探究历史的过程中形成自己对历史的正确认识。对历史教师而言，培养学生核心素养，需要深入思考和探索如何"用教材教"的问题，如何将 2017 年版《普通高中历史课程标准》提出的核心素养要求、高中历史统编新教材的指导思想以及学生的学情有机结合的问题。教师要树立指向学生历史学科核心素养的教学理念，准确把握学科核心素养的基本特征，根据新课标的要求并结合学生的实际情况，依据史料，有效设计指向教学目标、聚焦学科核心素养的问题，以问题为主线，引导学生学会分析不同来源、不同观点的史料。并在分析的基础上，作出多元、全面的历史解释，能恰当地运用史料对所探究的问题进行论述。力求学生获得知识的同时也能够有一定的情感体验，并由此上升到理性思维层次的认知与思考。

4.引人入境：基于核心素养发展的教学情境创设

潘聪儿

时代发展,日新月异,变化的时代需要有适应变化的能力,面对未来的世界,我们现在该提供怎样的教育?培养怎样的人?基于新时代社会发展对人才培养的要求,我国提出学生发展核心素养体系。从三维目标到核心素养,就是课程改革的总方向。2017版化学课程标准的基本理念是重视开展"素养为本"的教学,并要求从问题情境、活动探究等多个方面激发学生学习兴趣,促进学习方式的转变,培养创新思维和实践能力。将情境引入化学教学,对提升学生化学学科核心素养十分重要。

高中化学学科核心素养包括宏观辨识与微观探析、变化观念与平衡思想、证据推理与模型认知、科学探究与创新意识、科学精神与社会责任[①]。这五项核心素养立足高中生的化学学习过程,各有侧重,相辅相成。笔者在化学课堂教学中优选教学内容,深挖情境素材,引学生入境,开展学习活动,提高学生学习积极性,同时促进学生改变学习方式,教学过程就是学生发展核心素养的过程。

一、教学情境创设的意义

核心素养的目标,就是要培养全面发展的人,那么首先要改变教和学的方式。引人入境,就是一种有效的教学策略。而建构主义学习理论特别重视教学真实情境的创设,建构主义的核心观点:"给学生提供活动的时(思维时间)、空(思维空间),让学生主动构建自己的认知结构,培养学生的创造力。"在教师主导下,以学生为中心的教学方

---

① 中华人民共和国教育部.普通高中化学课程标准(2017年版)[S].北京：人民教育出版社,2018：3.

式,强调学生是信息加工的主体,知识意义的主动建构者,教师是建构活动的帮助者和促进者。教师通过创设多样的生活、社会、问题等情境,充分发挥学生的主观能动性和创造性,引导学生主动探索、主动发现,从而达到对所学知识意义的建构的目的。

化学是一门重要的自然科学,与人类的生活、生产密切相关,把化学学科知识融于真实情境之中,犹如盐溶于汤,精彩且有滋味。当然,情境引入可以是一节课的开始,也可以是一节课中的任何阶段。通过适当的情境创设,充分发挥学生在课堂中的主体作用,逐步实现从知识教学到核心素养培养的转变。

二、化学教学情境创设的途径

兴趣是学习最好的老师,激思激趣,引人入境这就要求教学设计要充分利用好教材所提供的情境,开发一切有效的教学资源和素材,创设有利于学生核心素养发展、有利于教学目标实现的情境开展教学。化学学科内容丰富,教学情境创设的来源多种多样,以下列举四条途径来创设情境:

(一)利用化学史实创设情境

史学情境不仅丰富学生知识,更让学生认识到化学是为社会和人类发展服务的科学。如"苯"这节课,学习苯分子结构时,教师可设计史学情境,播放视频《苯的发展史》,从法拉第发现苯到凯库勒发现苯的分子结构,科学探究的漫漫征程中,无数科学家为之努力奋斗的精神,可以激发学生学习的动力,指引学生学习先贤勇于探究、坚持不懈的科学精神。提升学生科学态度、社会责任、科学探究等化学学科核心素养。

(二)利用社会、生活、生产素材创设情境

在化学教学中,要注重与社会生活实际相结合,寻求其与生活、生产、社会的联系。注重 STSE 教学,设置真实学习情境是学生学科核心素养形成和发展的重要途径。创设的情境越新颖,越能激发学生学习兴趣。如公开课"钢铁的腐蚀",教学引入为播放视频,寻找我国港珠澳大桥有几处世界之最。看完视频学生知道大桥是世界上最长跨海大桥,建造大桥用钢量为世界之最,这时教师引出钢结构被腐蚀原因及如何防护等问题开启教学活动。这个情境创设激发了学生的爱国之情和民族自豪感,有助于提升学生的科学精神与社会责任等学科核心素养。

(三)利用化学实验创设情境

化学是一门以实验为基础的自然科学,开展以实验为主体的多种探究活动,激发

学生的探究兴趣,提升学生的实践能力。比如"氯化氢性质"教学中,教师可以自己演示,也可以让学生操作喷泉实验,让学生置身于美丽的红色喷泉景象中,探究以下问题:① 形成喷泉的原理? ② 为什么喷泉溶液是红色的? ③ 喷泉实验成功的要素有哪些? 这个过程有助于培养学生的科学探究意识和创新思维。

(四)利用学科知识创设情境

发展化学学科核心素养需要依托教学内容,做好学情分析,让教学内容更贴近学生的认知水平。"甲烷"是学习有机化学的开篇,这时学生对分子结构的空间想象能力还相对较差,可利用学科知识创设情境,有效引导学生探究甲烷分子结构。

在已知二氯甲烷具有唯一熔沸点的前提下,设计课堂活动探究。运用手中的模型搭建甲烷分子可能具有的空间构型(大泡沫塑料球代表碳原子,小泡沫塑料球代表氢原子,塑料短棒代表化学键)。引导学生宏微结合,收集证据,并推出合理结论。将化学事实和理论模型之间进行关联,提升学生宏观辨识与微观探析、证据推理与模型认知素养。整个活动过程中,学生搭建出平面正方形、四棱锥、四面体、正四面体等结构的形状模型。说明学生对理解甲烷分子空间构型比较困难,需要教师引导学生结合情境信息,分析二氯甲烷具有唯一熔沸点的原因,在学习、合作、交流中完成知识的构建,发展学生学科核心素养。

三、情境创设案例实践与分析

学生学科核心素养的发展是一个持续的过程,化学核心素养是学生在化学课程学习和实践中逐渐形成的,课堂教学是落实核心素养的主阵地。笔者在教学中运用"情境-问题"教学基本模式:创设情境→提出问题→设计活动→经历过程→发展素养→提高能力,来有效开展教学实践。下面以高一教材"卤素单质的性质"这一课为例,分析核心素养培养的实施情况。这节课的重点是比较氯、溴、碘的活泼性,教学中让学生在真实的问题情境中充分参与讨论、动手实验。笔者从以下教学片断来谈引人人境后如何达成教学目标,发展学生化学学科核心素养。

教学片段:

[设问]用什么实验来证明卤素单质活泼性逐渐减弱呢?

[追问]回忆常见金属活动性强弱判断方法:置换反应能否发生?

设计意图:从初中时常用置换反应比较金属的活泼性,类推用置换反应比较非金属活泼性的方法，进一步培养学生证据推理与模型认知素养。

[讨论初步方案] 展示一瓶溴水、碘水，问溶液颜色？（溶液均黄色）

[追问] 如何鉴别（物理方法）？（加入有机溶剂，萃取，在有机层中颜色更明显）

[解释] 苯、CCl_4 有毒，但苯易挥发，从安全性考虑，本实验使用 CCl_4。

设计意图：考虑到苯易挥发，选择四氯化碳做萃取剂，以此培养学生的科学精神和社会责任，使他们认识到保护环境的重要性，并形成绿色化学的观念。

[完善实验方案] 进行初步实验尝试，发现不足，引导学生对初步方案进行完善。要证明活泼性 $Cl_2 > Br_2$，实验设计为 $NaBr$ + 氯水振荡 + CCl_4 振荡。

[学生活动] 设计实验比较氯、溴、碘的化学活泼性？

[讨论方案] 根据实验一再设计其他实验比较活泼性（两两比较反应，分六组），填写在书 P_{43} 表格内，每个同学做三组实验，边做边记录每一步现象。

设计意图：让学生在探究中自己发现问题、解决问题，教师真正成为教学活动的组织者和指引者。鼓励学生间讨论和合作，可使学生从中相互启迪，提高思维的深刻性。实验探究是学习化学的一种重要的学习方式，对发展学生的核心素养具有不可替代的作用。

[点评] 最简实验方案的完善。（只需三组实验即可）

设计意图：上述教学片断是为达成本节课的教学目标之一：通过设计比较卤素单质化学活泼性的实验方案，建立实验方案的设计意识和进行最优化实验方案组合的尝试，体会探究活动的价值。在这个实验探究活动中，学生宏观辨识、变化观念、证据推理、模型认知、科学探究、社会责任等素养有了一定的发展和提升。

[引入] 还有没有其他方法来判断卤素单质的活泼性？下面就以卤素单质跟氢气的反应情况来比较卤素单质的活泼性是怎样变化的？

[学生活动] 请同学们认真阅读课本 P_{44} 的资料库，总结反应相似性和差异性，得出氯、溴、碘的活泼性是怎样变化的？

[学生阅读后归纳总结] 卤素单质与氢气反应的规律：相似性和差异性。

设计意图：上述教学片断是为达成本节课的教学目标之二——用其他方法比较卤素单质化学活泼性。学生根据表格中的信息，用比较法从反应条件、反应热效应、产物的稳定性等方面，通过宏观辨识、证据推理，在探究中获得新知，进一步提升学生的思维和能力。

教学实践表明，化学教学情境创设对培养学生核心素养有非常重要的作用。我们可以利用化学史实、社会生活、化学实验等途径引人入境，特别是化学教学中存在一些不易被理解的知识，这更需要教师设计恰当的教学情境帮助学生理解和学习。教师把知识融入情境之中，促进学生对知识的掌握和理解，培养分析问题和解决问题的能力，进一步发展化学学科核心素养。当然，有些真实的生活、生产情境不一定能在有限的课堂中呈现，教师可以利用多媒体课件或视频代替。总之，开展素养为本的教学，教师要精心设计形式多样的教学策略，充分调动学生的主动性。通过学科学习，使学生逐步形成适应社会发展需要的正确价值观、完善的品格和关键的能力。

5. 触类旁通：巧用教学资源培育核心素养

戚佳卿

作为信息传输的工具，网络是高中信息科技学科教学的重要组成部分。根据《学科教学基本要求》，建议安排 8 课时。其中一课时用于讲授 IP 地址。对应华东师范大学出版社《高中信息科技(第一册)》教材的 3.2.3"因特网的地址和域名"。《学科教学基本要求》中指出本课时要求学生能够解释 IP 地址及其特点，能区分 3 类 IP 地址，能根据需要使用 IP 地址。

一、研读新教材　发现新变化

在使用现有的教材之前，我校曾使用中国地图出版社 2008 年 7 月第 4 版的《高中信息科技》。其中的 3.2.1"因特网"的第二部分是"IP 地址和域名"。教材指出"人们按照网络规模的大小，把 32 位地址信息设成五类定位的规划方式"，并且直接使用了"A 类""B 类"和"C 类"的分类名称。

现在该门课教材使用华东师范大学出版社 2017 年 7 月第一版《高中信息科技》，其中对应章节，却只使用"有一类 IP 地址……"，"有一类 IP 地址……"，"还有一类 IP 地址……"这样的表述，整个"因特网的地址"部分，也没有出现"A 类""B 类"和"C 类"字样。

在课堂教学环节，本课时中，无论教材如何修改，都可以根据教材用表格形式归纳总结出学生需要掌握的知识点，如表 4 - 3 所示：

表 4 - 3

	A 类(第一类)	B 类(第二类)	C 类(第三类)
32 位二进制形式	"0" + 31bit	"10" + 30bit	"110" + 29bit
点分十进制形式	1. X. X. X - 126. X. X. X	128. X. X. X - 191. X. X. X	192. X. X. X - 223. X. X. X

（续表）

	A类（第一类）	B类（第二类）	C类（第三类）
二进制形式的网络地址	前8bit	前16bit	前24bit
十进制形式的网络地址	第1个数	前2个数	前3个数
二进制形式的主机地址	后24bit	后16bit	后8bit
十进制形式的主机地址	后3个数	后2个数	后1个数
网络规模	$2^{24} - 2$	$2^{16} - 2(65534)$	$2^8 - 2(254)$
被排除的地址（二进制）	0XXXXXXX 00000000 00000000 00000000 0XXXXXXX 11111111 11111111 11111111	10XXXXXX XXXXXXXX 00000000 00000000 10XXXXXX XXXXXXXX 11111111 11111111	110XXXXX XXXXXXXX XXXXXXXX 00000000 110XXXXX XXXXXXXX XXXXXXXX 11111111
被排除的地址（十进制）	X. 0. 0. 0/ X. 255. 255. 255	X. X. 0. 0/ X. X. 255.255	X. X. X. 0 - X. X. X. 255
IP 地址举例	10.0.0.1	172.16.0.1	192.168.0.1
使用范围	大型网络	中型网络	小型局域网

二、新课标提出新要求

通过对表 4 - 3 的讲授，固然可以使学生达到规定的学习要求，但课堂教学策略主要以教师讲授和学生记录和记忆为主。根据《普通高中信息技术课程标准（2017 年版）》中提出的学科核心素养，对照教学目标和教学内容，相互的契合程度不高。

教材中给出的 IP 地址准确地说应该是 IPv4 地址，目前为止，世界范围内 IPv4 地址已经枯竭。物联网时代下，正在向 IPv6 地址过渡。我们学习的是一个正在被废弃的内容。所以 IP 地址，除了 IPv4 地址，还应该提及 IPv6 地址，这是信息意识中"主动关注信息技术工具发展中的新动向和新趋势"。

无论是 IPv4 地址还是 IPv6 地址，都是由网络部分和主机部分组成。网络部分是网络的标识符，主机部分是一个网络内部每一台机器的标识符。对信息价值的判断力也是信息意识的具体表现之一。

另外，将地址分为两部分也是对于网络编址方式的抽象化与形式化解决方案，通过解答这个问题，可以训练计算思维。

三、重构教学内容 落实核心素养

基于上述思考，我对于本课时的教学目标和教学策略都进行了修改，以下是我的教学实践。

（一）重塑学习起点

我校调整了单元教学内容和课时安排，在 IP 地址前新增一课时，讲授"网络的层与协议"。

虽然"层"这个概念教材上并没有涉及，但该课时的学习价值在于掌握数据在网络中传输过程的模型。和所有理工学科一样，有了模型就可以解释具体问题。比如因特网使用的 TCP/IP 模型。通过学习，学生能用自己的语言归纳出层与协议的关系：网络中每一层要完成一件具体任务，每一层协议规定了完成这个任务的具体方法。

把层与协议的关系套用到因特网上：如果发送方和接收方位于不同的网络，因特网的第二层（网络互联层）任务是将数据分组从发送方传输到接收方。为了完成这个任务，需要依靠 IP 协议。

现实生活中的邮政、物流系统就是完成这个任务的工具。邮局根据每封邮件上的通信地址将邮件寄达收件人，那么 IP 协议也需要根据数据分组上的"地址"处理数据，这个地址就被称为 IP 地址。"IP 地址"这节课就由此展开。

（二）从"是什么"到"为什么"

针对"IP 地址"这节课的设计，我把教学目标的重点从"掌握 IP 地址的分类和应用"转向"理解 IP 地址为什么要由两部分组成"。

这是一个"本源"的问题，如果学生理解了"为什么"要分成两部分，那么"怎么分"和之后"怎么用"就可以通过查表来回答，通过练习来强化学习效果。

（三）挖掘邮件作为教学资源的教学价值

因特网第二层的作用相当于邮政网络，那么它处理的对象就自然而然地相当于邮件。网络中的数据看不见摸不着、转瞬即逝。而邮件在邮政系统中却是有迹可循的。因此，挖掘邮件的课堂教学价值，可以帮助学生建构关于 IP 地址的学习支架。

我校收到过来自美国的明信片，不妨以此为教具，根据学生对邮政系统的理解，来达成本课时的教学目标。

一张美国明信片，不远万里来到中国，期间一定经过了数个邮局、数名邮递员的运输与中转。我们可以抽象出这张明信片经过的路径，去除一些无关紧要的节点，可以形成如图 4-2 所示的示意图：

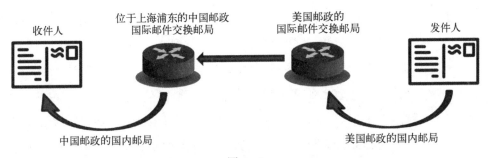

图 4 - 2

这张示意图上有两个邮局至关重要，它们称为"国际邮件交换局"。顾名思义，它们是专门处理国际邮件的邮局，即把本国（地区）寄往他国（地区）的邮件运往收件人所在国家（地区），同时，它们也接收他国（地区）寄来本国（地区）的邮件。

解释完这条路径，我们再来看作为传输凭据的通信地址。从美国寄来的明信片，自然要写将我校的通信地址："上海市青云路 323 号"翻译成英文："No. 323 QingYun Road, Jingan, Shanghai, China"，如图 4 - 3。

如果仔细观察明信片的地址部分，可以看到除了发件人用英文书写的地址之外，还有中文"青云路 323"字样。在课堂教学时可以借此向学生提出问题：

问题 1："青云路 323"这几个字是什么？

这个问题不难回答。显然，这是我校通信地址的中文形式。

图 4 - 3

问题 2：这几个字是在图 3 - 3 - 1 中的哪个节点上被加上的？

问题 3：为什么不把地址中的"Shanghai, China"也翻成中文"中国，上海"？

这两个问题其实是一个问题，知道问题 2 的答案，就自然而然地知道问题 3 的答案了。通过讨论交流，学生们可以归纳出结果：中文地址是在上海的中国邮政国际邮件交换局被加上的，因为邮件已经到达上海，所以"中国，上海"就没有必要再被翻译出来了。

问题 4：既然"Shanghai, China"是不需要被翻译的，是不是可以不写？

当然不可以，在信件尚未到达上海前，美国邮政的工作人员需要根据这个地址把邮件送到中国上海。

经过对这些问题的思考与解答，可以得到如下结论：邮件的通信地址由两部分组成，暂且称为"国家（地区）城市部分"和"市内具体地址部分"。通邮路径上的不同邮局"关心"且"仅需关心"通信地址的某一部分而不是全部。

按照这种思维方式，每一个国际邮件交换局的工作内容可以抽象为：读取邮件上通信地址的国家（地区）城市部分，如果是本国（地区），就交给国（地区）内邮局投递；否则，转交相关国家（地区）的国际邮件交换局。这样大大简化了邮局的工作流程，提升工作效率。

在理解了现实生活中通信地址为什么被分为若干部分之后，把结论直接"移植"到网络中，就可以理解为什么 IP 地址被分为两部分。在计算机网络中，不同的网络设备会根据 IP 地址的不同部分决定转发数据分组的行为。

在计算机网络中起到国际邮件交换局作用的是名为"路由器"的连接设备。经过刚才对于该邮局工作内容的抽象归纳，很容易归纳出路由器的作用：根据数据分组中目的 IP 地址的网络部分决定如何转发数据分组。

最后，用一个问题检验学生本节课的学习成果：如果你从国外寄信到我校，地址可以怎样写既简单又便于邮政系统处理？

将邮件作为教学资源，用以突破教学重点，达到了本课时预设的教学目标。而本课时中的一些类比：计算机网络与邮政系统、数据分组与邮件、通信地址与 IP 地址、邮局与路由器等，将会贯穿"计算机网络与因特网"单元学习中。

四、从课堂教学资源到单元教学资源

作为现实生活中数据分组的"代言人"，邮件及其附加的邮政戳记是数据分组的可视化表达工具。通过对于邮件和邮戳的分析，我们可以大致了解邮件在邮政网络中的途经路径，进而了解数据分组在网络中的"轨迹"。这一点在计算机网络的整个单元教学中，也发挥着独特的教学价值。到目前为止，邮件还可以用于解释下列知识点：

（一）IP 协议

如图 4－4，2019 年 10 月 29 日同时从浙江安吉寄出的两张明信片，一张于 11 月 1 日由天目路邮局送达收件人，另一张经临平路邮局于 11 月 3 日通过天目路邮局送达收件人。

图 4-4

同时同地寄出的多张明信片,可能不是同时收到,经过的路线也可能不一样。说明计算机网络中,根据 IP 协议,每个数据分组都是单独发送的,都是根据实时计算产生的最佳路径决定分组的传输路线的。

(二)域名

邮局根据邮件上的收信人地址将邮件送达收信人,但如图 4-5 中,在明信片的收信人地址部分只写了学校名而没有具体地址,邮局也是能够准确送达的。

图 4-5

说明企业、机构的名称与它的地址一样可以作为邮件处理的依据,但明显名称要比地址便于记忆。因此网络中也使用域名来代替 IP 地址,方便用户访问网络上的服务器。

　　计算机网络是一个人为设计出来的信息传输工具，自然继承了它的上一代——邮政网络具有的很多特点。利用两者之间的类比，除了在上述知识点上可以有所借鉴外，还可将邮件作为协议、TCP 协议等知识点的教学资源。此外，更多教学价值等待我们去挖掘。

第五章

优化单元教学设计

　　单元教学设计是集"单元内容""能力层级""核心素养"于一体的系统。实践中,通过"精选单元知识""划分能力层级""明确核心素养"三个维度,建构单元教学坐标系,直观地呈现出知识、能力与素养三者之间的对应关系,既明确目标,也把握重点,还兼顾学情,达到"一箭三雕"的效果。

在全新的教育改革背景下，我国教育部积极投入对于"中国学生发展核心素养体系"的研究，不断完善中小学课程教学相关标准，统编三科新教材也于 2019 年 9 月正式投入使用。由此，如何全面、深入地理解凸显"学科核心素养"的课程标准并落实，确立科学有效且可评可测的教学目标成为炙手可热的话题。在进行广泛而深入的文献研究、教学实践及经验总结后，我们认为：科学建构并合理使用"单元教学坐标系"是精确设定教学目标的有效路径，能够助推我们在全面贯彻党的教育方针，落实立德树人的根本任务，渗透各学科核心素养的道路上迈进坚实的一步。

单元教学坐标系的建构以精选单元知识、划分能力层级、明确核心素养为基础，通过直观地呈现出知识、能力与素养三者之间的对应关系，使得教师能够进一步明确单元教学的重难点，把握不同单元的特征与差异，同时关注学生核心素养的逐步形成。在此过程中，尽管会因为学科、学情等因素造成横纵坐标的结构层次、呈现方式等方面存在差异，但只要是尊重教学规律且自有其逻辑的，都不妨碍教学内容的科学重组与教学目标的精准设定。

对于上述建构及使用单元教学坐标系的基本过程与方法，我们还需注意：第一，填写横纵坐标时并非简单罗列，而须去粗取精，符合课程标准、学习需求、发展规律等。第二，将单元教学内容结构化是为了反映教学的一般特征与规律，是支架而非枷锁，教师在此基础上可各有侧重、和而不同。第三，以单元教学坐标系为工具确立教学目标，进行教学设计可以不仅局限于个体的孤独求索，更期待其成为集体的切磋砥砺。

总而言之，单元教学坐标系能够直观地呈现出知识、能力、素养之间的关联，避免因设定孤立的课时目标而导致教学碎片化的问题；同时又能够打通各单元之间的界限，实现教学内容的重组，提升教学的效率。对于教师、学生、学科备课组及教研组而言，都是值得合理利用的辅助工具；对于从"第一问"自然过渡到（指向学情分析与目标设定）"第二问"（指向教学内容与策略方法），更是起到了承前启后的重要作用。我们必将通过后期不断的实践反思探索其背后的学理依据，优化方法和步骤，使其更好地为日常教学服务。

（陈硕）

1. 精准设定：基于学科核心素养的单元教学坐标设计

颜 婷

《普通高中生物学课程标准(2017 年版)》明确了生物学学科核心素养,而生物学学科核心素养的落实有赖于长期的教学实践。因此,兼顾学科核心素养、单元核心知识这两个维度来建构单元教学坐标系,设定单元教学目标是在当前教育背景下的切实之举。

一、单元坐标系的设计理念和意义

(一)单元教学坐标系的设计理念

生物学学科核心素养是学生在生物学课程学习过程中逐渐发展起来的,在解决真实情境中的实际问题时所表现出来的价值观念、必备品格与关键能力,是学生知识、能力、情感态度与价值观的综合体现①。生物学学科核心知识包括事实、概念、原理等。核心素养与核心知识两者不是各自独立,而是有必然的逻辑关系的,学习生物学学科核心知识的过程是核心素养逐步形成的途径②。我们建立"单元教学坐标系",以单元为教学单位,上承接课程核心素养的要求,下领课时教学目标的制定,进一步明确核心素养和核心知识间的关联。

(二)单元教学坐标系的设计意义

首先,单元教学坐标系可帮助教师整体把握单元教学目标,避免传统地设立孤立

---

① 中华人民共和国教育部.普通高中生物学课程标准(2017 年版)[S].北京：人民教育出版社,2018：52.

② 周忆堂,陈晓芳.知识视角下的生物学学科核心素养及其生成[J].中学生物学,2019(4).

的课时教学目标而导致知识碎片化的问题，教师可对单元教学内容适当重组，制定更符合学生核心素养发展规律的单元以及课时教学目标，设计教学策略，指导教学活动的开展。

其次，单元教学坐标系能将生物学学科核心素养与生物学核心知识以横纵坐标的方式呈现，直观反映出两者间的对应关系，便于教师更精准地设计出单元教学目标及课时教学目标。

另外，单元教学坐标系便于核心素养逐步实现。坐标系中所呈现的核心素养及核心知识并非简单罗列，而是在关注学生学情，贴合学生发展水平的基础上逐层递进的。

二、单元教学坐标系的实践与操作

单元教学坐标系是为教学目标的制定服务的，因此必定要落实核心知识，同时与学生核心素养的发展要求相吻合。

（一）单元教学坐标系的建构

"单元教学坐标系"的纵坐标设计为"生物学学科核心素养"，可以是核心素养的四个要素，也可以细化为四个核心素养的具体要求或指向学生的能力。生物学学科核心素养的四个要素是生命观念、科学思维、科学探究、社会责任。生命观念是生物学学科核心素养之首，是生物学最有价值的内容，是核心素养知识层面的要素。科学思维和科学探究体现生物学学科核心知识学习的方式，是核心素养能力层面的要素。社会责任是生物学学科价值的体现，是核心素养实践层面的要素。

横坐标为"单元核心知识"，可以是某一单元的生物学重要概念、次位概念、原理等①，也可以根据学生学情和学习能力发展重构学习内容。生物学的核心知识以"大概念""重要概念"和"次位概念"的方式呈现，有层次性有逻辑性地为形成生命观念服务。

（二）单元教学坐标系的使用

"单元教学坐标系"可以直观地呈现核心素养和核心知识间的关联，指导教师以单元坐标系为依据设计本单元教学目标及本单元内的课时教学目标。横向维度可指导

---

① 普通高中生物学课程标准修订组.普通高中生物学课程标准（2017 年版）解读［M］.北京：高等教育出版社，2018：49.

教师明确本单元核心教学内容和教学的重难点;纵向维度可帮助教师衡量单元教学的核心内容与核心素养形成的匹配度,在关注学生核心素养发展过程的基础上,还可适当重构教学内容。综合整个教学坐标系,可有效帮助教师关注学生核心素养的发展,精准设计单元和课时教学目标。

三、单元教学坐标系的案例与分析

后文中将以《普通高中生物学课程标准(2017 年版)》中"分子与细胞"模块 1 的概念 1"细胞是生物体结构与生命活动的基本单位"单元为例,阐述单元教学坐标系的设计及使用,其他教学单元都可参考这一单元教学坐标系进行设计。

（一）构建单元教学坐标系

首先,将生物学模块 1 中大概念 1 中"重要概念"和"次位概念"清晰罗列在单元的核心知识横坐标上。其次,纵坐标体现生物学学科核心素养四要素,在坐标系中呈现核心知识与核心素养的关联,如下图 5-1 所示:

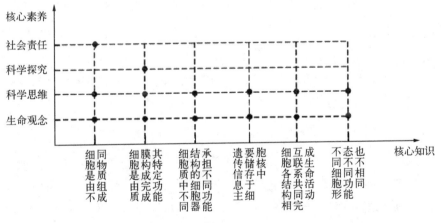

图 5-1

以上细胞单元教学坐标系,直观反映了这一单元的核心知识与核心素养的关联。根据该单元教学坐标系,可以更加整体和精确地确立单元教学目标和课时教学目标。

（二）单元教学坐标系使用的反思与提示

首先,在单元教学坐标系中清晰反映了本单元主要的教学目标,即逐步形成生命观念,初步培养科学思维,初步培养科学探究能力,初步形成社会责任意识。

　　其次，新课标对生命观念的定义是指对观察到的生命现象及相互关系或特性进行解释后的抽象，是人们经过实证后的观点，是能够理解或解释生物学相关事件和现象的意识、观念和思想方法。可见生命观念是抽象的意识、观念和思想方法，生命观念的建立一节课时是无法完成的。而通过横坐标中事实性核心知识的学习，可以帮助学生逐步概括抽象，建立生命观念中的结构与功能观。科学思维是指尊重事实和证据，崇尚严谨和务实的求知态度，运用科学的思维方法认识事物、解决实际问题的思维习惯和能力。本单元通过对细胞是生物的结构基础实时性概念的学习，从归纳概括细胞的结构与功能的关系，到建构细胞模型，再到使用细胞模型阐述细胞是一个各结构分工合作的整体，逐步发展科学思维。科学探究是指能够发现现实世界中的生物学问题，针对特定的生物学现象，进行观察、提问、实验设计、方案实施，以及对结果的交流与讨论的能力。单元教学坐标系中第二个核心知识是细胞膜的结构，教材中通过学习探究史初步培养学生的科学探究能力。社会责任是指基于生物学的认识，参与个人与社会事务的讨论，做出理性解释和判断，解决生产生活问题的担当和能力[1]。单元中第一个概念——细胞是由物质构成的可初步形成生命是物质的辩证唯物主义思想。可见在大的单元教学目标指导下，每个核心知识对应的课时教学目标都能比较准确地进行设定。

　　以下是根据单元教学坐标系初步设定的课时教学目标：1. 解释物质组成细胞，它们是执行各项生命活动的物质基础，初步认同物质分子结构与功能相适应的事实，培养归纳与概括生物学事实的能力。2. 细胞膜结构探究历史的学习，初步形成观察、提问、实验方案设计与实施、对实验结果的交流与讨论的科学探究能力。3. 阐述细胞各结构分工合作、相互协调，实现细胞水平的各项生命活动有序进行，提炼概括出生物体结构与功能相适应、部分与整体统一的观念。4. 构建细胞模型，利用模型探讨阐述生物学结构与功能相适应的观念，培养科学思维能力。

　　当然，在建构单元教学坐标系时，不是简单地罗列核心知识和核心素养，而是要找到两者之间的关联，为整体设计单元教学目标服务。有时为主要核心素养的落实，可选择核心知识而不是将所有教学内容都罗列在横坐标中，否则单元教学目标和课时教学目标的设计无法做到精准和有针对性。

---

① 中华人民共和国教育部.普通高中生物学课程标准(2017 年版)[S].北京：人民教育出版社,2018.

2. 精准突破：单元教学坐标系的建构与使用

陈 硕

"坐标"的概念由 17 世纪法国数学家笛卡尔最早提出,他在处理函数方程时利用坐标确定点的位置,描绘运动轨迹,使之成为数形转化的重要工具。坐标具有空间感、直观性、定位功能等特征,此后被广泛迁移、运用到经济、医学、历史等各个领域中。

如今,在新课标及新教材背景下,我们试图在教学上结合这一模型做革新性设计与探索性实践,通过科学建构并合理使用"单元教学坐标系",不断加深我们对课程标准的理解,整体把握教材的结构,直观呈现单元教学的重难点,明确知识对应的能力层级,了解核心素养的渗透情况,由此进一步科学设定每堂课的教学目标,进行内容重组,实现精准突破。

"单元教学坐标系"的横坐标为"单元知识",内容依据各学科的课程标准、教学基本要求、教科书、教师教学用书等素材;纵坐标为"能力层级",以布鲁姆所提出的"认知领域的教育目标"为基础,参考考试手册、课程标准、教学基本要求等材料中的相关说明,将学科能力分为若干个层级。在横、纵坐标的交汇处,以核心素养点状分布的方式形成知识、能力、素养之间的关联。基本形态如图 5-2 所示。

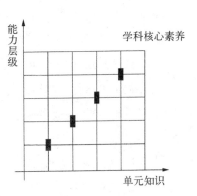

图 5-2 单元教学坐标系

后文将阐释"单元教学坐标系"的价值意义、建构方法和案例反思,以期为今后的教学实践提供依据和参考。

一、"单元教学坐标系"的价值意义

"单元教学坐标系"的横坐标强调单元相关知识内容的基础性和不可或缺性；纵坐标体现学生认知从简单到复杂的能力递进；横纵坐标的关联点兼顾知识、能力、素养三要素。因此，从"单元教学坐标系"的构成来看，呈现出针对性、层递性、整体性等特点。另外，"单元教学坐标系"的建构与新课标、新教材的内在要求和教师教学的实际需求也是相契合的。

（一）体现课标变革历程

20世纪以来的课程标准经历了从"双基""三维目标"到"核心素养"的演进过程，体现了从"训练"到"育人"、从"阶段性发展"到"终身发展"、从"学生需求"到"时代与社会需求"的教学思想，对教学实践产生了重大影响。而"单元教学坐标系"中的横纵坐标及关联点恰好将知识、能力、素养这三个不同阶段课标关注的重点有机整合，体现了课标的变革历程，打破了时空的界限，使之在同一个平面中汇合。

（二）适应教材内容特点

2019年9月，部编版语文新教材在高一年级正式推行。这对语文教学教什么、怎么教、为什么教这三个层面的问题指明了方向、提供了建议，但也因篇目、难度、任务群的增加而形成巨大的挑战。过去，我们往往采取单篇精讲的模式，但如果依然沿用过去的教学方法，显然无法完成现有的教学任务。因此，教学改革迫在眉睫，建构"单元教学坐标系"的方式可帮助我们突破界限、打通文本、精选知识、内容重组、提升教学的效率和水平，将新课标、新教材的理念落到实处。

（三）符合教师教学需求

教师以"单元教学坐标系"为基础进行课堂教学设计，可以有效地去粗取精，在大量知识中优选重点，同时使教学层次合理、逻辑清晰。对于学科备课组而言，是各班课堂和而不同的基石，可有效避免教学的随意性；对于学科教研组而言，是各年级课堂循序渐进的阶梯，可直观地呈现教材中知识分布的特点与趋势，便于我们掌握学生能力水平提升的全过程，能为教学提供连续性、系统性的指导。另外，这也有助于实现教与考的一致性，在教师进行命题及质量分析的过程中，明确范围与难度，渗透核心素养，从而提高检测的信度与效度。

二、"单元教学坐标系"的建构方法

为了达成精准突破的目标，"单元教学坐标系"的构建必须建立在以下基础之上：

（一）精选单元知识

教师应在全面把握学情的基础上，仔细阅读学科课程标准、教材文本，深入研究和分析单元内容、结构及内涵，梳理出单元教学内容的主题与脉络，并筛选出单元核心知识内容。

以部编版语文必修（上）中的第六单元为例，笔者通过一个表格来对该单元知识内容进行梳理。（表5-1）

表5-1 部编版语文必修（上）第六单元知识内容梳理

单元	学习任务群	编写意图	人文主题	语文素养
第六单元	思辨性阅读与表达	让学生对"思辨类阅读与表达"有一个基本的认识，能够理解论述类文章的现实针对性，在阅读时能够把操作者的主要观点的论述思路，感受文章的逻辑思辨力量，并能够在表达交流时有理有据地进行论述，增强思维的逻辑性和深刻性。	学习之道：把握学习的价值、意义、原则和方法，通过读书和学习提升自身修养，培养终身学习的理念；借助理性思维，认清事物的本质，辨别是非、善恶和美丑。	1.借助注释和工具书，读懂古代思辨性作品，探究其中蕴含的文化内容和传统思维方式；2.准确把握和评价作者的观点和态度，理解阐述观点的方法和逻辑，学习有针对性地表达观点；3.学会发现问题，从合适的角度以恰当的方式阐述自己的看法，论述合理，语言准确，以理服人。
	单元导语	单元组成	学习提示	单元目标
	以"学习之道"为核心，通过梳理、探究和反思，形成正确的学习观、改进学习方法，提升学习能力。要准确把握作者的观点与态度，关注作者思考问题的角度，学习他们有针对性地表达观点的方法；学会发现问题，从合适的角度以恰当的方式阐述自己的看法。	10 劝学/荀子 师说/韩愈	1.把握关于学习的主要观点。 2.体会比喻论证和对比论证的效果。	1.学习富有思辨色彩的古今中外文本，通过对"学习之道"的梳理、探究和反思，把握学习的价值、意义、原则和方法，形成正确的学习观，提高学习能力。 2.阅读课文，注意把握思辨类文本中作者的观点和态度，理解作者思考问题的角度，学习有针对性地表达观点的方法。3.研读课文，把握说理的逻辑思路，感受思辨中蕴含的逻辑思维，感受思辨的力量，提高理性思维水平。 4.在深入阅读文本、学习文本论述方法的基础上，学会选择合适的角度、以恰当的方式、有针对性地阐述自己的观点。
		11 反对党八股（节选）/毛泽东	1.理解文章的针对性和现实意义。 2.鉴赏本文的语言风格。	
		12 拿来主义/鲁迅	1.把握论述的脉络层次。 2.体会比喻论证和对比论证的效果。	
		13 *读书：目的和前提/黑塞 *上图书馆/王佐良	1.把握作者对学习的观点和态度。	
		单元学习任务	1.议论要有针对性。	

将教材及相关材料中的内容进行了梳理、概括和统整。求同存异之后筛选出本单元的教学重难点为：学习之道、论证手法、论述脉络、语言特色、论述针对性，由此将横坐标填写完整（见图5-3）。

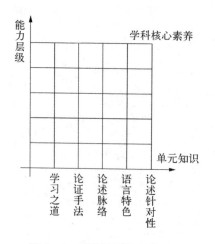

图5-3　部编版语文必修（上）
第六单元教学坐标系

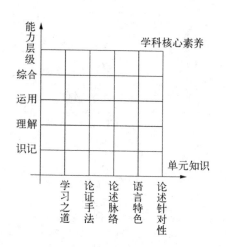

图5-4　部编版语文必修（上）
第六单元教学坐标系

（二）划分能力层级

根据近年来《高考上海卷考试手册·语文科》的表述，结合课标及中学教学的实际，我们通常从识记、理解、运用、综合四个方面考查学生的语文素养。因此，笔者将这样的能力层级划分沿用至本坐标系中，将纵坐标填写完整（见图5-4）。

（三）明确核心素养

教师应充分了解学科核心素养的内容及特征，通过辨析其中的关键词和容易混淆的相近概念，从历时性的角度探究其脱胎于何处或发展过程中受到哪些因素的影响，进一步加深我们对于其内涵、外延及彼此之间关联的理解。

根据语文课程标准修订组组长王宁教授的定义，"语文核心素养"是"学生在积极主动的语言实践活动中建构起来、并在真实的语言运用情境中表现出来的个体言语经验和言语品质；是学生在语文学习中获得的语言知识与语言能力、思维方法和思维品质；是基于正确的情感、态度和价值观的审美情趣和文化感受能力的综合体现"，[1]主要包含语言建构与运用、思维发展与提升、审美鉴赏与创造、文化传承与理解四个方

---

[1] 王宁.语文教育与核心素养——语文核心素养与语文课程的特质[J].中学语文教学,2016(11)：6.

面。笔者还将此概念与语文素质、语文素养、语文知识、语文能力等相近概念进行比较,同时将语文核心素养的构成进一步具体化,试图更为准确地标注横纵坐标与学科核心素养的关联点。

在确定完横纵坐标及关联点后,即可得出部编版语文必修(上)第六单元坐标,具体形态如图 5-5 所示。

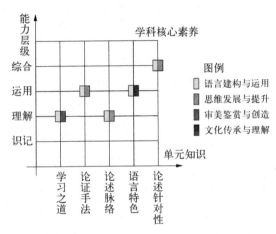

图 5-5　部编版语文必修(上)第六单元教学坐标系

"单元教学坐标系"的建构使单元教学的内容和目标一目了然,我们通过读图可知:本单元以语言建构与运用为基础,以提升思维能力为目的。在授课过程中需格外关注思辨类文本中观点与手法的理解与运用,同时需要兼顾语言鉴赏、价值观塑造、文化传承等要点。

三、"单元教学坐标系"的案例反思

上文中,笔者以部编版语文必修(上)中的第六单元为例,简单介绍了"单元教学坐标系"的建构过程与使用方法,但仍有一些问题值得提醒。

（一）兼顾独立思考与合作探究

部编版新教材对于单元的目标和内容往往有非常详尽的阐述与明确的指导,在此情况下,我们既需要独立思考,也需要发挥团队的力量,精选出最核心的单元知识。尽管书本的内容与教参的指导是有限的,但我们可通过细致的阅读、深入的思考,通过辨别、比较、拓展等方式将相关内容进一步细化、具体化,然后将所有繁杂的内容进行合

并归类、梳理总结。在此过程中，教材内容经历了"薄—厚—薄"的过程，知识与目标也经历了"粗—细—粗"的变化。为了使横纵坐标及关联点的建构更科学、合理，我们还应兼顾合作探究。定期组织、开展相关的主题研讨活动，或是采取先背对背制表，后择优整合的方式，从而避免疏漏。

（二）彰显共性特征与个性差异

"单元教学坐标系"所呈现的是教材中各单元内容与目标的一般特征与规律，但这并不能说明教师在使用该坐标系后，教学设计会千篇一律，课堂教学会千人一面。我们仍然应该根据不同学段、不同班级、不同学生的不同特点对相关知识有所侧重，对能力层级有所调整，统整不同的内容，采用不同的策略。例如，对于上述案例中如何落实"论述针对性"这一点，教师既可以通过精讲《师说》来达成，也可通过对《劝学》《师说》《反对党八股》《拿来主义》四篇文本来比较异同、分析归纳以达成，这完全取决于学生的学情、教师的能力等因素。因此，"单元教学坐标系"并不是一个约束教师教学自由的枷锁，而是一个帮助教师实现精准突破的拐杖。

对于教师而言，"单元教学坐标系"的建构与使用可突破篇目、单元、教材间的界限，实现教学内容的重新整合，教学目标的精准设定，从而提升教学的针对性与有效性。而对于学生，他们也可以该坐标系为纲要进行课后巩固，长此以往，便可建立起语文学习的框架，形成广阔而立体的视野，促进语文核心素养的培育。

3. 双擎驱动：基于单元坐标系的 学科单元教学设计

李 佳

　　信息科技课程是一门融知识性、技术性和工具性为一体的基础课程。华师大版《高中信息科技》教材中第一册第1章第二节"信息与数字化"是高中信息学科的开篇内容，是信息处理和传输的前提，是计算机处理各类信息的基础，具有重要的意义。笔者将以课程标准为准绳，依据教材的自然章节和对学科知识结构的理解，将"信息与数字化"的内容作为一个单元，运用学科单元坐标系工具，围绕"信息编码"这一信息处理的主要线索，进行教学设计，促使学生追根溯源，深入理解学科原理，感悟学科思想方法。

一、基于单元知识及核心素养的坐标系建构

　　学科核心素养是学生在课程学习中所获得的知识、技能以及所养成的情感、态度与价值观等多方面的综合表现。信息科技学科核心素养包括：信息意识、计算思维、数字化学习与创新、信息社会责任。为培养和提升学生核心素养，锻炼学生知识、技能的综合应用能力，帮助学生形成适应信息社会需要的情感、态度、价值观，教师可利用"单元教学坐标系"，明确教学要素间的关联，科学、精准设立单元教学目标。

　　其纵坐标为"学科核心素养"，横坐标为"单元核心知识"，整体直观地呈现出单元知识与核心素养的对应关系，便于教师全局把握不同单元的特征与差异。对横向维度的观察可引导教师关注该单元教学的重难点；对纵向维度的观察有助于教师分析该单元核心内容的多元性和完整度。紧扣单元教学坐标系，能兼顾单元教学的深度与广

度,精准设定符合学科核心素养的单元教学目标,从而选择适宜的教学策略、制定有针对性的教学评价。

在充分了解学科核心素养、认识学生学情以及研读学科课程标准、把握单元核心知识的基础上,笔者梳理得到"信息与数字化"单元核心知识有：编码思想、数制转换、字符编码、汉字编码、图像编码、声音编码和信息的压缩等,绘制"单元教学坐标系"如下图 5-6：

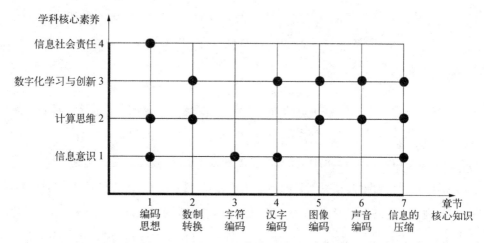

图 5-6　华师大版信息科技第 1 章第二节信息与数学化教学坐标系

这张简单的图示不但为把握单元的系统性和多元性提供了有效支持,同时也能体现教师个人的教学风格。笔者以为,本单元综合体现了四大学科核心素养,而其中"计算思维"和"数字化学习与创新"更为突出；同时,"编码思想"是学科核心素养的综合体现,是教学难重点所在。

二、基于单元坐标系的学情分析与目标设定

分析"信息与数字化"教学坐标系所呈现出的单元特征,结合教学实践,笔者将本单元的学生起点、教学目标分析如下：

（一）学生起点

1. 知识起点：知道编码,但认为编码就是一些数字或符号。听说过数字化,但认为数字化就是变成数字。

2. 能力起点：接触过某些压缩软件,进行过一些格式转换操作,但不能准确理解

其功能和意义。熟悉计算机的多媒体功能,但没有思考过计算机内信息的实质。

3. 观念起点:认为编码是科学家或者管理者的事情,与自己无关。

（二）教学目标

1. 知识目标:知道生活中的信息编码(信息意识),理解信息编码的基本原则(计算思维、信息社会责任);知道信息数字化及其作用,掌握数制转换(信息意识、计算思维);理解字符编码、声音编码、图像编码的的过程和原理(计算思维、数字化学习与创新);理解信息压缩及其分类(计算思维、数字化学习与创新、信息社会责任)。

2. 能力目标:能依据实际情况,设计合理的编码方案(数字化学习与创新);能依据编码方案,计算图像文件和声音文件的大小(计算思维)。

3. 观念目标:计算机用不同形式的 0 和 1 将信息编码(信息意识);编码是一种高效管理信息的方式(数字化学习与创新)。

三、双擎驱动的教学策略

信息编码是非常普遍的信息表示方法,是信息处理和传输的前提,是本学科的根基所在。析得学情、明确目标后,针对教学坐标系所呈现出的重点核心知识和高频核心素养,笔者有针对性地选择了问题驱动与任务驱动作为教学策略,开展教学设计。问题驱动是以学生为主体,让学生围绕问题求解获取知识、掌握方法。问题驱动旨在提高学生学习的主动性和在教学过程中的参与度,加速、加深学生对知识、技能和思维方法的获取。任务驱动是学生带着真实的任务在探索中学习,在完成任务的动机驱动下,主动积极地应用各种资源,进行自主探索和互动协作。任务驱动旨在激发学生的求知欲望,培养学生勇于探索、敢于创新的精神和适应不同学习环境、综合调动学习资源的能力。双擎驱动的教学策略与全面提升学生的学科核心素养、重点培养"计算思维"和"数字化学习与创新"的目标是相契合的。

（一）问题引擎,驱动学生思考

下列问题需在教师讲授前让学生自主思考。未经学习时,学生可能会觉得这些问题充满挑战,而在学习过程中,他们又加深了对其中诸多问题的思考,有些问题,可能在学习后能马上得出答案,但未必是完整、最优的;而有些问题,可能需要长期的深思熟虑才能作出解答(见表 5-2)。

表5-2　核心知识及问题清单

核 心 知 识	问 题 清 单
编码思想	生活中的编码有哪些？
	好的编码要有哪些特征？
数值转换	仅有 0 和 1，怎样计很大的数？
	【冷知识】为什么圣诞节(Dec25)就是万圣节(Oct31)？
	计算机为什么常显示为十六进制？
字符编码	英文字符需要几位编码？
	为什么 ASCII 码是 7 位，但存储时要占用 8 位？
汉字编码	汉字如何输入？
	汉字如何存储？
	汉字如何输出？
	汉字如何与 ASCII 码相区分？
图像编码	如何用有限的编码位，记录图像无穷多个点和无数种色彩？
声音编码	什么是模拟量？什么是数字量？
	如何用有限的编码位，记录声波无穷多个连续的点？
信息的压缩	有损压缩何以可能？
	无损压缩何以可能？

（二）任务引擎，驱动学生行动

笔者在单元教学中设计了各种形式多样、贴近生活、符合学生的认知水平和学习兴趣的任务活动，引导学生发现、思考和解决以上问题。这些活动包括：教师演示、课堂游戏、任务单、上机实践等，任务清单列为下表5-3：

表5-3　任 务 清 单

核心知识	活 动 内 容	最凸显的核心素养	活 动 成 果
编码思想	魔术：猜扑克牌 学生在一副去掉大小怪的扑克牌中，任意抽取五张。教师巧妙编排顺序后，输入其中四张牌面的花色和点数，计算机将推算出第五张牌	信息意识	理解编码设计的原则

（续表）

核心知识	活 动 内 容	最凸显的核心素养	活 动 成 果
数值转换	游戏：猜猜你的出生日期 展示几张写了数字的卡片，让学生逐一判断"有"或"无"自己的出生月份（1～12），根据判断，推算学生的出生月份	计算思维	促使学生思考游戏的原理。后续学生可自行设计可以推测出出生日期（1～31）的卡片
	问题解决：药瓶的故事 四个药瓶中各有若干粒药（＞20粒），其中可能有整瓶不合格。已知合格药品重100克/粒，不合格药品重101克/粒。如何实现一次称量，即能找出所有不合格药瓶	计算思维	探索答案，体会二进制编码的唯一性
	个性化作业：根据自己的学号，按要求进行进制转换	信息意识	每名学生的学号都不同，因此答案也都不同，有效督促学生独立思考
字符编码	查看机内码	数字化学习与创新	通过软件查看字符的机内码，理解字符与 ASCII 之间的一一对应关系
汉字编码	造字	数字化学习与创新	创造出独一无二的字符
	制作自己姓名的字形码： 将自己姓名的字形码标记成0或1，输入记事本，通过"字形码输出"程序查看结果。	数字化学习与创新	创造出自己名字的独特字形，理解二进制与字形之间的对应关系
图像编码	任务单：图片信息记录单	计算思维	提供各种尺寸、位深度、格式的图片，填写任务单，分析这些因素对图片文件大小的影响
声音编码	任务单：声音信息记录	计算思维	提供不同采样频率、量化位数、时间长度、声道数、内容的声音文件，分析这些因素对文件大小的影响
信息的压缩	无损压缩实验	信息意识	编码转换
	有损压缩试验	数字化学习与创新	格式转换

（三）资源保障，信息化辅助工具

单元教学中还涉及各类支持性素材和条件，包括学生实践操作所需的软件、硬件等资源以及教师教学所需的教具、网络资源和平台等。相关的资源、工具清单如下表5-4：

表5-4 资源、工具清单

核心知识	资源、工具	类型	功能
编码思想	可汗学院公开课《信源编码》	微视频	帮助学生形象理解如何用编码传递信息,如何改良编码
数值转换	《编码》一书中《其他进制计数法》《字节与十六进制》章节	PDF 文档	帮助学生从日常熟识的十进制过渡到其他进制,加深对进制的理解
	辅助进行进制转换的表格	图片	进制转换工具
	进制转换答案生成器	自行开发程序	针对个性化作业开发的答案生成器,输入学号,即可输出相应的各项转换结果
字符编码	Winhex	软件	查看内码
汉字编码	TrueType	软件	造字
	字形码输出	自行开发程序	实现导入 0、1 阵列,输出其组成的黑白点阵字型
图像编码	RGB 调色盘	自行开发程序	通过调节 RGB 三原色的值,显示当前的颜色
声音编码	Cooledit	软件	查看声音的波形,理解模拟量与数字量的区别
信息的压缩	Winrar	软件	无损压缩工具。尝试分卷、加密等功能

　　基于单元坐标系的"信息与数字化"单元教学设计,通过教学实践,取得较好的效果,一定程度上激发学生的学习兴趣,加深学生对编码思想的理解,促进学生开展信息技术的相关实践,实现了预设的教学目标。信息时代,培养和提升学生信息素养已然是全球教育的共识。信息科技学科核心素养,就是培养适应未来学习型社会的公民的必要保证。

第六章

精准设定教学目标

　　教学目标的设定是优化课堂的前提和保障。以学习为中心的"三问"教学法要求教学目标的设定立足于学生的学情,结合学科课程标准,合理使用"单元教学坐标系",深化对课标及教材的理解。课堂教学目标的设定应关注学科核心素养的要求、整体课程架构、单元教学框架、具体学情特点等,精准的目标设定将是课堂教学实现变革的落脚点,是教学过程最优化设计的前提。

2018 年 1 月，国家教育部正式颁布《普通高中课程方案和课程标准(2017 年版)》，在各学科的课程标准中，"学科核心素养"是各学科育人价值的集中体现，是学生通过学科学习而逐步形成的正确价值观念、必备品格和关键能力。"学科核心素养"凝练了各学科学习的核心理念、知识、方法与任务，展现了学科学习对学生未来发展的重要价值，对各学科课程与教学的实施与开展起到指向和引领的作用。在教学实践中，课堂教学是核心素养培养的主要阵地，而课堂教学目标的设定则是有效落实学科核心素养的基础与关键。

学校以学习为中心的"三问"教学法中，明确指出教学目标的设定应立足于学生的学情，应结合学科课程标准，以合理使用"单元教学坐标系"的方法深化对于课标及教材的理解。作为教师，课堂教学目标的设定该如何对接核心素养，如果只是按照文本生搬硬抄，不关注整体的课程架构，不关注单元的教学框架，不关注具体的学情特点，学科核心素养的落实终将是"空中楼阁"，可望不可及。因此，在教学目标制定的过程中，应做到：第一，认真研读学科核心素养文本，深入领会学科本质的核心内容，充分体会其内涵与外延；第二，认真研究学科课程标准，总体把握课程目标，细化具体课程要求；第三，结合学情分析，梳理单元知识、划分能力层级、依据核心素养，完成单元教学坐标系的构建；第四，通过借助单元教学坐标，精准设立单元教学目标；最后，教师可以结合教材、结合学生起点和特点做教学任务分析，完成课时教学目标的设定。

以核心素养为纲，设定教学目标，将对课堂教学的全过程起到导向、把控的功能，精准的目标设定将是课堂教学实现变革的落脚点，是教学过程最优化设计的前提。于漪老师说过："每堂课的教学必须有明确的目标，教学内容应根据教学目标作一番认真剪裁，要确定重点，突出重点，把握难点，分解疏导，教学要做到有所不为，才能有所为。"因此，依据核心素养，科学、合理、精准地设定教学目标，将是"三问"中的第二问"内容与方法"的基点与起点，值得我们不断地探索与实践。

（单颖）

1. 特殊定制：学科教学目标有效生成研究

蔡锦蓉

教学目标是指教师对自己设计的教学活动将要实现结果的预测和假设，是对学生在教学中将经历的特定变化的清晰陈述。教学目标的确定是教学设计的出发点和最终目的，对教学过程的设计起着指导作用。[①] 那么，如何才能将抽象的生物学科核心素养目标分解为切实可行的课堂教学目标，从而得以真正落实呢？ 这是一个值得研究的问题。

一、"特殊定制"的意义

生物学学科核心素养目标的落实要在每一节课堂上得以实现，贯穿于每个教学活动中，要落实这一目标，为每一节课"特殊定制"正确且合理的教学目标就显得尤为重要、意义深远。

（一）有效制定教学目标有助于真正落实核心素养

在生物学学科的核心素养四要素中，落实"生命观念"是为了帮助学生理解并解释一些大范围的生物学现象。落实"科学思维"可以培养学生获得新知识的能力，使学生能够学习运用所学知识，独立思考，提出假设和评估观点，并自主寻求所面临问题的答案。落实"科学探究"有助于培养具有科学探究能力的学生，当他们在面对困难的问题时，会有好奇心、求知欲，并且有能力和意愿对此进行探究，从而理解生命科学的世界。落实"社会责任"是当今生物学教学的重要目标，也是在生物学课程中实现"立德树人"这一教育根本任务的重要环节，通过生物学的学习，使学生拥有珍惜生命、相信科学、

---

① 赵婷婷.生物教学设计论[D].济南：山东师范大学，2018：39.

爱护环境、崇尚健康、造福人类的态度和价值观，使学生有解决问题的意识和能力，若干年后，即使他们已经忘记某些具体的生物学知识，但是他们所养成的社会责任将会伴随他们的一生。生物课堂教学是落实学生核心素养四个要素的主阵地①，教学目标的"特殊定制"有助于核心素养的真正落实。

（二）有效制定教学目标有助于优化教学策略，提高教学效率

准确制定教学目标是选择教学内容的基础，也是教师课堂设计和教学策略选择的基础。在教学设计中，教师根据他们想要达到的结果和最终追求的目的来选择教学策略，而这个"结果"和"目的"就是我们所说的"教学目标"。如果教学目标准确、有效，就会导出正确的教学策略和合适的教学设计，从而提高教学效率。所以，教学目标是教学活动的"第一要素"。

（三）有效制定教学目标有助于分层教学

对于高中生物学科而言，它是一门选修课，所有学生在高一时都要学习生物，但是到了高二只有选修这门课的学生才要继续深入学习。高二生物课程约有四分之三的教学内容是重复高一的知识，只有约四分之一是高一没有接触过的内容。那四分之三重复的内容是否就是把高一的课堂再重现一遍呢？当然不是！因为两个年级学生的认知水平和理论基础有所差异，所以，即使是同一堂课，也要制定不同层次的教学目标，逐步落实核心素养。

（四）有效制定教学目标有利于提高教师教学水平

在制定教学目标的过程中，生物教师要对高中生物课程标准进行深度分析和解读，对教材的内容、地位、作用及其内在的逻辑关系进行深入剖析。同时，还要对学生的兴趣爱好、生活常识、认知水平等特点进行分析。在对课标、教材、学情深入分析的基础上，才能制定出科学合理的教学目标，在此过程中，有助于提高生物教师的教学理论素养和科学技能水平，有利于教师的专业发展②。

二、"特殊定制"的操作方法

制定"落实学科核心素养的教学目标"时，教师需要讲究"特殊定制"的原则，以生

① 李荣荣.高中生物学学科核心素养下的教学目标设计研究[D].合肥：合肥师范学院,2019：4.
② 曹书通.高中地理课堂教学目标设计及改进策略研究[D].武汉：华中师范大学,2014：3.

物学课程标准为纲领、以教学内容为依托、以学生学情为参考,从大概念逐步细化,将抽象的学科核心素养转化分解为具体可行的教学目标①。

（一）以生物学课程标准为纲

新课标要求教师在制定教学目标时要注重提高学生学科核心素养,分层次分阶段进行设计,倡导情境式教学、探究性学习,在制定目标时,切忌功利化、应试化,应与现实生活相联系,将培养学生核心素养作为首要课程目标,内容聚焦大概念,提倡"少而精",弱化对细枝末节的知识的学习,每节课的目标重点在于理解大概念。因此,在为每一节课"特殊定制"教学目标时,要化繁为简,重视学生对大范围内生命现象的理解,注重在教学中培养学生各方面的能力,而非执着在过于细小的知识点,改变传统的应试化教育理念。

（二）以教材内容为依托

教学目标可以分为单元教学目标和课时教学目标,高中生物教材每章阐明了一个生物学大概念,同一章的每个小节是基于本章大概念分出来的次要概念,次要概念教学目标的落实,需要依托教材中的具体概念和事实。因此,确定教学目标的关键在于分析教材内容。在"特殊定制"教学目标时,首先,要分析教材整章内容,基于本章大概念,确立本章教学目标;然后,再分析教材的每一小节的内容,根据具体的概念和事实,确立每一小节的教学目标。

（三）以学情分析为参考依据

与"三维目标"时期不同的是,现如今,在分析学生学情时,要从生物学学科核心素养的几个方面来分析学生的素养水平,即学生拥有什么样的生命观念、学生的思维水平到达了什么层次、学生的科学探究能力如何、学生有多少社会责任,在此基础上去"特殊定制"教学目标,才能有的放矢地培养学生学科核心素养。

三、"特殊定制"的案例与分析

本文以生命科学(沪科版)高中第一册第四章"生命的物质变化和能量转换"第二节"光合作用"为例,基于以上操作方法,为"光合作用"这一节内容"特殊定制"能落实学科核心素养的教学目标。

————————————

① 李荣荣.高中生物学学科核心素养下的教学目标设计研究[D].合肥:合肥师范学院,2019:24—36.

（一）分析依据

本案例中的内容属于内容要求中的层级概念 2：细胞的生存需要能量和营养物质。这是本章的大概念，要基于此大概念来"特殊定制"有效的教学目标。从教材整章内容和小节内容出发，分析教材内容对核心素养的承载情况，进而确定教学目标。

1. 分析整章内容。光合作用这一化学反应体现了物质与能量相互转换的生命观念，这就承接了第一节的能量货币——ATP，也是对将要学习的第三节细胞呼吸的物质和能量来源的回答。而且，光合作用的进行需要酶的催化，这就与第一节酶的相关知识相呼应。由此可见，"光合作用"是本章的核心内容。

2. 分析小节内容。第二节"光合作用"的主要内容光合作用的研究历史、叶绿体中色素的提取和分离实验、光合作用的过程和光合作用的影响因素及应用着重体现学生科学思维和科学探究的发展；叶绿体的结构着重体现生命观念的发展。

3. 学情分析。学生在初中阶段，已经简单学习了光合作用的基本概念、发生场所和光合色素等概念，这有助于引导他们认识叶绿体时，落实结构与功能相适应的生命观念；学习光合作用过程时，落实物质与能量相互转换的生命观念。而且在前面第三章学习细胞膜、细胞器和细胞核的结构和功能时，学生已初步具有结构与功能相适应的生命观念。学生在初中时初步具有生物学实验的基本操作，进入高中后也已进行了一些实验，如"细胞的观察和测量""食物中主要营养成分的鉴定"，学生已具备一定的科学探究能力。高中生已经有一定的逻辑思维能力，如分析、比较与综合等，但归纳、概括与演绎等能力还有待提高。该阶段的学生运用生物学知识和方法，联系实际，关注社会问题的意识还不强，需要教师加以引导强化。

（二）细化目标

根据以上分析，对教学目标进行逐步细化，先确立整章教学目标，再确立每一小节的教学目标。

第四章教学目标为：（1）通过引导学生理解 ATP 与 ADP 之间的相互转化关系，以及细胞呼吸和光合作用中的物质变化和能量转换过程，让学生形成物质与能量观。（2）通过认识 ATP、叶绿体、线粒体的结构与功能，让学生形成结构与功能相适应的观点。（3）通过引导学生概括出细胞的物质变化和能量转换的本质，锻炼学生科学的思维方法。（4）组织学生设计实验，通过引导学生设计酵母菌的呼吸作用方式、影响光合作用的因素等实验，培养学生科学探究能力。（5）引导学生应以所学知识解释农业生产中的现象,并提出解决方法,使学生认识到生物学的价值,培养学生的社会责任感。

第二节"光合作用"教学目标为:(1)通过认识叶绿体的结构与功能,让学生形成结构与功能相适应的观点。(2)通过学习光合作用过程中物质的变化和能量的转换,让学生形成物质与能量观。(3)组织学生归纳光反应与暗反应的联系与区别,培养学生归纳与概括能力。(4)通过指导学生开展色素提取与分离实验,认识叶绿体中的色素种类和吸收光谱,培养学生的科学探究能力。(5)引导学生设计实验探究影响光合作用的因素,培养学生科学思维和科学探究能力。(6)通过关注与光合作用有关的农业生产问题,为提高农作物产量提供可行性的建议,培养学生的社会责任。

教学目标的制定要以生物学课程标准、教材内容和学生学情为依据。生物学课程标准和教材内容大家都是一样的,不一样的是每位教师所面对的学生层次。因此,针对不同的层次和认知水平的学生,教师应调整与之相匹配的教学目标,这就是"特殊定制"的意义所在。同时,在"特殊定制"教学目标时,不仅要从整章教学目标细化每一小节的教学目标,还应做进一步细化,细化到课时教学目标,以生为本,深入挖掘教学的深刻内涵,用有效的教学目标引领有效的教学过程,在教学过程中真正落实生物学科核心素养,为党和国家培养出对社会有用的人才。

2. 寻根溯源：明确课堂教学的出发点和归宿

黄卓毅

课堂教学目标是我们推进教学活动的指南针，有了教学目标我们就能明确应该教的重点内容，再对教学策略作出合理的选择并设置比较科学的教学环节，以便我们帮助学生达成预期的学习结果，从这个意义上讲，课堂教学目标既是教学的出发点也是归宿。我们制定课堂教学目标必须以 2017 年版《普通高中化学课程标准》为依据。那么，课程标准究竟体现了什么理念呢？

一、2017 年版《普通高中化学课程标准》所揭示的课程理念

普通高中化学课程是落实立德树人，提升学生化学学科素养的重要载体，给我们的教学实践以大方向的指引。其理念主要体现在以下五点：

1. 高中化学新课程标准是以发展学生的化学学科核心素养为根本目的的。当今我们正处于高速发展的信息时代，为了让我们的学生适应现代生活和未来发展的需要，必须充分发挥化学课程的育人功能，制定以学生的化学学科核心素养发展为导向的课程目标。

2. 关注人的个性发展，设置多元发展需要的分类课程。通过分层次的、多种类型、可选择的化学课程，拓展学生的学习机会或空间，在保证学生共同发展的基础上，引导不同的学生群体学习不同类型的化学课程，以适应学生发展的多样化需要。

3. 教学内容注重基础性，并引导学生关注现代生产、人类生活、科学和社会的发展。课程结合人类探索物质及其变化的历史与化学科学发展的趋势，引导学生学习化学的基本原理和方法，形成化学学科的核心观念。课程结合学生已有的经验和将要经历的社会生活实际，引导学生关注人类面临的与化学有关的社会问题，培养学生的社

会责任感、参与意识和决策能力。

4. 课程实施中强调开展以"素养为本"的教学，突出学科的育人价值。提倡真实而贴切的问题情境创设，开展以化学实验为主要形式的多种探究活动，重视教学内容的结构化设计，激发学生学习化学的兴趣，致力于发挥学生学习的积极性和自主性，促进学生学习方式的转变，培养他们的创新精神和实践能力。

5. 倡导基于化学学科核心素养的"教、学、评"一体化。倡导编制科学的化学学业质量评价标准，及时检测学生在不同学习阶段中化学学科核心素养的达成情况，做到"教、学、评"协调一体，促进教与学相促相长。

《普通高中化学课程标准》是国家对国民在化学学科方面的基本素养要求而作出的规定，它能成为我们在教材的使用方面、教学的实施过程，以及评价标准和办法的基本依据，具有重要指导意义。高中化学课程标准根据学生的多元发展需求、化学学科的基础性和时代性要求，将课程结构分别设置成必修课程、选择性必修课程、选修课程。上海市采用上海科学技术出版社 2007 年出版的普通高中化学课本（以下所涉及的教材同）开展教学活动，通过必修课程落实全体学生的化学学科素养的培养。

二、制定以学科核心素养培养为导向的教学目标并在教学中有效达成

课堂教学之前，我们必须分析教材——哪些知识和技能需要落实、蕴含了哪些学科素养的培养，搞清楚这些问题有助于我们厘清教学重点；我们还必须分析学生的状态——知识结构和学习水平。由此，我们能清楚学生的学习难点，能找准教学的切入点，能选择合理的教学策略，设置比较科学的教学环节，以便比较顺畅地推进课堂教学进程。后文中，我们将以高一化学的第一章第一节"1.1 从葡萄干面包模型到原子结构的行星模型"的教学设计过程来说明问题。

（一）教学内容确定

本教学内容是高一化学的第一、二课时。知识内容并不复杂，但课本中"原子是由带正电荷的质量很集中的很小的原子核和在它周围运动着的带负电荷的电子组成，就像行星绕着太阳运转一样的一个体系"一句是这节的知识学习重点，它是学生首次深入学习微观物质世界知识，教学应该作为对高一学生学习化学基础理论的一次启蒙。课本中人类探索物质结构奥秘的发展史是不应该被忽略的，因为它是实现学科育人价值目标的重要素材，从中挖掘出的德育目标是教学的另一项重点，而将课本中古代哲

人和现代科学家的探索精神内化成学生自身人格品质也是我们教学的难点。

（二）学生情况分析

九年级毕业学生对物质结构的认识水平是：知道分子和原子分别构成某些物质，能举例和判断某些物质的构成，学生的原子结构基础知识、对原子内部结构的认识并不完全，最多只是有些"原子中有质子、电子和中子"之类的印象。学生对元素的认识也仅仅是"同一类原子的总称"。基于上述分析，我们这节教学内容作了整体设计，总体上分两课时完成，并设定教学总目标。

（三）教学目标设定

1. 通过 α 散射实验的动画模拟，对现象进行分析和讨论，学生能了解或理解原子的行星模型结构的结论（注："了解"学习水平是对必修课程学生而言；"理解"学习水平是对选择性必修课程学生而言），知道 α、β、γ 三种粒子分别是什么。了解道尔顿的近代原子论。

2. 通过本节内容的学习，了解人类对原子结构认识的发展历程，知道科学探究的一般过程和方法。感悟人类对科学真理不懈探索的执着精神。

3. 学习中国和希腊古代哲人勇于思考、勇于求真的优秀品质，学习科学家坚持不懈的探索精神和严谨的科学态度，树立将这些优良品质落实到自己高中学习生活中去的意识。

基于这个框架，我们认为第一课时应该以人类对物质（原子）结构坚持不懈的探索史作为教学重点，学生所要达到的知识目标是：知道"原子是有结构的、可分的"；知道"原子是由带正电荷的质量很集中的很小的原子核和在它周围运动着的带负电荷的电子组成，就像行星绕着太阳运转一样的一个体系"。

（四）课时教学安排

1. 第一课时教学目标：（1）知道原子是有结构的、可分的；知道 α、β、γ 三种粒子分别是什么。（2）通过 α 散射实验的动画模拟，对现象进行分析或讨论，形成原子结构行星模型的结论。（3）通过对人类对原子结构认识历程的了解，学习中希古代哲人勇于思考、勇于求真的优秀品质；学习科学家的坚持不懈探索精神和严谨的科学态度；树立将这些优良品质落实到自己高中学习生活中去的意识。

2. 第一课时主要设置了四个环节

引入新课：这里有一杯水，我们将它分成一半、一半杯水再分一半……结果得到的是什么呢?

评析:这个引言,对学生来说耳熟能详,也许很平常,学生们都会想到"水分子"。此时,我们可以用赞赏的口吻回应"你们真了不起,都知道水的无限分割下去得到的是水分子"。然后借此话锋转到中国古代对物质结构的探索。

环节 1:中希古代哲人对物质结构的探索

环节 2:介绍是英国物理学家和化学家——道尔顿,近现代的原子论

环节 3:科学新发现

环节 4:汤姆孙提出原子结构葡萄干面包模型;卢瑟福 α 粒子散射实验;从现象到结论的分析和讨论

3. 第二课时教学目标

(1)对近代科学家探索原子结构过程进行回顾,巩固和落实对原子结构的行星模型准确完整的描述(仅适用于选择性必修课程要求)。

(2)通过对近代科学家探索原子结构过程的了解,总结出科学研究的基本环节和重要步骤。

(3)了解道尔顿近代原子论(四点)并能说出其中某些局限性。

4. 第二课时主要设置三个教学环节:

环节 1:从 α 散射实验到原子结构行星模型得出过程(重温);

环节 2:从 α 散射实验到原子结构行星模型得出过程,总结出科学研究的基本环节和重要步骤;

环节 3:了解道尔顿近代原子论(四点)并说出其中某些局限性(引发学生对科学理论不断完善方面的思考)。

三、达成课堂教学目标的方法

从教学实践中,我们可以总结出如下经验:

1. 教学应该对学生因势利导从而达成教学目标。我们在第一课时中将化学教学内容和高一化学绪言课有机地融合。各个环节都体现着树德立人的理念。教学设计体现让学生体会从实验现象到得出原子结构结论的内在逻辑关系,这需要我们在教学前分析学情、紧扣重点、运用策略、突破难点,从而达成教学目标。

2. 清晰制定教学目标有利于学生达成预期学习结果。学生完成人类探索原子结

构史的学习后，我们对关联内容再进一步教学是第二课时的中心任务。如果说我们把第一课时学生的学习内容比作主干，第二课时的学习内容则是从主干上生出的枝丫。两课时的学习构成化学课本第一章第一节内容的系统学习。这样设计教学的益处在于把宽泛的学科知识学习、复杂的学科素养培养任务处理得明确且有条理，如果每一课时都体现教学重点突出、教学难点有效突破，学生就一定能达成学习目标。

3. 教学内容可以成为实现化学学科素养培养目标的载体。第二课时的第二个环节，我们侧重于引导学生从近代科学家探索原子结构过程中总结出科学研究的基本环节和重要步骤，这是第二课时的教学重点，这个设计是关注学生对过程与方法的学习，也是化学学科核心素养培养目标的载体。

4. 精准施策，达成差异化的课堂教学目标，做到"教、学、评价"辨证的统一。从卢瑟福α散射实验现象到得出原子结构行星模型结论。这个学习过程是难点也是重点。值得说明的是，达到上文设定的目标是比较适用于选择性必修课程的学生，而必修课程中，学生只需形成"原子结构的行星模型"概念即可。新课程标准提倡"教—学—评价"一体的理念，我们应该把握好教学目标的不同层次界限，面对全体学生的教学，第一课时的教学设计和教学过程是不宜简化的，而应在教学评价标准方面把握好不同课程的评价尺度。这是我们教学实践中应该重视的问题。

3. 对症下药：基于核心素养的教学目标设计策略

梁亦迟

    教学目标是课程的重要组成部分，也是衡量教与学的重要参考依据，在整个教学中起着不可或缺的作用。以高中英语写作课为例，其教学目标的确定对学生的写作能力、思维品质和跨文化素养等都意义重大。笔者希望能够在发现高中英语写作课教学目标设计过程中所出现的问题后，找到一些改进的策略和方法，使课堂呈现和架构更清晰高效。

一、高中英语写作课教学目标的结构

    基于学校提出的"三问"教学法，即：从哪里来；到哪里去；怎么去。高中英语教学目标应该在了解学生的学情后，明确《上海市高中英语学科教学基本要求》的各项要求，在认真研读《普通高中英语课程标准(2017 年版)解读》后，根据适合学生程度和能力的方向来确定教学目标，教师探索学生易掌握、易操作的授课方式；学生以课堂学习、课后练习、自主研习的方式，寻找接受度高且符合自身水平的学习策略，达成学习目标。

    从宏观上来说，高中英语写作课的教学目标应包含："培养学生的语言能力、文化意识、思维品质和学习能力，进一步促进学生学科核心素养的发展，培养具有中国情怀、国际视野和跨文化沟通能力的建设者和接班人。"[1]

---

[1] 教育部基础教育课程教材专家工作委员会.普通高中英语课程标准(2017 年版)解读[M].北京：高等教育出版社,2018：35.

而从微观上而言，英语写作课的基本目标，就是在教师提供结构框架、主题词汇、成文线索等提示后，引导学生能够独立完成一篇作文。基于此目标，教师可根据不同类型的文章，如日记、演讲稿、倡议书、书信等，教授学生不同种类应用文写作的格式、内容及语气。与此同时，在前两项教学目标的实施过程中，着重培养学生的信息处理能力、语言整合能力、前后逻辑思维能力等。在此过程中，学生对中英差异的辨析能力、跨文化的沟通能力、对英语学科的接受度和对未来学习的憧憬度也会大大提升。

高中的英语写作课，其实不仅仅是一节节独立的自然课，更是一个专题，"教学目标"的呈现是与"教学计划"相关的，每节课有相关的"教学设计"，那一个学段、一个学期甚至是一个学年也需要所谓的"课程计划"。① 在规划教学设计或课程计划的过程中，不可缺少课程计划的框架，教学目标的设计需要有整体性，同时也不能缺乏个体性，而是需要将宏观的整体要求和微观的个性要求有机融合到可落实的具体目标中，这样制定出来的教学目标会更具有针对性和层进性，保证了课堂效率，提升了学习能力，增强了国际意识，锻炼了语言能力，从而达到教学的最终目标。

二、教学目标设立过程中存在的问题

（一）教学目标设定过多，忽略学生自主思维

教师在设计课堂教学目标及教学内容时，常习惯于设立过多的教学目标，希望在有限的时间里尽可能多地呈现与教学内容相关的话题或情境，从而导致"满堂灌"或教师"唱主角"的结果，在这样的课堂中，教师一味授课，看似讲解清晰，实则学生听得云里雾里、不知所云。

以高中英语写作课为例，从教师的角度而言，设定过多的教学目标非但不能如期达成，而且在加重师生负担的前提下，导致教师为了完成既定目标而不断推进课堂进程，教师希望通过一节写作课，教会学生作文框架、写作格式、长句难句的写法以及上下文的逻辑关系等，而学生为了跟上高频的课堂节奏和大量的课堂内容，缺乏主动思考、主动动笔、课堂生生活动及交流的时间，长此以往，学生会养成"等待投喂"的学习习惯，缺乏思辨性。

---

① 万甜甜.基于新课程标准的高中英语教学目标的实现方式——以牛津版高中英语为例[J].读与写（教育教学刊）,2015：012(11).

（二）目标设定的难度难以掌控，分层教学的目标难以达到

对于学生个体差异较大的班级而言，教学目标设定的标准显得尤为难以把控。在一节课乃至一整个单元教学目标的设计过程中，"就高"还是"就低"，亦或"趋平"是大部分教师在备课过程中出现的问题，而这个难题在语言课的准备过程中更突出。

如果"就高"，教学目标的设定及教学过程的展开必定难度系数较高，对于教学班中程度好的学生而言，教学目标的达成度较高，然而对于班中平均之下的学生，超出了他们的能力范围，无法完成教学目标。然而，在上海英语高考的难度下，教师理应提高教学目标的层次和难度，才能满足高分段同学的日常课堂需求。

如果"就低"，那么班级中平均分左右的学生能够掌握 70—80％的课堂内容，基本能够达成 75％左右的教学目标，然而这样的教学目标的设计无法满足程度好和较好学生的课堂需求，结果可能导致好学生的英语能力停滞不前，甚至可能倒退。

而我们经常提到的"分层教学"其实在课堂实际操作起来难度较大，所谓分层，实则无法将所有的课堂环节和授课内容逐一细化分类，而高考的要求也并不允许教师对基础较为薄弱的学生只关注最浅显的知识点，因此分层教学的目标在实际的教学过程中难以实现。

三、高中英语写作课教学目标的确定方法

《普通高中英语课程标准（2017 年版）解读》中明确了"以学科核心素养为指向的英语学习活动，学是核心，教和评都以促进学为目的，整个教学活动其实就聚焦在学生的学习活动上"。[①] 因此，英语教学活动的主体是学，教是为学服务的，教学目标设立的前提是学生、学情和评价标准。

（一）关注学情

如今的教师们，想要处理好学与教的关系，就需要转型，而教学设计的重点在于学生活动的设计，而学生活动的有效与否需要关注学情。

以高中英语写作课为例，关注学情意味着关注学生的兴趣，从合适的切入点找到能够开拓学生思维的方法。比如我在高一的写作课"New trends in entertainment

---

① 教育部基础教育课程教材专家工作委员会.普通高中英语课程标准(2017 年版)解读[M].北京：高等教育出版社,2018：131.

technology"的备课过程中,考虑到高一学生对娱乐科技、智能设备的喜爱程度,分析学生对主题的兴趣点,结合具体的单元内容,为学生整理时下他们感兴趣的并且流行的主题词汇,为后续的成文做铺垫。如此一来,确定基于学情的课堂目标,能为课堂的学生参与、师生互动打下基础,也能为课堂写作的顺利进行提供有效保障。俗话说,兴趣使然。关注学情、激发兴趣,能让考验学生应用能力的写作课变得更有迹可循。

(二) 分析能力

根据《上海市高中英语学科教学基本要求》,针对 10—12 年级学段语言运用能力的要求是:"能正确理解语言交流活动和生活会话的内容,并作出恰当反应;能从有声媒体和书面材料中获取、分析、处理信息;能根据交际对象的目的,连贯、灵活地表达思想、观点和情感。"①所以,教学目标的确定需要建立在学习活动的起点和对主题意义的理解和表达、对语篇解读等的可能程度上。

正确认识及分析学生已有的认知结构和能力水平是确定教学目标过程中最重要的一环。在确定教学目标前,教师应明确学生的现有能力水平,包括语言能力、思维水平、文化背景、学习习惯等,从而能够制定几个切合实际的、有理可循的以及能够基本达成的教学目标。在这个过程中,教师需要分析学生对文本的理解度,结合现阶段学生的学习状态和能力,确定教学目标。如高二的写作课"An account of a school activity",为提高学生兴趣及写作能力,在设置教学目标的过程中,需事先了解学生对作文体裁的认知情况,排摸学生对学校活动如:艺术节、运动会、军训、各项社会实践活动等的熟悉程度和喜爱程度,根据教材的要求,为学生提供相应的文本框架及相关主题词汇,再依据调查结果分组,学习活动类作文的写作方法,而非想当然地照搬教参,生搬硬套的教学目标无法保证课堂的完整性和丰富性,既框定了学生的理解和表达,又无法在已有的语言能力上稳步提升。

(三) 明确要求

在关注了已有学情、明确了基本要求、分析了学生能力后,可以单元为单位,设立有利于学科核心素养的整体把控和操作的教学目标,进而确定教学的重难点,找到达到教学目标的有效教学策略。② 如此一来,学生的学习能力和思维品质不断增强,教

---

① 上海市教育委员会教学研究室.上海市高中英语学科教学基本要求[M].上海:上海教育出版社,2018;120.
② 陆伟骥.读写结合教学模式在高中英语写作教学中的应用探讨[A].2019 年教学研究与教学写作创新论坛成果集汇编(二),2019;90.

学目标的设立也能不断提升。

《上海市高中英语学科教学基本要求》中明确指出,英语学科学习水平的界定分为:知道、理解、运用及综合。[①] 就高中英语写作课而言,英语写作达到了综合(D)的学习水平,即:整合相关学习内容,采用适当方法,调动学习兴趣,解决实际问题,完成交际任务,是对所学知识的熟练掌握。如就日常生活中的话题进行书信交流,发表演讲,参加辩论,撰写报告。学生需要对已有信息进行搜集、筛选、整合、处理、分析、成文等一系列操作,难度较大。

针对高中英语写作课,教师们首要需要明确的是课程要求,即"该做什么"。《普通高中英语课程标准(2017 年版)解读》中指出:"'该做什么'指的是学生应该要有的关键能力和必备品格,具体可以分为学生的共性需求和个性需求。"[②]在确定教学目标前,教师应吃透"教学基本要求",明确学生应达到的目标,如:熟练。然后,教师根据写作题材、写作内容、语言知识、写作格式等方面的要求,梳理学习重点难点,确定本节课的教学目标。依照此流程确定的教学目标,基本能够符合学生的共性需求,使教学目标的设定更符合语言的适切性。如在教授"Argumentative letters"时,首先明确"教学基本要求"中的具体要求,包括议论文的论点、论据及论证方式,因此,本课的教学目标之一就是让学生掌握议论文的三个要素。在确定"该做什么"之后,设计教学目标的可操作性及针对性会大大增强。

教学目标的确定在整个教学过程中起着极为重要的作用,关乎教学走向和评价机制,尽快明确教学目标的特点和层级性,正视并尽力处理教学目标设立过程中出现的问题,在关注学情、分析能力及明确课程要求后,确定相应的教学目标,不仅对教师的课堂进程及设计方案有指示作用,更保证了学生核心素养的培养和提升。

---

① 上海市教育委员会教学研究室.上海市高中英语学科教学基本要求[M].上海:上海教育出版社,2018:121.
② 教育部基础教育课程教材专家工作委员会.普通高中英语课程标准(2017 年版)解读[M].北京:高等教育出版社,2018:132.

4. 有的放矢：课堂教学目标的确立与实施

杨文洁

随着课程改革的不断推进，中学历史课堂的教学方式经历了由基于课堂经验、教材内容到立足于课程标准进行教学的探索性转变。教学目标作为教学中的"初始"环节，是教学设计的导向。然而，在教学实践中，教师们在设计课堂教学目标时，依旧存在着教学目标重复、照搬课程目标和单元目标等问题。为了更好地将核心素养落实到课堂教学中，教师应当根据实际，有的放矢，有针对性、灵活性地确立教学目标。

一、教学目标设计存在的问题

在教学实践中，教学目标表现出明显的层次性，依次分别为课程总目标、单元教学目标和课堂教学目标。课程总目标最高层次的目标，表述的是本门课程完成后学生达到的结果；单元目标是第二个层次的教学目标，表述的是本单元教学完成后学生达到的结果；课堂教学目标是第三个层次的教学目标，作为本节课学生必须达成的教学效果。三者之间层级分明，互相作用。在实际教学中，课堂教学目标的设计存在着主体不明、层次模糊等问题。

教学目标是教学活动的目标，是教学活动最后要达到的效果。教学是师生的互动，教学目标的陈述应当反映在一定教学过程后学生在学习行为上的变化。教学目标的主体必须是学生。在实际教学中，教学目标的设计一般有"使学生""让学生""培养学生"等句式。这种教学设计则明显出现主体不明的问题。这说明教师对于教学目标的意义并不清楚甚至理解有误。除此之外，在教学目标的设计过程中，教师还存在教学目标重复、照搬课程目标和单元目标的情况。分析其背后存在的原因，是对教学目标的层次理解模糊不清。虽然每节课是为实现单元目标进而向实现课程目标努力的组成部分,但不能认为每一节课的目标就是单元目标或者总目标。[①]

　　历史学科核心素养的提出,意味着教师要基于对历史课程的全新理解,设计出体现学科素养的课堂教学目标。在实际教学中,教师应当强调学生的主体地位,使得历史课堂既能体现接受性学习的优点,更能体现研究性学习的特点。除此之外,教学目标的设计还应当以问题解决作为教学目标的核心内容,所制定的教学目标要结合教学内容和学生的实际水平,使教学目标具有可操作性、可检测性,能够衡量学生通过学习所表现出的进步程度。

二、“有的放矢”的意义

　　在课堂教学中,教学目标的制定既是教学实施的保障,也是教学评价的重要依据,对于整个教学活动起着重要的导向作用。历史学科的学习是一种以史料为基础的推理过程,通过历史学的研究方法去分析、推理、实证历史结论,在过程中培养学生的思维能力。从本质上看,课堂教学目标是经过教学后学生应该达到的学习成就。在教学实践中,教学目标既是教学的起点,也是教学的终点。“有的放矢”地制定课堂教学目标,对于教学活动有着重要的意义。

　　“有的放矢”地制定课堂教学目标,是教学设计的导向。教学设计是一个以目标为导向的过程,在教学中,课堂教学目标的确立有助于教师更加有效地把握教学环节,促进学生的学习与发展。在实际教学中,有效教学依赖于教学目标及教学过程的有效设计。因此,课堂教学目标是有效教学的基础。而“有的放矢”地制定课堂教学目标,则是有效教学的前提。在积极践行“造就多元人才,和谐全面发展”办学理念下,学校提出了“三问、四给、二匹配”的有效教学原则。对于历史学科的教学具有非常现实的指导意义。

　　“有的放矢”地制定课堂教学目标,是教学评价的依据。“教学目标来源于需求评估,然后在课程范围内分析目标本身,最终导致对教学结束后学生将能得到什么做出具体说明”。[②] 课堂教学评价是一个收集、解释学生学习信息,并以此为依据进行学习反馈和教学改进的过程。所以,课堂教学评价是以教学目标为依据与指向,并与教学

---

① 王允庆,孙宏安.课堂教学目标研究[M].北京:人民教育出版社,2015:74.
② 盛群为,李志强.现代教学设计论[M].杭州:浙江教育出版社,1998:84.

目标的达成过程密切相关。近些年，教学评价逐渐从传统的"知识掌握"能力转向以知识、能力和价值观并重的多元化评价。在新课程标准理念的指导下，将历史学科的核心素养落实到课堂教学中，将抽象化的理念转变为可操作的实践，是摆在中学历史教师面前的首要任务。为了更好地将核心素养落实到课堂教学中，教师应当根据实际，有的放矢，有针对性、灵活性地确立教学目标。

三、历史课堂教学目标设计的实践

在新课程改革的背景下，历史学科课堂目标的设计应当完整把握历史学科的核心素养及其具体表现，注重学科核心素养和综合素养的培养。在实际操作中，教学目标的设计不仅需要知识，还需要学习的过程，也就是思维过程。

（一）教学目标的设计要立足课标

在实际教学中，教师往往忽视课程标准的重要作用。教学目标的设计不应该被作为教案上必须填写的一个步骤而草草完成。教师应当分析课标的教学目标，确定基本的知识内容和认知过程方式。与此同时，课程标准的内容要求以单元为单位，要想具体到每一课时，则需要教师有选择地进行提炼，确保其具有一定的操作性。

如第四单元明清中国版图的奠定与面临的挑战，在疆域的奠定方面，课标的具体要求为：通过了解明清时期统一全国和经略边疆的相关举措，知道南海诸岛、台湾及其包括钓鱼岛在内的附属岛屿是中国版图一部分，认识这一时期统一多民族国家版图奠定的重要意义。在新版历史教材中，对于国家疆域意识的培养是新老教材对比突出的一个点。在老教材中，一般强调清朝的疆域四至以及管理，新教材则将明朝予以强调。从中不难看出，明、清两朝对于我国疆域的奠定都有着重要的意义。在设计教学目标时，应当注重明、清两朝的延续性。因此，在"从明朝建立到清军入关"这一课，我将教学目标设计为：了解明朝加强中央集权的措施，认识其进一步巩固了我国统一多民族国家的发展；了解明朝管理经略边疆，郑和下西洋等史实，认识到明朝在世界的地位；通过比较新航路开辟后中西方社会的变化，认识到倭乱、欧洲殖民者的侵扰成为明朝海疆治理所面临的新挑战，使学生知道台湾自古以来就是中国的领土，认识到统一多民族国家版图奠定的重要意义，形成民族认同感。

（二）教学目标的设计要根据学情，具有一定的针对性

班级不同、学生不同，对于同一个历史知识的理解肯定不同。教师在课前具体分

析班级学情时,应深入具体了解学生的性格特征、情意特征。在此基础上,弄清学生当前的学习状态,包括学生已有的知识、个体经验和个体差异。除此之外,还要分析学生的潜在情况,对学生发展可能的分析和对学生的困难进行分析。以"两次鸦片战争"为例,从学期分析来说,在认知基础上,高一学生对两次鸦片战争的历史已经有了比较全面的了解,在史学思想方面,已经能逐渐从政治、经济或是动机与因果等角度分析历史事件。但读图能力、从材料中提取关键史实的能力尚显欠缺。从学生特点来看,男生较为活跃,课堂互动多以男生为主,女生略沉闷;班级整体学习氛围较好,对历史也比较感兴趣。所以,在设计教学目标时,要针对现有学情,对基础较好的同学设置一些探究性的问题,在探究问题的环节中,通过史料分析、图表分析,引导学生自己得出探究结论,以提高他们学习历史的综合素养。

（三）教学目标设计要适当整合教材内容,具有一定的灵活性

在处理教材内容时,教师应有选择地围绕主旨,灵活地选择与整合。通过合理选择教学内容,有机整合学习素材,使得历史学科素养的培育呈现循序渐进的过程。如在新教材第二单元"三国两晋南北朝的民族交融与隋唐统一多民族封建国家的发展"中,新教材将朝代更迭、制度经济、文化设置成为独立的三课。但在讲到朝代更迭,隋唐盛世气象的出现,一定会涉及政治制度方面的史实。因为制度的创制是盛世出现的重要因素,三省六部制在唐代的运作过程中更趋于规范,加强了中央集权制度,成为"盛世气象"制度上的保证。因此,在设计教学目标时,应当有机融合两课的内容,明确因果关系,认识隋唐盛世的重要表现。

赵亚夫教授认为:"教学目标的作用,对教师而言,如同打靶时枪上的准星,要把得住、瞄得准、三点成一线,不能马虎。从教学过程看,它是一课之魂,目标模糊如同混沌无窍,虽有动态然终不是有意义的生命;从教学效果看,它是一课之准绳,目标繁复如同尺,虽有形制然实不能有价值的规矩。"[①]有了明确的目标,教学才有了方向和灵魂;有了情境的创设和有效问题的设计,才使得核心素养的培养成为可能。历史教师的职责就在于引导学生从过往的历史深处挖掘真谛,过分地强调知识点或概念本身,常常使得教学缺乏鲜明的特色。有科学的教学目标,善于运用点睛艺术,才能让学生体会到从入山重水复疑无路之境,到顿生柳暗花明又一村之感,真正将核心素养的培养落实到课堂上。

---

① 赵亚夫.历史教学目标刍议三：怎样确定课堂教学目标[J].历史教学(上半月),2007(7).

第七章

重构教学内容

　　重构教学内容是对教学资源的重组与优化。教学内容重构须以深入研读教材、了解其编排体系为基础;教学内容重构须以掌握并充分考虑学生的学情和认知规律为前提;教学内容重构要注重对教学资源进行科学合理的优化,"细分优化""精准优化",以期达到较好的教学效果。

在近期的市实验性示范性高中督导调研中，有督导专家指出："国家课程校本化的关键是保证国家课程的最优化实施，通过对国家课程的进一步开发和建设，让其转化为适合本校学生发展的课程来实现。"一直以来，我们学校都在践行着这一理念。在这个过程中，教师既要全面、深入地理解凸显"学科核心素养"的课程标准，同时也要依据学情和教学目标，对教材进行整体把握、精确重构，还需要优选教学参考辅助材料和各类教学资源。即以国家课程标准为基准，立足实际，整合出最适合学生的教学内容。

在学校"三问"教学法的实践与研究过程中，老师们遵循国家课程标准，尊重校情学情，对教材内容的重构做了许多有益的尝试和探索，获得了不少有价值的经验与结论，大致包括：教学内容重构须以学科核心素养的落实为出发点和归属点，教学内容重构须以深入研读教材、了解其编排体系为基础，教学内容重构须以掌握并充分考虑学生的学情和认知规律为前提，进而教师对教材内容结构和实施时间上做出适当调整，使学科中的不同内容和思想方法既各显其能又和谐统一。在教学资源优选方面，老师们也有不少有效的做法，如：要理解教学资源的内涵与外延，要厘清教学资源与教学目标的关联度，要明确教学资源与学生实际的匹配度，要判断教学资源获取与使用的难易度，要关注并利用好课堂互动的生成性资源，"细分优化""精准优化"，以期达到较好的教学效果。

（王晓虹）

1. 精选优化：整合教学资源
助力核心素养培育

姜伟珏

习近平总书记在主持召开学校思想政治理论课教师座谈会上指出："思想政治理论课是落实立德树人根本任务的关键课程。"高中思想政治课是一门综合性、活动型学科课程。走进新时代，面对新挑战、新问题，同时又要考虑到每一个学生的发展，这就要求我们基于课程目标、落实高中思想政治课核心素养的教学资源也要具备新风貌，才能激发学生禀赋，培养创新精神，提高实践能力。

教学资源的形式通常包括文字、图片、视频、实物等，可以来源于生活实践、社会时政、文化作品、师生互动等途径。在思想政治课教学过程中要充分用好一切可以利用的资源，贴合学生实际，提高课堂效率，实现教学目标。用好教学资源，激发学习兴趣，有助于学生更深入地通过"读和想"开展更有效的"讲和练"，"使学生成为独立的、自主的、高效的学习者"。

一、政治课堂教学资源的筛选和整合

教学的有效开展需要教师在已有教学资源的基础上做好筛选和整合，才能更贴合学生实际，使教学资源更好地为教学目标服务。

（一）要考虑教学资源与学习目标的关联度

2017 年版《普通高中思想政治课程标准》中明确指出课程目标是通过思想政治课程学习，学生能够具有思想政治学科核心素养，包括政治认同、科学精神、法治意识、公共参与。那么我们所选取的的教学资源就要与课程目标、教学目标紧密相关。

"学科核心素养是学科育人价值的集中体现，是学生通过学科学习而逐步形成的正确价值观念、必备品格和关键能力。"①教师就是要把学生将来在实际生活中可能面临的挑战，通过情境设计、辨析分析、价值引领和实践活动让学生们体验，提升解决实际问题的能力。

教学资源可以取自网络平台，微博、微信公众号、各类教学资源平台以及最近大热的B站，等等。但是教师筛选的教学资源必须是应该传播的、正确的、容易理解的资源。筛选教学资源要与主流媒体同频共振。例如"学习强国"APP里就有种类繁多、丰富多彩并且导向正确的教学资源，大大有助于落实思想政治课核心素养。

（二）要考虑教学资源与学生实际的适切度

建构主义主张支架式教学方法。"支架"应根据学生的"最近发展区"来建立，通过支架作用不停地将学生的智力从一个水平引导到另一个更高的水平。因此教师在选取教学资源时要了解学生的已有学习经验和生活经历，探索教学资源和学生的关联度，建立学习资源与学生的联系，学生易于接受、乐于接受，自然地从"现有发展水平"过渡到"潜在发展水平"。

例如"实践是认识的基础"这一课时正是学生学农回来不久，此时让学生用自身的社会实践经验来建立与学习目标的联系就能自然而容易地实现教学目标。接着教师又运用本校毕业学生目前正在进行的在百色支教经历，通过视频向在读学生展示，通过渲染气氛、同伴分享等形式，激发学生主动参加社会实践的意识和能力，认同青年学生参加社会实践是培养社会责任感，使自己锻炼成材的重要途径，同时探究参加社会实践的方式与途径，落实公共参与素养。

（三）要考虑资源获取和使用的难易度

教师和学生的时间精力总是有限的。建构主义认为学习是学习者基于原有的知识经验生成意义、建构理解的过程。我们可以充分利用一些现成的、相近的教学资源，例如刚才提到的学农经历等。

我们可以通过学校的场馆建设理解财政的作用，体会我国财政促进教育发展，是以人为本的公共财政，增强政治认同素养；我们也可以到家长单位去进行职业体验，进而对自己的未来进行职业规划。此外，还可以通过实地考察树立正确的择业观，培养科学精神核心素养；通过网络媒体了解在抗击疫情阻击战中每个公民都应当依法如实

---

① 中华人民共和国教育部.普通高中思想政治课程标准[S].北京：人民教育出版社，2017.

报告旅行史、体温检测等情况，履行居家隔离等法定义务，增强法治意识；我们可以走访附近的街道办事处，熟悉政府部门的职能，领会建设人民满意的服务型政府的重要意义，落实公共参与核心素养。

二、政治课堂教学资源的应用和优化

我国著名教育家陶行知先生说："要拿活的东西去教活的学生"。高中思想政治课教学中可选用的资源丰富多彩，不仅要进行筛选整合，更需在应用的过程中不断优化。

（一）根据教学目标和学生实际作预设性的整合修改

教学资源丰富繁多，直接指向教学目标的资源才是最有效的。然而，仅仅如此还不够，还需符合学生实际，也就是要根据不同学情进行调整。

例如在"实践是认识的基础"一课中，教师根据教学目标的要求："运用实践的观点观察分析实际问题"，同时考虑到学生的实际理解分析能力，从"学习强国"选取了学生阅读材料：《孜孜四十载　呦呦青蒿情》。在选取教学资源的过程中，首先注意了教学资源的来源是主流媒体；其次对于多篇相关材料进行了整合，删减重复性文字，控制文字量；然后又根据分析要求和学生能力把握关键词句，几经修改，甚至咨询语文老师，最终形成主体清晰、难度适宜的学生阅读材料。

又比如笔者在听同行的一节课后与执教老师进行关于教学资源的交流。这堂课讲得是"全面辩证地分析和观察问题"。执教教师坦言，之前曾用的是另一则网红主播李佳琦的事例，但反应平平，效果甚微。学生们反映根本无暇观看淘宝直播，于是教师及时调整教学资源。课上教师引用了作家六六与中国电信之间的争论作为材料进行讨论，引导学生一分为二的看待事物、评价人物。学生有类似体验，课堂气氛活跃，发言积极。

（二）"一物多用"同一教学资源可以用在不同教学内容中

有时某一个教学资源可以体现多个核心素养，教师可以将此类教学资源用足用好，并且在相关教学过程中引导学生前后关联，重新审视，获得启迪。

例如，最近被《人民日报》频频点赞的中国网络短视频创作者李子柒，《中国新闻周刊》这样评论她："她是一位现实中的造梦者，也是一位让梦想成真的普通人。她把中国人传统而本真的生活方式呈现出来，让现代都市人找到一种心灵的归属感，也让世界理解了一种生活着的中国文化。"李子柒的素材可以用于解构个人梦想与国家梦想

的关系，创造价值、实现价值，也可以用于解构中国优秀传统文化的继承和弘扬，树立文化自觉和文化自信。

（三）教学资源可以贯穿在课前课中课后，用足用好

贴近学生生活的教学资源可以从不同角度进行剖析从而运用到位，在此过程中学生一步步地深入了解、运用、掌握，更好地活学活用。

例如在经济常识讲到"税收"相关知识时，教师请学生挖掘自己家庭的教学资源，要求学生课前通过采访父母，了解家庭"个人所得税专项附加扣除"情况；在课上探讨国家施行"个人所得税专项附加扣除"的要求和范围，对家庭生活的影响；课后有提升要求的学生还可以进一步探求其对国民经济发展的作用。贯穿始终来自于自身的的教学资源更能让学生有真实的感悟，对于国家政策的认同、科学地分析新事物、依法诚信纳税、共同参与的意识都有相应提升。

（四）不仅给学生熟悉的，也要给他们没有涉猎的

视野要广，思维要新。看得多才能想得深，新旧对比才会有所收获。从已知到未知，提升学生探究新事物的兴趣和潜能，更好地落实思想政治课核心素养。

例如在"弘扬中华优秀传统文化和民族精神"一课中教师让学生观看了《闪光少女》电影片段。内容大致是一段民乐与西洋乐对碰，最后唢呐一出，奠定了那一场较量中民乐的胜利。学生中有西洋乐器学习经历的大大超过学习民乐的，但当看到结果时教室里自发地响起了掌声，大家都被民乐折服。这段教学资源并非完全新鲜，有部分学生是观看过的，但大部分学生并不知晓。后续教师又提供了上海民族乐团的发展现状和世界巡回演出的情况，让学生打开眼界，切实体会民族的就是世界的，通过传承、借鉴、创新树立文化自信。

（五）关注师生、生生互动中的生成性资源

课堂练习、作业都可以作为教学资源，而在讲评课中学生互相评价阐明理由，更是一种很好的教学资源。例如在一节哲学材料分析题的讲评课中。大家给一个同学的答案打5分，但有一个学生说打9分，教师询问原因，该生回答：因为答案是自己的，所以肯定自己。教师先是一愣，随即立刻表扬他的这份自信和勇敢，然后请他说为什么打9分，好在哪里？这名同学在阐述的过程中一步步地找到了自己答案里的问题。在这个过程中充分体现了教师主导、学生主体，在互动中达成教学目标。法国作家加缪曾经说过："请走在我的身边，做我的朋友。"

三、政治课堂教学资源的实践反思

通过教学资源的整合优化,帮助学生在整个教学过程中感知认同、内化于心、主动践行。在这个过程中教学资源的精准有效使用需要不断提炼,不断完善。

(一)材料取舍得当

一节课通常只有 40 分钟,这就要求教学资料精练有效。堆砌而杂乱的教学资源只会让课堂热闹一时,但收效甚微。面对教学资源要有所取舍,取和舍的标准,是基于教学目标,有舍才有得,切忌过于繁琐。例如屠呦呦的材料几经整合,根据教学目标和学情,整合成适合所教学生的阅读材料。

(二)弄清来龙去脉

教学资源,呈现给学生的是事实的全部还是部分,这也基于教学目标的需要。无论呈现的是部分还是全部,教师都要了解清楚教学资源的来龙去脉。例如在上关于优秀传统文化内容时,笔者曾经考虑选用"哪吒"电影题材。但是在深入了解哪吒这个人物的由来以及变迁后,发现人物性格的复杂性,最终放弃了这一教学资源。再比如在经济常识中讲到我国的基本经济制度时,要给学生讲清中国特色社会主义经济制度的来龙去脉。可以引导学生通过采访家中长辈,查找史实资料,体会祖国巨大成就,为实现中华民族伟大复兴继续奋斗。

(三)真实全面反映

教学资源不仅要给学生看正面的也要看反面的,全面真实地了解社会。对于社会热点问题,例如食品安全、贪腐案件等,只要是真实的,就可以直面对待,学会分析这些现象背后的原因,共同找出解决问题的方法。在这样的理念指导下,学生才能坚持辩证唯物主义和历史唯物主义基本观点,这才有助于学生进入社会接受真实的挑战。

(四)学生自主开发

大部分教学资源由教师开发,可以适当让学生挖掘开发。教师是主导,学生是主体,学生自发自主地学习才是最有效的。实践生活一直在变化发展,教材具有滞后性,教材与生活总是会有一定差距,用好教学资源就可以拉进这种距离,当教学资源是来自学生挖掘本身的生活时,就更加鲜活更加有说服力。学生学会运用,学以致用,这才是学习的目的。

上课犹如烹饪。精选原材料烧出一桌好菜,缺不了盐,盐就是核心素养,指向高中思想政治学科核心素养的教学资源才能使我们的课堂活色生香,有滋有味。

　　"浇花浇根，育人育心"。高中思政课教师要给学生心灵埋下真善美的种子，需要用好课堂教学这个主渠道。精挑细选，现学活用，用好教学资源，不断推进守正创新，做一位政治要强、情怀要深、思维要新、视野要广、自律要严、人格要正的新时代新教师。

2. 精准优化：课堂教学情境创设的路径

梁　靖

高中思想政治课是一门涉及经济学、政治学、法学、哲学等学科具有综合性的课程，这门课的设置是为了满足学生社会化成长的需要。《普通高中思想政治课程标准（2017 年版）》在课程性质、基本理念、设计依据、实施建议等方面都强调要采用情境创设的"综合性"教学。"具体地说，就是引导学生整合相关知识，以综合性的思想政治学习内容为载体，凭借相关情境的创设，通过自主、合作、探究等学习方式主动获取综合的知识和视点，发展综合能力，提高综合素质"。[①] 因此课堂教学情境的创设就成了教学中的关键，如何创设教学情境呢？我认为要把握住"精准优化"来进行课堂教学情境的创设。

一、精准优化设置教学情境的原则和方法

设计良好的课堂教学情境，是学生有效学习的前提和关键，精准优化创设教学情境要遵循一定的原则和方法。

（一）教学情境的创设要精准聚焦培养学生的政治学科核心素养

核心素养是学生应具备的适应终身发展和社会发展需要的必备品格和关键能力，核心素养是做人、做事的根基，决定了一个人的内涵和高度。思想政治课程学习，旨在帮助学生树立正确的政治方向，提高思想政治学科核心素养，增强社会理解和参与能力。但学生核心素养的提高和能力增强，绝不是外在强加的，而是要教师化虚为实。

---

① 教育部基础教育课程教材专家工作委员会.普通高中思想政治课程标准（2017 年版）解读[M].北京：高等教育出版社,2018：160.

教学情境的设置是培养学生核心素养的手段,学生核心素养的形成才是目的,任何一个情境的创设都是为了实现培养特定的学科核心素养,不能为情境而情境。因此我们在设计教学情境时,要精准聚焦思想政治学科核心素养,培养学生的政治认同、法治意识、科学精神、公共参与意识与能力。要精准聚焦所要培养的不同层级的核心素养,设置不同层级的教学情境。

（二）教学情境的创设要精准聚焦学生的实际

决定学生核心素养形成的是学生,学生始终是学习的主体,因此我们在创设学习情境时要精准聚焦学生实际。情境设置要符合学生的认知规律,与学生的起始水平和预设的发展目标相适应;与学生的心理发展相一致,把知识的学习和学生的意愿兴趣结合起来,调动学生的兴趣,激发学生的求知欲和探索精神;贴近学生生活实际,能够从多方面强化学生的感性认识,从而使学生的学习过程真正成为学生的思维过程。

（三）教学情境的创设要精准聚焦真实的社会生活

思想政治课的教学内容始终是在变化的,其根本原因是社会生活总是在发展的,所以思想政治课要站在时代的前沿,反映社会最新动态,跟进理论创新成果,采用新思想、新观点、新提法,不断充实课程内容。因此教学情境的设置体现不断发展的新思想、新观点、新问题、新挑战等,课堂教学情境的创设要精准聚焦"新",在"选择情境材料时应紧紧关注变化发展的实际形势,关注社会生活,同时也要关注学生生活,从我们身边的生活中筛选出适合教学内容、又有时效性的、具有重大影响的社会热点焦点问题"。①

课堂教学情境的创设也要精准聚焦"真",思想政治课要立足于学生现实的生活经验,着眼于学生的发展需求,把对理论的阐述寓于社会生活主题之中,构建学科知识与生活现象、理论逻辑与生活逻辑有机地结合。"只有真情境,才有真问题、真思考、真效果,才算真学习"。② 教学情境的创设要以生活为基础,课堂教学情境的创设可以从课堂的狭窄空间扩展到更广阔的社会生活,丰富学生的社会生活经验,使学生有身临其境之感,感受来自生活实践的需求,激发学生的情感共鸣,提高社会能力。

（四）教学情境创设要精准聚焦核心议题

议题式教学是一种直面现实问题解决的建构式学习方式。它强调以学习者为中

---

① 姜丽艳.主题式情境教学的问题与对策[J].思想政治课教学,2018(12):30.
② 陈式华.基于学科核心素养的中学思想政治教学[M].广州:广东高等教育出版社,2018:20.

心,选取一个能够统领课程内容的中心议题,并围绕议题设置结构化的情境话题和系列化的问题,引导师生深度对话,从而实现学科核心素养的培育和价值观的引领。教学情境的创设要围绕核心议题,创设丰富多样的教学情境,核心议题的选择应符合重要性、探究性、开放性和生活化的标准,还应依据课程标准,紧扣社会热点和社会实际,体现教学重点、针对学习难点。

二、精准优化设置教学情境的设计和实践

(一)教学情境设置的依据分析

1. 教学情境创设的学习目标分析。"坚持新发展理念"属于"经济发展与社会进步"这一单元。本课时首先说明发展理念和发展实践的关系,从理论意义上论证了新时代下新发展理念的必要性。继而结合我国当前面临的发展难题,深刻分析了转变发展理念的重要意义。其次,教材依据"注重解决的问题、重要性、实践要求"三个层次进行展开,阐释新发展理念的基本内涵,即创新、协调、绿色、开放、共享。在此基础上,进一步揭示五大发展理念的关系,五大发展理念是相互贯通、相互促进,是具有内在联系的集合体,要统一贯彻,不能顾此失彼,不能互相替代。最后,要增强贯彻落实新发展理念的全面性、系统性、不断开拓发展新境界。

2. 教学情境创设的学生学情分析。首先,要对学生的认知起点进行分析。新发展理念是习近平新时代中国特色社会主义思想中的重要内容,学生在《必修一》的学习中对其有初步的认知。新发展理念渗透于我国经济、政治、文化、社会、生态文明建设的各个方面,高一学生对创新、开放、绿色、协调、共享理念有一定程度的了解,但是不够系统化与理论化,对于新发展理念的相互关系还未形成整体上的把握,教师要通过创设丰富的教学情境建构起学生对新发展理念的深入理解,做到微观与宏观的统一、理论与实践的统一。其次,要对学生的心理发展进行分析。高一学生已具备一定的观察、分析、理解能力,而且学习的自主性增强,参与意识较高,能够在教师主导下以协作探究方式发现问题、分析问题和解决问题。高一学生思维活跃,对新知识具有较强的渴求度,对参与社会实践活动具有积极性,对表达自我观点具有踊跃性。另一方面,受到年龄与阅历的限制,高一学生的理论基础还较为薄弱,要理解具有高度抽象性的新发展理念依然存在着较大的挑战。

3. 教学情境创设的政治学科核心素养培养目标分析。学生通过分析全面贯彻新

发展理念的典型案例，理解五大发展理念是具有内在联系的集合体，要统一贯彻；明确新发展理念是习近平新时代中国特色社会主义经济思想的重要内容，增强中国特色社会主义理论自信。这个目标既是政治认同的具体体现，又是科学精神的具体体现。学生通过尝试对如何实施新发展理念的探索，培养公共参与意识和法治精神。

4. 教学情境创设的核心议题分析。本单元的核心议题是新时代如何推进中国特色社会主义经济社会建设取得更伟大的新成就。主要包括以下四个方面：第一，坚持以人民为中心的发展思想。第二，贯彻创新、协调、绿色、开放、共享的发展思想。第三，推动高质量发展，转变经济发展方式。第四，推动高质量发展，要以供给侧结构性改革为主线。

（二）贯彻"新发展理念"教学情境创设

根据以上的分析，本课依托上海市第二届进博会这个热点问题，精准创设教学情境，通过议题和探究学习，牢固树立新发展理念，并用所学知识解决相关问题。

1. 课前准备：（1）学生预习本课的知识，并构建相关的知识网络图。（2）全班同学5个同学为一组，共分成6个学习小组。组长组织和带领本小组的同学上网或通过实地参观，查找、收集、整理上海市进博会的相关资料。

2. 课堂教学情境一：播放视频《走进第二届上海进博会中国馆》，并提出议题：（1）中国馆所呈现的一系列成绩体现了什么发展理念？（2）为什么要树立这些新发展理念？

设计意图分析：（1）第二届进博会设在上海，和学生的社会生活密切相关，而且是时政热点，作为情境导入，可以引发学生思考和探究的兴趣。（2）中国馆视频资料作为情境设置，可以为学生提供丰富的感性材料，为学生认识新发展理念的内涵提供感性认识的基础，符合高中生认识发展的规律。（3）第二届进博会中国馆展览共6个单元，包括开篇视频、创新中国、开放中国、美丽中国、幸福中国、大陆与港澳台地区融合发展。这六大单元的展示体现了在新发展理念指导下，我国经济发展取得的成就。通过分析具体的情境，可以把握新发展理念的内涵，理解新发展理念的重要性，明确习近平中国特色社会主义思想是马克思主义中国化的最新成果，形成学生的政治认同，培养学生的科学精神。

3. 课堂教学情境二：展示上海市北高新技术园区的相关资料

上海市北高新技术园区简介：上海市北高新园区创建于1992年，总规划面积

3.31平方公里,目前集聚了近200家大数据与人工智能产业细分领域的龙头企业。20多年来,这个园区从传统工业基地转变为以创新为驱动的高科技产业园区。

根据上述材料,教师设置了如下问题:(1)上海市北高新技术园区的发展中还存在哪些问题?(2)学生分成四个小组,分别代表政府、企业管理者、企业的员工和普通市民,为上海市北高新技术园区的发展提出意见和建议。

设计意图分析:(1)上海市北高新技术园区位于上海市静安区,我校的学生对此园区比较熟悉,选取此真实的情境,可以引发学生探究的兴趣。(2)为上海市北高新技术园区的发展出谋划策,能够结合改革开放的实践,领会新发展理念的实质,培养学生的公共参与意识。(3)学生能够面对具有挑战性的复杂情境问题,用辩证思维与历史思维独立思考,以建设性的态度,回应社会转型的复杂变化,有所作为,培养学生的科学精神和政治认同。

教师通过精准优化设置教学情境可以激发学生的学习兴趣,有助于培养学生的思想政治学科核心素养。反思设置教学情境的实践,我认为主要还有以下几点不足:首先,教师要统揽全局,一旦出现远离目标的行为,教师要及时调控。比如,当学生的学习偏离主题时,教师要及时引导,当学生有不同意见,发生很大争执时,要注意协调。其次,教师也要参与到学习过程中,倾听学生的意见,适当地点拨,使学习不断深入下去。

3. 阡陌交通：基于项目的
课堂教学资源整合

朱君妹

随着学科核心素养的提出，劳动技术学科呈现出以技术项目为载体、强调技术的生成和应用、注重技术思想和方法的教学特征。高一劳技教学中所涉及的技术项目主题比较多、范围比较广，包括方案的设计、材料的选择、工具的使用、加工与制作等，每一个项目主题在分解、传递和落实课程目标和育人价值方面具有独特作用。

作为一门综合性和实践性很强的学科，劳动技术课堂需要充足的教学资源，这些资源或具有趣味性、或具有探究性、或具有创造性等。它们正如"阡陌交通"里的田间小路，纵横交错，四通八达，通往"以学生发展为中心，以项目任务为驱动、以问题教学为导向"的主线路，最终实现课程的培养目标。

一、资源整合的意义

"在劳动技术教育中，技术载体既是教学的素材，亦是教学内容的呈现方式……从载体的呈现方式看，可以是实物的、文字的、图像的、数据的、景观的等多种形式"。[①] 这就要求我们教师应打破教材的局限性，依托教材内容、跨界学科、社会生活、网络信息等资源，帮助学生理解学习内容，同时优化教学过程。

教学资源是为教学的有效开展提供的素材，应该面向全体学生，难度适中，并保障学生有能力通过主动探究有所收获。劳动技术学科的教学资源除了教材、案例、图片、课件以外，还包括工具设备、材料和专用教室等，一般应用于情境的创设、工具的选择、

---

① 吕鑫祥.上海市中小学劳动技术课程标准解读[M].上海：上海科技教育出版社,2006：41.

技能的学习、作品的制作等方面。把这些丰富的资源加以整合并合理使用,发挥其最大的教学价值,使学生通过经历具体的技术活动,加深对技术学习的体验,促进对技术的理解与应用,提高技术素养这一学科核心价值。

二、资源整合的实践与操作

教材是开展教学活动的主要依据,但不是唯一的教学依据。通过梳理高一科教版《劳动技术》教材,发现其中有些项目内容略显单薄,需要对相关的资源进行融合渗透、组合优化,使原本枯燥单一的教材内容变得多元化、综合化、情感化,实现教学内容的升华。

(一)整合教材资源,加强技术联系

横向看,教材中的技术项目具有独立性,但纵向看,它们之间又相互联系。比如"设计的一般过程"中包含"设计图形的表达方法","加工与检测"必须先学会"读识三视图","装配和调试"离不开"常见的传动机构",等等。因此,教师可以根据学生的认知水平对教材知识进行结构化处理,帮助学生理解、记忆和迁移技术内容。比如在学习"设计表达"单元的时候,学生往往因为对三视图投影规律的不理解,而造成绘图和读图的困难。为了解决二维平面与三维空间之间思路难以转换的问题,教师可以让学生利用实体设计软件进行建模,通过三维动态观察,建立空间形体的整体概念,再由软件自动生成标准的三视图。这种单元内部资源的整合,甚至是不同单元之间的资源共享,让学生在有限的课时内体验到不同的技术方法,同时丰富了劳技学科的整体知识结构。

(二)整合科技资源,丰富技术内涵

随着科学技术的发展,各种新科技、新工艺层出不穷。为了满足中学生对新事物的求知欲和好奇心,我在课上会适当引入前沿科技的资料,结合市、区级科技活动资源,拓宽劳动技术学习和应用的领域。比如青少年科技创新大赛、未来工程师大赛和机器人系列活动,蕴涵着丰富的教育资源,是辅助劳技课培养学生动手能力和创新精神的良好载体。在"计算机辅助设计"的单元教学中,我把每一届上海市未来工程师大赛的三维创意设计项目作为重要的主题资源,比如灯具、建筑、标志物等主题。根据不同班级、不同学生的操作水平,设定层次错落、难度有别的命题任务。通过这种比赛规格的项目练习,让学生切身体验从问题需求、搜集资料、构思方案、设计实践、评价修改

等技术学习的全过程。

（三）整合生活资源，提升技术价值

技术产生于生活，应用于生活。因此劳技教学内容的选择要密切联系学生自身生活和社会生活，让学生知道、体会教材中所学的技术知识最终"到哪儿去"，能解决真实世界中的哪些问题。比如在学习了"常用材料"之后，我让学生收集生活中不同用途的塑料瓶，观察分析塑料瓶底部的数字记号和材质特性的关系，并选择塑料垃圾等相关课题进行研究，促使学生主动去构建新知识、应用知识、解决问题。通过对这种生活载体的研究实践，把课本上的技术知识内化为学生的生活经验，从而理解技术学习是为现实生活、问题解决所服务的。

（四）整合媒体资源，拓展技术空间

劳技课的很多内容凭空很难讲清楚，需要借助实物、实验和操作加深理解。学校的设施设备和教材配套资源是有限的，而通过丰富多彩的媒体信息可以增大教学信息量，提高课堂效率。比如在齿轮传动的教学中，虽然学生对齿轮或多或少有些认识，但对齿轮的特点和作用了解甚微。如果把汽车变速箱、钟表、打印机等这些现实生活中不方便拆卸的齿轮案例，以图文并茂的形式展示给学生，可以帮助学生更好地理解这项技术，并开拓学生视野。

三、劳技教学中资源整合的案例与分析

"仿生机械爬虫"是我在机械传动教学中开发的一个重要项目，该成果已被收录到《2019年度上海市中小学中青年教师教学评选成果集》。下面就以本案例，对资源整合理念下的教学设计进行阐述。

（一）"阡陌交通"之路况——学生学情分析

本节课的教学对象是高一学生。知识基础方面，他们在初中的劳技课上已经学过简单直流电路的连接方法。技能基础方面，学生会使用螺丝刀、剪刀等基本工具。生活经验方面，学生了解常用机械比如自行车、汽车雨刮器等运动特点，但不知道其中的技术原理。大多数学生对机器人前沿技术比较感兴趣，尤其希望自己能亲手制作一款会动的机器人。

（二）"阡陌交通"之方向——教学目标分析

步行机器人一直是最受历届学生欢迎的技术项目，不过在实际调试的过程中难免

会出现"走不动""动得不协调"等技术问题,曲柄摇杆机构的不合理就是造成这些问题的关键所在。本节课就以曲柄摇杆机构的技术理论、绘制运动简图、认识材料工具为基础,按规范按流程进行仿生机械爬虫的设计、制作和改进。使学生在劳动体验和自主探究的技术活动过程中,主动求解有关机械传动的问题,体验机械设计的一般过程。

(三)"阡陌交通"之路线——资源整合策略

基于学校"三问"教学法的研究探讨,我们应该在"学生学情"与"教学目标"之间架起一座桥梁,选择具有典型性、针对性、实效性的教学资源,进行整合优化。不论是教师自主开发的资源,还是借鉴参考的资源,都应该立足于学生发展的需要,为教学目标服务。

1. 作品资源的整合开发。教材上关于曲柄摇杆机构的描述只有简短的三句话,也没有提供具体的作品案例。这就考验了教师要充分发挥主动性,自主开发项目作品。我先通过网络查询,搜集到一些利用乐高积木搭建的仿生机械装置模型图,具有一定的趣味性和观赏性。但是考虑到目前学校的乐高器材有限,不能满足一个班级的教学,只能从教材配套的步行机器人材料中寻找灵感。经过多次改装简化,最后用对折的瓦楞纸代替塑料板,用泡沫胶粘接电动机和电池盒,节省了许多拧螺丝的步骤,提高课堂制作效率。这个资源项目不仅具有鲜明的技术特征,能生动反映曲柄摇杆机构的形成规律,而且取材方便、操作安全,使学生形成一定的与技术相联系的环保意识、经济意识等。

2. 学习单资源的整合设计。人的学习是在不断发现新问题中解决问题,又在解决问题中发现新的问题。因此,我在教学中以学生学习为主线,引导学生带着问题开展实践探究,并在探究过程中及时记录各种现象。这些记录的数据资源能帮助学生进行自主归纳,从而得出曲柄摇杆机构的重要推论。于是我设计了一张包含画机械运动简图、数字运算比较等记录方式的学习单,由浅入深,循序渐进,能展现学生获得知识的思维过程。严格明确比例大小、线条规范等具有技术特征的画图要求,并在学习单上用简练的文字列出装配步骤,同时在材料盒里分发标配之外的多余零件,鼓励学生根据作品加固、单向运动等需求进行自主选择,以便开展个性化探究。

3. 课件资源的整合完善。机械传动的相关知识比较抽象,与学生的生活距离较远。我们的学生是初次接触机械设计,更需要以真实情境为基础,呈现更多丰富多彩的感知材料,提高学习兴趣。为此,我在课件中适当增加了技术图文资料,拉近学生与客观技术世界的距离。开头部分，利用人骑自行车的场景画面，引导学生思考曲柄摇杆机构的传动特点，促使学生对身边的技术作深入思考，从而学会关注现实社会。结尾部分，用国内著名仿生机器人作拓展，使学生感悟中华民族的辉煌技术成就和技术创新给人类社会发展带来的积极意义。

资源整合是达成教学目标、突破教学重难点的重要教学途径。有效的资源整合更能调动学生学习的积极性、主动性，提高学生学习技术要领、攻破技术难点的成功率，达到事半功倍的效果。一个劳技项目作品里往往包含了多种技术方法，需要融合多种学科知识。当遇到有些教学内容与其他学科有关联，或者重叠的时候，在教学资源的选取方面要特别关注技术项目的可操作性，防止过多的抽象理论。否则，可能会把三视图的内容上成数学课，把齿轮传动的内容上成物理课，把常用材料的内容上成化学课。因此，教师需要具备敏锐的技术捕捉能力，尽可能多地搜集各类教学资源，精心取舍，使之符合教学的真正需要。

4. 内容重构：指向学科核心
素养落实的有效途径

胡胜辉

　　语文教学最大的依仗是教材，而每一篇教学材料都存在着多种取向，可以指向多个不同的目标；而另一方面，也存在着多种语文教学材料都集中指向某一个共同的取向、达成同一个目标的情况。这正是语文教学的独特之处，既不断地出现各具特色的同课异构，也会出现借助各种材料达成同一目标的结果。

　　当然，同课异构也好，殊途同归也罢，都离不开聪明的执教者在深入解读教材的基础上，进行着科学、合理的教学内容的重构。既忠于教学材料，又不囿于材料限制，充分考虑文本内容与学生的差别，甚至是教师自身的特长，等等；既注重不同材料的筛选和补充，也注重同一材料各个角度甚至各个时段的多方位解读；坚持教学的针对性，坚持因材施教，量体裁衣。

一、教学内容重构的意义

　　教学内容的重构，是在课程标准规定教学内容的前提下，根据学生的实际情况以及阶段教学的目标等因素，进行适合的增补与重新组合，达到最为优化的一种新的架构。

　　（一）教学内容重构有助于核心素养的真正的落实

　　《普通高中语文课程标准（2017年版）》作为纲领性的文件，确定了"语文学科素养"：语言建构与运用、思维发展与提升、审美鉴赏与创造、文化传承与理解，这明确了我们教学的总方向，但新的语文课程标准除了推荐背诵篇目、课外读物外，没有清晰规定语文教学内容，给师生留下了内容重构的空间。面对浩如烟海的语文课程资源，选择哪些内容、如何选择，就成了核心素养能否落实的关键。

（二）教学内容重构真正实现了"因材施教"的教学原则

能够清晰地指向目标设定，教学内容首先要考虑到受众，也就是学生的实际：学生主观上需要什么和喜欢什么，能力上能够接受什么，接受的内容有哪些实际功效，等等，都是课前教学内容的重构、优化所必需考虑的因素。

（三）教学内容重构倒逼教学策略的改进

不同的教学内容得采用不同的教学策略，我们不是千篇一律地解读文本，而是合理地进行教学内容的重构，找准核心素养和教学内容最主要的勾连，明晰学生的特点，必然会进行相应的教学策略的调整，改进我们的教学方法。

二、教学内容重构的操作方法

教学内容的重构，不是剜到篮子就是菜，也不是随意删减，该讲的不讲，不该讲的大讲特讲。而是以核心素养为纲，去寻找内容，再进行组合优化；同时，也要兼顾到教学对象的差异性，选择对学生最为适切、最有针对性、最有效果的教学内容，灵活运用。

（一）教学内容的重构，必须坚持以语文核心素养的落实为前提

语文几种核心素养不是孤立的，是一个有机的整体。[①] 但在实践中，每一节课的教学，对于核心素养的落实又是有所侧重的，因而，基于不同的侧重点，需要对教学内容进行重构和组合。

1. 指向语言建构与运用。语言的建构与运用是语文学科最为基础的核心素养，偏重于工具性，既包括运用语言的知识、运用语言的能力和运用语言的习惯，还包括由此获得的心灵熏陶。几乎语文教学材料，都能达成这一目标，但是不同文体、不同风格、不同作家的教学材料，对于语言建构与运用的功效也是不同的：记叙文长于叙事，讲究形象；说明文长于介绍，注重准确；议论文意在说理，强调缜密。在实践中，选择最契合的材料才能达到最好的效果。

2. 指向思维发展与提升。思维是所有学科都强调的核心素养，对于语文学科而言，思维偏重于思考型，主要表现在对于语言的内部分析，能够辨识、分析、比较、归纳和概括基本的语言现象和文学现象，能够运用批判性思维审视作品，表达自己的认识。

---

① 中华人民共和国教育部.普通高中语文课程标准(2017 年版)[S].北京：人民教育出版社,2017：41.

在实践中,选择具有思维的深度、厚度与广度而且规范科学的材料,才能真正提升学生的思维品质。

3. 指向审美鉴赏与创造。审美鉴赏与创造主要指学生在语文活动中体验、欣赏、评价,以及创造美的能力及品质。选择语言艺术精湛、情感丰富、艺术性强的教学材料,才有助于学生养成高雅的审美情趣和高尚的品位。经典的古代诗词、精美散文、优秀小说等自然成为实现这一目标的最适切的教学材料。

4. 指向文化传承与理解。文化传承与理解立足于中华优秀传统文化的继承,同时还表现为语文学习过程中的文化视野、文化自信。在学习过程中,优秀传统文化、名家名篇自然是首选。

(二)教学内容的重构,主要在于深入挖掘教学内容的最恰当的指向

每一篇教学内容虽然都能够指向四种核心素养,但也必然存在着不同的倾向性。如庄子的名篇《秋水》,学生可以欣赏作者汪洋恣肆的语言风格,可以学习作者比喻说理的缜密思维;但如果抛开对庄子纵横开合的想象的鉴赏,抛开庄子对于事物辩证的认知,仅仅作为写作手法甚至是修辞的理解材料,显然是不恰当的。而要真正实现对于"庄子"这一思想和风格的把握,仅仅解读《秋水》又是不够的,教师还应该寻找一些相似的材料来进行"主题性的内容重构",才能最大程度地实现这篇教学材料的功能性。

当然,对于教学材料的内容重构,还得考虑材料的动态发展。最简单的例子是莫泊桑的名篇《项链》,多少年来的主题都基本定位于"对于小资产阶级爱慕虚荣的社会风气进行批判",但如果考虑到如今社会"诚信缺失""不敢担当"等问题,那是否能为女主人公点赞或翻案呢? 如果能这样解读,势必改变照本宣科的弊端,教学材料也被进一步挖掘。

(三)教学内容的重构还需要充分考虑学情分析,科学选择教学策略

学情分析也是教学内容重构的一个重要依据。很难想象:我们对着小学低年级的孩子分析《拿来主义》,希望他们进行"文化传承";同样,我们也没有必要要求高中高年级的学生,进行骆宾王《鹅》的画面再现。学情分析,不仅要求我们科学地进行教学内容的重构,也需要我们选择和优化教学策略。

三、教学内容重构的案例与分析

教学内容的重构,只要本着科学的原则,在实践中就可以起到精彩纷呈的教学

效果。

下面就以沪教版教材高三(下)名篇《兰亭集序》为例,再现"量体裁衣"的教学实践。

1. 示例一：以"掌握情景关系"为阶段学习目标的课例设计

【教学目标】依托于文言文学习,品赏作者笔下景物的清雅朴素之美,学习融情于景的写法。

【教学设计】

问题设计：在课文第一节末尾,作者写道"信可乐也",请根据文意,梳理作者"乐"的原因,并用一个表示偏正关系(或主谓关系)的词语加以概括。

【设计意图】基于上面的目标,教学时主要着手于第一节,对"情景关系"展开分析。在实践中,学生能够很快地找出作者感到"乐"的因素,分别是"时间""地点""景色""人物""事件",然后一起概括出"乐"的五个因素：良辰、胜地、美景、贤人、雅事;由五个因素的分析,自然而然地得出"浓情"这一主要表达的意图。此分析过程锻炼了学生梳理文脉的能力、概括能力,对于古典文学中永恒的"情"与"景"的关系的理解也就非常简单了,阶段性的目标就很好地达成。

2. 示例二：以"落实核心素养"为目标的课例设计

【教学目标】体会作者感情的变化以及深沉感叹中暗含的对人生的眷恋和热爱之情,指导学生探索生活的意义及认识生命的价值。

【教学设计】

问题设计：

(一)朗读全文,找出文中最能体现作者情感的词语。

(乐——痛——悲)

(二)问题探究。

1. 缘何乐(痛、悲)?

2. 乐(痛、悲)什么?

（三）小结。

【设计意图】基于核心素养的落实，教学时着眼于全文的感情线索，进行细致分析，第一个情感（"乐"）的讨论就可指向语言的建构与运用，指向"情景关系"，可以补充大量情景交融的材料，加深学生的理解。而对于第二种情感的把握，教学过程中适当补充材料（如：东晋时士人的整体价值观与追求、老庄思想盛行的影响，等等），在正确引导的基础上，学生对"痛"的认识也就深入了。对于第三种情感的理解，继续补充了王羲之在人生理解与追求方面的材料，深入探讨作者既"不满当时盛行的虚妄生死的现实"又"完全无力改变"的苦闷，让学生充分理解这篇经典，走进王羲之的内心世界，思维因此得到极大提升。

3. 示例三：基于学情分析的课例设计

【教学目标】深入解读，学习对文章进行再创造的一般方法

【教学设计】

问题设计：全文以"乐——痛——悲"为情感线索，能否用合适的方式（最好古诗文）进行二度创作？

【设计意图】这是笔者的一次有意思的尝试。当时任教的一个班级喜欢古诗文，也有一些功底，根据学生的这一情况，我进行了这么一个设计。最终，学生能够积极参与，分别用"三字经""四言诗""近体诗、填词"三种形式来诠释三种情感，还都能积极探索古诗文写作的相关知识点，牵一发动全身，教学过程由《兰亭集序》引出，实际中衍生、拓展，内容的重构也到达一个高度，效果非常好。

以上是针对同一篇课文进行内容重构的三种示例，这种重构让我们惊喜地发现，对于任何一篇教学材料，根据不同的目标、不同的学情，完全可以从一个最核心的"点"切入，进行剪辑、补充或者重新梳理，最终完成核心素养的构建。

四、教学内容重构的反思

教学内容的重构是针对目前"教学内容的乱象"的①，虽说教学内容的不正确、不

---

① 王荣生.语文课程与教学内容［M］.北京：教育科学出版社，2015：39.

妥当乃至荒唐，在语文教学中长时间、大面积地存在着，但随着教育改革的深入，教学内容已经逐步明确，当然，教学内容的重构也有很长的路要走。

1. 教学内容是重构不是颠覆。重构只是对于教学内容进行一种适切的组合，虽然不是说我们不能越雷池半步，亦步亦趋，但对于国家课程提供的教学内容，不能不管不顾，置之不理，而是根据"生本""师本"等校情来合理组合、重构优化，探寻最适合学校实际的教学内容体系。

2. 教学内容的重构要兼顾教材内容与活动内容。我们进行教学内容的重构，既要注重深入分析教材的重点、难点、支点，也需要根据不同的教材内容，对依据教材而展开的各项实践活动进行考虑，或分析、综合，或归纳、推理，或欣赏、体验，或感悟、激发，这二者互相联系、紧密结合，要综合考虑。

5. 主题重构：引导自主
学习的教学内容整合

张　旻

　　化学是一门自然科学，是在原子层次上研究物质的组成、性质、结构与变化规律的自然科学。在化学课堂中，对于物质的认识和化学规律的教学内容可以说是千丝万缕、纵横交错。如何对教学内容进行整合，更有利于学生的学习，有利于学生学科素养的培养呢？

　　立足于学校"三问"教学法之"怎么去"的思考，在化学课堂里，对教学内容进行主题重构是一种有效的整合方法。经主题重构的教学内容从学科视角出发，既能突出重点地整合相关联的学科知识，又能有效地触发学科探究思维、彰显学科学习方法，引导、促进学生在课堂里的自主学习，培养学科素养，为学生今后的终身发展奠定基石。

一、对教学内容进行主题重构的依据和意义

　　"教学内容"指教学过程中，同师生发生交互作用、服务于教学目的达成的动态生成的素材及信息。其包括在教学中对现成教材内容的沿用，也包括教师对教材内容的重构。而教学内容的重构，则是要将静态、抽象的教材内容优化、活化、处理成为能够促进学生能力发展的教学内容，从而体现以学生为本的课堂教学理念，提高课堂教学效率，促进学生学习方式的转变和科学素养的提升。

　　在《课程标准》中，化学课程的内容就是按主题和模块来划分的。研究表明，知识内容的主题重构更有利于反映学科的本质和学科的核心理念。这给了我们很大的启示：在《课程标准》划出的大主题引领下，我们的课堂教学内容也可以构建出相应的下

位主题，让主题重构的教学内容助力化学课堂的教与学，促进学生学习方式向着自主学习的方向转变。

二、对化学课堂教学内容进行主题重构的实践与初探

化学课堂教学内容的主题重构，立足学情、聚焦目标，着力于现实问题的主题研究，有的放矢地整合优化、活化课堂教学内容，助力学生的自主学习和能力发展。

（一）基于《课程标准》和《教学基本要求》的主题重构

在《课程标准》里，高中化学的课程内容以主题为框架，涉及"化学科学与实验""物质结构与化学反应""常见无机物和简单有机物及其应用""化学与社会"等方面。这些大主题为实施课堂教学的内容重构指明了方向。而《教学基本要求》则进一步细化了高中化学的学习内容与具体要求，为课堂教学内容的主题重构提供了依据。

比如：在"二氧化硫"的教学当中，教材内容按照二氧化硫的物理性质、化学性质和用途三部分依次展开，最后向学生呈现二氧化硫与酸雨的形成、危害和防治的相关资料。仔细查看《课程标准》，在"无机物性质及其应用"和"化学和社会发展"这两个主题里都涉及了硫化合物的课程学习内容，分别对应"了解硫及其重要化合物的主要性质，认识其在生产中的应用和对生态环境的影响""以酸雨的防治为例，体会化学对环境保护的意义"两个子目。如果把这两个点融合起来，以"你对酸雨有哪些认识和思考？"为主题，重构二氧化硫的教学内容，很容易激发学生不同角度的思考。学生容易想到的问题和想要获得的知识内容有：什么样的雨叫酸雨？酸雨的物质成分有哪些？这些物质从哪里来？酸雨对人类生活有什么影响？如何避免酸雨的形成？这些能预见的常规问题都应在主题重构的内容之列。此外，对于学生不容易想到的和漏掉的内容，要结合《基本要求》里的细则查漏补缺，在重构时找到切入点，适时引导学生进行深入、专业的学习。如：从化学角度看，形成酸雨的二氧化硫又是一种怎样的物质？它有哪些性质和特点？除了形成酸雨破坏环境以外，它对人类又有哪些益处？这些主题重构，能顺其自然地引领学生聚焦酸雨和二氧化硫，通过自主提问和自主探究，达成课堂教学的深度和广度，同时培养学生自主学习的能力。

（二）基于发展学科素养的主题重构

教学内容的主题重构能突出教学重点，不仅促进学生的自主学习和深入探究，更能发挥培育学科核心素养的功能，让学生能学、会学。

化学学科的核心素养包括：宏观辨识与微观探析、变化观念与平衡思想、证据推理与模型认知、科学探究与创新意识、科学态度与社会责任①。这五个方面相辅相成，是化学科学素养的综合体现。教学内容的主题重构，能凸显核心素养的渗透和培育。

比如，在"探究原子构建物质的奥秘"这一整章的教学时，我们可以把各个小节的内容以"物质为什么会表现出不同的性质？"为章节主题进行教学内容的重构。从"为什么说物质结构决定物质性质？"的小主题重构去探究物质宏观表现与微观结构的关系；从"怎么判断物质的结构相同还是不同？"的小主题重构去体会物质的变化观点和内在的平衡思想；从"如何对已知或未知物质的结构分析与性质推断"的小主题重构去培养学生证据推理与模型认知的能力……围绕"物质为什么会有不同的性质？"这一大主题的教学内容重构，能聚焦核心素养，让课堂教学具有更高的育人价值。

（三）基于学情分析的主题重构

课堂教学的对象是学生，学生的基础就是教学的起点所在。学生已有的认知基础有哪些？已经具备的学习能力有哪些？所处年龄段的生理和心理特征又有哪些？基于"三问"教学法的学情分析，对于课堂教学内容的主题重构，应遵循以下原则：

1. 舍其熟知，取其不懂。课堂教学时间宝贵，挑学生缺失的内容和不懂的内容进行主题重构，大胆地去掉学生已经熟知的和已有经验可得知的相关内容。

比如：在"海水晒盐"的教学里，要求学生通过学习能解释海水晒盐的过程和原理，通过粗盐提纯的实验学习物质分离的方法。这两部分内容都围绕着氯化钠展开，我们可以以"我们吃的食盐从哪里提取而来？"为主题进行教学内容的重构。通过学情分析，我们知道学生在初中已经学习了粗盐提纯的实验，对其理论和操作相当熟悉，而对于粗盐的化学提纯却一无所知。那么，我们在重构教学内容的时候就要果断取舍：让学生复述粗盐提纯的实验方法和操作事宜之后，评价这一物理除杂的效果和优缺点，自然引发学生对化学除杂的思考，推进学生自发、深入的学科探究，拓展学科的知识和视野。

2. 弃其乏味，投其所好。21世纪已是科技快速发展的时代，也是信息大爆炸的年代。教学内容的主题重构，需关注时代特点和学生兴趣，密切学习内容与现代社会，以及科技发展的关联度，摒弃较为陈旧的、乏味的教学背景，以符合时代特征和学生兴趣

---

① 房喻，徐端钧，等.普通高中化学课程标准（2017年版）解读［M］.北京：高等教育出版社，2018：9.

的主题重构内容,有效提升学生在课堂教学中的参与度和学习效果。

3. 搭设台阶,激发潜能。秉着"跳一跳,能够到"的原则,主题重构时除了预设课堂教学主题及其详细内容以外,还要给予学生自主学习搭设台阶、备足铺垫,适时穿插学科思想和研究方法的指导,激发学生学科学习的潜能,提高学习能力。

符合上述原则的主题重构,必能积极调动学生的探究欲,沿着学科研究的思路和方向,一步步自主学习、深入探究,高效地习得学科知识和本领。

三、对化学课堂教学内容进行主题重构的案例与分析

下面我就以"氯气"一课为例,谈谈如何进行主题重构。

1. 重构思路：从学生日常生活出发,预估学生对氯气或含氯物质的了解和已有的认知,围绕"我所认识的氯气"这一主题,指导学生结合日常所见所闻和课堂探究,完善对氯气用途及相关性质的认识,最后整理汇总出关于氯气的较为完整的学科认识。

2. 主题的展开(表7-1)

"我所认识的氯气"	意　图　与　说　明
(1) 关于"氯气",你了解多少? 还想了解哪些方面的内容?	激发学生的学习兴趣,删选、确定本节课学习内容和学习重点。
(2) 寻找身边的"氯气"——生活和生产中,哪些场合用到氯气? 说明氯气有哪些用途?	通过生活中的所见所闻或结合资料分析,引导学生关注物质存在的意义,直达"物质用途"的教学目标。
(3) 这些用途,分别体现了氯气怎样的性质?	自然过渡到学习重点,渗透"性质决定用途,用途体现性质"的学科思想;结合教材实验,引导学生自发地、由表及里地深入研究,培养"宏观辨识与微观探析"的学科核心素养。
(4) 生活中,还见到过哪些含氯的化合物? 它们是由氯气转变而来的吗?	通过关注生活中的化学物质或结合资料分析,引导学生关注氯气及其化合物之间的转化,完善氯气的相关性质。
(5) 通过学习,你对氯气有了全新的认识,分门别类地说说,它有哪些性质?	引导学生自主整理氯气的性质,并对这些性质进行分类表述。
(6) 关于"化学武器——氯气"的历史事件,我们可以得到哪些经验和教训?	引导学生感悟科学的"双刃剑"作用,提升"科学态度与社会责任"的学科核心素养。

　　紧扣课程标准、立足学情分析、结合核心素养的培育,对化学课堂教学内容进行主题重构,能吸引学生在课堂学习中更好地自主学习,从而获取知识、体验学科思想和方法、提升学科核心能力。但是,教学内容的主题重构也有些许不足。比如,对教学内容的主题重构是基于同一主题下相关联内容的整合,难免会遇到一些相关性较弱的知识点因为时间或其他原因无法囊括,这就需要在后续的复习与练习课上及时补充和完善。再如,虽然课前确定好了主题内容,但有时由于思维的扩散性,学生的讨论会偏离主题,这就要求教师在预先的主题重构中周全考虑。教师必须具备课堂掌控能力,在课堂里及时引导和修正,确保教学沿着预设主题不断推进,对于教学内容进行主题重构的探索永远在路上。

6. 悟情明志：课堂教学的情志因素探寻

郭 蓉

进入高中阶段，随着古诗文学习难度的增大，很多学生产生了畏难情绪，甚至出现了以为扫清词句理解的障碍，就似乎已圆满完成解读文本任务的现象。然而，对于优秀文言作品的学习如果最终沦为翻译疏通，那不得不说这是语文教学的悲哀。

高中古诗文教学不应被模式化、表面化的教学形式绑架，语文教师应重视古诗文经典作品中作者情感志趣的意义价值，优化教学内容与教学形式，充分发挥情志的积极作用，引领学生悟情明志，加深对文本的理解与体悟，培养能力，陶冶性情，完善人格塑造，树立积极向上的情感态度价值观并自觉践行。

一、重视古诗文中情志的意义价值

情志，是文本中蕴含的作者的情感志趣，是作家创作的起点，激发创作的灵感，关联作品的构思。对于作品情志的把握如果只是作为一个教学环节存在，会使学生学习流于形式化、表面化、肤浅化，是一种本末倒置。

语文教师首先要自己明悟古诗文中的情志，思索其意义价值对于学生的裨益，在教学中充分合理运用，方能更好地引领学生悟情明志。在教学中重视古诗文中的情志的意义价值，即是强调作品本身思想价值，凸显语文核心素养，突出语文学科的育人价值，结合现今社会高中生学情来看尤为重要。

1. 古诗文中的情志体现了文学作品的思想价值。言为心声，作家心底藏志、胸中生情，诉诸笔端，抒写的是自己真实的人生、真切的感受、真挚的情怀。情志一体，一切外在对于情感的触发，都是基于心中久已有之的思绪、想法、理想、志向，也正是此刻之情与胸中之志在作家笔端的契合，让文本更加动人。经典古诗文作品不仅文辞优美，其内蕴的情志更是中国优秀传统文化的体现,展现的是作家本人的修养、品格、志趣,尤其是奋发向上的情志激励了无数才俊成就人生。在他人意气风发之志的鼓舞、熏陶之下,学生就不仅仅是学习古诗文佳作,更是在继承精神、传承文化、成就自我。

2. 古诗文中的情志凸显了语文学科核心素养。语文教学归根到底是要实现立德树人的目标,进一步提高学生的语文核心素养。根据语文学科的学业质量水平要求,也要求学生具备正确的价值观,有意愿去追求高尚审美情趣以及审美品位。就语文核心素养的特点来看,要突出语文课程的中国特色,就必须注重古诗文的情志因素,让学生吸收传统文化的精华所在。就语文核心素养的内涵来看,在文本学习中强调结合情志感悟,既突出体现了文化传承与理解的要求,又不割裂于语言、思维、审美,可有效避免学生学习认知的单一化、标签化,培养深入解读文本的能力。就语文核心素养的学生主体性要求来看,悟情明志使学生在继承优秀文化的基础上,对于人生自主思考、体验、得出结论,获得正确的价值取向,也避免了灌输性接受社会主义核心价值观,有利于实现自觉践行。[1]

3. 古诗文中的情志切合了当下育人的现实要求。教师教学要知道学生"从哪里来",并正确引领学生"去哪里",既是要掌握学生的学习能力,也包括了解学生的思想状况。而古诗文作品中的奋发情志,对于现今生活在信息时代的学生尤其有启迪鼓舞意义。

当今社会发展变化快,信息纷繁芜杂,新式传播媒介影响力大,高中学生难免缺乏判断力,人云亦云,随波逐流,或偏激片面,或消极浑噩。此外,互联网的蓬勃发展虽然使学生了解这个世界途径更多、获取的信息量也更大,但也会让人封闭在受个人需求支配而逐渐狭隘的小世界里,只关注个人的"小确幸"、小欢喜,缺乏"修身、齐家、治国、平天下"的大胸怀。

因此,在古诗文教学中注意以古人积极向上的情志感染当下的学生,立德树人,是语文教师必须担起的责任。从古人情志中汲取营养,有助于形成正确的思想行为准则,化个人小情怀为家国大情怀,完善学生人格塑造,实现中华优秀传统美德的传承。

二、悟情明志在实际教学中的落实

教师教学不仅要明确学生"从哪里来""到哪里去",更要重视"怎么去"。如果学生

---

[1] 王宁,巢宗祺.普通高中语文课程标准(2017年版)解读[M].北京:高等教育出版社,2018:2—58.

对于文本仅流于表面的翻译，对于文本的解读浅尝辄止，是无法领会古诗文情志的魅力。教师应高效利用课堂教学，组织起真正的浸入式赏读，带领学生深入作家的心灵深处，发现容易被忽视的蕴藏在文本字里行间的情志，取得自己独到的感悟，收获有益于个人发展的阅读经验。

1. 注重悟情明志在教学中引导点拨的细致化。首先，情志无论显隐都应予以细赏。不能因为情志在文本中的显而易见，而忽视分析其内在的丰富性。作者表达也可能比较含蓄，情志隐而不发，更要潜心琢磨，深入文本体味。此时，要重视知人论世，结合写作背景感悟情志。时代相隔再远，作者也是有血有肉的真实的活人，不去了解他的为人、他的生活时代，在赏读时始终会隔一层。其次，教学设计要重视与情志的时时勾连，也必须结合学生实际。根据"缓坡度、高密度、快节奏"课堂教学原则，从班级学生的认知水平、学习能力、思想动态出发，细致挖掘写作内容本身，让学生建立内容的呈现与真实情志息息相关的意识。

2. 注重悟情明志在教学中内涵感知的全面化。根据《普通高中语文课程标准（2017 年版）》要求，要在语文教学中注意弘扬民族精神，树立家国情怀，培养学生热爱祖国、热爱美好生活、积极自信奋发向上的人生态度。[①] 重视古诗文中的情志因素，有助学生完善自我，实现立德树人的根本目标。不过，有了量的积累才能获得质的飞跃，所以要引导学生体悟不同高品质文本中的多种情志，注意思考辨别，领悟传承。例如，读《梦游天姥吟留别》，从李白对自由生活的向往和对权贵的蔑视，感悟到独立意识的重要性，不阿谀奉承，不趋炎附势，也不等于随心所欲。赏陶渊明的《归去来兮辞》，学生收获的不应该是标签化的"远离黑暗官场，不同流合污的高尚品格"，更应该是其田园牧歌式的情思，其卓然世人的松菊之志。同样，左思的《咏史》、陆游的《书愤》让学生明了不能仅关注个人成败，壮志难酬、官场失意，更值得关注的是对于社会问题的反思，对于国家前途的关心。而杜甫的《登楼》中蕴含的对祖国河山的热爱以及对国家必胜的坚定信念，在正值中华民族伟大复兴的当下，也让学生油然生发相同的感受。

3. 注重悟情明志在教学中呈现形式的多样化。悟情明志，不是教学的某一孤立的步骤，不能仅仅作为切入口或突破口，更不是赏鉴作品的终点。古诗文中的情志应作

---

① 中华人民共和国教育部.普通高中语文课程标准（2017 年版）[S].北京：人民教育出版社，2018：2.

为教学的核心,贯穿于教学全部环节,并以多种形式加以呈现。对此,作品品读过程中,教师的有效引导必不可少,要注意点拨重点、突破难点,同时也要因人、因时、因事,组织起多种样式的学习活动。学生个性不同、爱好特长各异,教师要据此设计情志感悟的教学活动。例如,品读与诵读相结合,优质的诵读是对情志的深刻感悟的外化。品读与写作相结合,鼓励善用文字表达的学生写随笔抒感悟。此外,还要注意结合生活,及时根据学生的身边事、社会重要时事,引导学生展开思考,反思人与我,汲取情志滋养,或发起即兴演讲、小组讨论,或指导调查研究、比较归纳。这样,引导学生在品读中理解情志,又以多样化的学习形式内化情志,务必使人人有参与,人人有感悟。

三、悟情明志的课堂案例

强调情志因素的重要性,不是要抛弃文本内容,反而应深入字里行间去体味个中情志。悟情明志,需要教师根据不同文本特点加以点拨,也要培养学生主动感受、深入探究的意识,并形成良好的学习习惯。

例如《〈指南录〉后序》一文,学生甚至不用读文本就能脱口而出作者文天祥至死不渝的爱国之志,但是细思"使来者读之,悲余志焉"一句,怎样让"来者"读出隐没在其经历中的情志,沉浸式受到该情志的熏陶感染,更应成为教学核心。

如学习第二段时,我发现学生往往在概括出"本段叙述了文天祥出使的经历"之后,便认为掌握本段写作内容了。但实质上,本文中处处隐含着作者深挚的爱国情志。于是我紧扣文天祥的情志,设计了一系列问题引导学生细品人物的具体所作所为、所思所想:① 文天祥所处的社会背景如何? ② 他的遭遇是什么? ③ 他的选择是什么? ④ 他的做法基于什么心理?

仔细阅读思考后,学生再就"第二段中如何看出文天祥的爱国之情救国之志?"回答,其品读就更丰满立体了:文天祥初至北营抗辞慷慨,意在使元军不敢轻视,有力地维护了国家形象。在被拘捕后"但欲求死",以维护国家尊严,被挟持北行却又"隐忍以行"只为谋求救国之策。这些行为都基于他忠贞爱国之情志。

接下来学习第三段时,学生关注点也不仅仅集中于文天祥的逃脱路线的梳理,而是更多关注到了种种险恶中文天祥的坚定意志,体味到其忍辱负重、生死一线的一路艰辛,但是爱国之情不渝、爱国之志不变。

以情志理解为本，学生的理解逐渐摆脱标签化，更注重对于文本的解读，也潜移默化地接受了情志的熏陶。

四、有关悟情明志的进一步思考和补充

古诗文的学习不应只是突破阅读的障碍，悟情明志是教学的重要内核，必须充分发挥其对学生能力培养、人格塑造的影响力。

1. 悟情明志，发挥其对于学生能力润物无声的内化作用。 重视悟情明志，不意味着要孤立化理解。古诗文作品中的情志，可能在一开始就能直击读者心灵，激发阅读兴趣，而写作技巧又是作家情志流露的外在表现。那么，结合情志展开的品读，实则有助于学生从内容到手法，全面感受到作者的匠心。以情引读，以志导悟，让学生明了何为文质兼美，综合感受作品的艺术魅力，体会作品的艺术价值，这即是以悟情明志来潜移默化地培养学生古诗文品读能力。

2. 悟情明志，增强学生个人责任感和社会使命感。 作品深挚的情志，还能加深对于人生的理解感悟，反哺学生自身，完善个人情感态度价值观。语文教师首先自己要重视，再加以精心引导、影响，会更加事半功倍。教学应及时联系现实生活实际，让学生不能只是做一个冷眼旁观的阅读者，同时也应及时反思人生，认识当下社会，全面看待问题，形成独立而健全的人格、积极向上的生活态度。遇到现实现象，不妨让学生想象一番如果是这些古代作家再世，他们会作何选择，进而想想当下的"我"需要的是什么，"我"能做的什么。放眼看世界，情关天下人，心立天下志，这才是新时代学生应具备的情怀。

总之，重视古诗文中蕴藏的情志的发掘，是为了提高学生语文核心素养能力，塑造完善人的品格。正如著名教育家陶行知所说，教师责任是"教人做人"，学生的责任是"学习人生之道"。立德树人，任重道远，要充分调动情志的感染力，突出其潜移默化的熏陶作用，让学生在古诗文的学习中悟情明志，修身自省，从而受益终生。

7. 生活引领：课堂教学内容生活化探究

徐　敏

教学内容是实现教学目标的重要载体，也是选择教学方法的重要依据①。基于学校"三问"教学法，"教学内容生活化"要充分结合教材本身，在设立正确教学目标的前提下，为优化教学策略打好地基。

一、"生活引领"在高中地理教学中的意义与价值

地理学科实用性强，基于这一学科特性，"生活引领"的地理教学内容选择在高中地理教学中有着举足轻重的作用。

（一）教学内容生活化利于地理核心素养的落实

地理学科核心素养包含的四个要素。《普通高中地理课程标准（2017 年版）》指出，地理课程旨在使学生具备人地协调观、综合思维、区域认知、地理实践力等地理核心素养②。新版课程标准以此明确了教师教学的大方向，如何确切落实地理核心素养也成了我们必须要面对的课题。新版课程标准中的教学提示，多次出现案例教学法，而这些案例如何选择、从怎样的角度构建和解读案例，就成了能否落实核心素养的关键所在。

（二）教学内容生活化利于体现地理学科价值

中学地理涵盖自然、人文及区域地理知识，而随着当代社会经济发展，全球环境、资源安全等问题日趋严重，无论是建立可持续发展观或是培养学生社会责任感上，地

---

① 赫兴无.地理教学内容选择探析［J］.中学地理教学参考,2016(10)：9.
② 陈红.关注高中新课程改革提升地理核心素养［J］.北京教育（普教版）,2018(7)：77.

理教学都责无旁贷。将地理教学内容生活化，为培养德智体美劳全面发展的社会主义建设者和接班人奠定基础①，进而体现学科价值。

（三）教学内容生活化利于将难点问题易化

地理学科整体区域性、综合性强，这是不可否认的。高中地理教材在编写时大量的去情境化，使得在教学过程中地理学科的理论性和抽象性加强，大大增加了学生的学习难度，降低了学生的学习热情。当生活化的地理内容进入课堂后，学生的学习积极性将大大提高，而原本枯燥乏味的地理原理在学习难度上也会大大降低。

（四）教学内容生活化利于提高课堂效率

学习的兴趣与积极性是学好一门课的主观条件。在地理课堂中教师要从学生熟悉的生活场景入手，通过生活拉近地理和学生的距离。只有让学生认识到地理的实用性以及地理就在身边，才能激起学生学习地理的浓厚兴趣②。

二、"生活引领"式教学的实践操作

在课标的框架下，教学目标的确立要与学情相符合。教学内容案例的选择要符合学情和教学目标。

（一）以地理核心素养为指向，设立适切的教学目标

以地理核心素养为指向来设立教学目标，使学生在学习过程中自然生成，进而培育四大核心素养，以此让他们在未来生活中可以学以致用。

（二）以教学目标为引领，选择生活化的教学内容

教学内容在选择上生活化，并不意味着完全脱离课程标准，舍弃课本内容，而是要以教学目标为引领，将课本上原本枯燥、乏味的知识点从生活现象的角度出发进行演绎，以此提高课堂效率。

1. 由教材入手，深入挖掘生活化素材。即便地理教材在编写过程中存在去情境化的现象，但只要教师有一双善于发现的眼睛，还是可以在教材中找到不少生活化的教学素材。如中图版地理教材高一上册"专栏：上海——水质性缺水城市""专栏：洋流与航运"等。

---

① 中华人民共和国教育部.普通高中地理课程标准(2017 年版)[S].北京：人民教育出版社,2017：1.
② 董会悦.中学地理教育生活化初探[J].学周刊,2016(13)：111.

2. 从学生生活切入，深入简出。地理教学过程并不应该是简单地照本宣科，或者是仅仅关注到学生的成绩，而应该在教学过程中注重学生是否能够用课本知识解决他们生活中的实际问题，进而为他们的终身发展服务。作为一名地理教师，应该善于发现生活中的地理现象，创设生活化的教学情境，引导学生从课堂走进生活。同时鼓励学生结合自身的生活经历，自己发现生活中的地理问题，并用课本上学到的地理知识进行解答。如"膨化食品包装袋到了高海拔处涨袋严重的原因"、"上海为何成为台风结界区"等。又比如时常会有学生在学习月相之后将自己拍摄的月相景观图发至各种网络平台，"炫耀"自己的地理知识储备。当学生能把生活和所学知识相结合，那么在课堂上教师只要适当利用这些生活情境，既能激发学生的学习兴趣，课堂效率自然也会有所提升，学生的成绩也会相应提高。

3. 引入热点话题，引起学生共鸣与思考。当代学生获取知识的途径早已不局限于课本及老师，他们的信息储备量在某种情况下甚至可能会多于老师。要想地理课堂生活化，仅仅只用课本上的案例已经不能满足学生的需求。因此作为一名教师，应当及时关注时事热点，做好素材积累，在课堂上方可有备无患，并且克服教材内容多年不改，内容老旧的问题。同时，用时下最为关注的热点话题与学生进行探讨，拉近师生关系，开阔学生视野。

（三）以学生学情为参照，科学选择教学策略

高一合格考学生的学情和高二等级考学生的学情不同，同一年级班与班之间的学情也有所不同，同一个班级内不同的学生学情也不尽相同。学情分析与教学策略的精确选择为教学目标的切实落地保驾护航。

高一学生在进入高中之后就面临整个高中阶段最为抽象的知识点——地球运动。该知识点难度大、对于学生逻辑想象要求高、空间感要强。高一学生对地理学习"荒废"已久，空间想象、思维能力参差不齐，联系生活实际的能力也有一定的差距。因此为了培养学生的综合能力，在实际课堂教学中一般在多媒体视频、动画演示、模拟实验等教学方式的辅助下，结合生活，以讲解法对学生进行教学，并通过练习进行巩固。

同一知识点在对高二等级考学生教学时，教法则有所不同。高二等级考学生已有高一的学习基础，并且随着其他学科的学习，空间想象、综合思维能力有所提高。因此在对该知识点教学时，学生自行根据教师提供的学案对该内容进行知识梳理，找出自己尚未掌握的部分，并完成教师提供的调查问卷。教师则结合调查问卷，在课堂上对

大部分同学存疑的内容进行整班复习,再辅以练习进行巩固。少部分同学的知识盲区则在课后以答疑形式,进行单独辅导,以此提高整体的课堂效率,节省有限的课堂时间。

三、"生活引领"的案例与分析

案例一：中图版地理教材专题5"板块运动——地震"

在授课前,要求学生搜集近半年世界各地发生的地震,并撰写地震案例(包括发生地点、时间、震级、震源深度、烈度,等等)。在授课时引导学生从板块构造学说的角度分析案例中的地震成因、从影响地震烈度的因素角度展开分析等。通过小组讨论的形式,由学生制定相应的防灾减灾措施,最后以小组为单位分享一份以"地震"为主题的宣传小报。

搜集近半年世界各地发生的地震信息,将生活中的时事热点话题与理论知识相结合,教学案例与时俱进,提高学生学习兴趣。以小组讨论的形式,结合生活实际,制定防灾减灾措施,促进学生对问题的进一步思考。中国作为一个地震多发国家,学生以"地震"为题的宣传小报既提高了学生对区域的认知,又提升了他们的地理实践力,还可以用知识指导生活。

案例二：中图版地理教材专题9"行星风系——热力环流"

在导入过程中,借助学生的生活经验进行提问"公交车中冷暖空调分别装在哪个位置？并解释原因"。接着由学生自己表达看法,再根据教师的引导得出结论,并引出该课课题——热力环流。在海陆风的新课教学环节,引导学生用地理知识解决生活中的实际问题——"假设某位同学去海边,想要拍摄海风吹拂秀发的画面,那她应该什么时候去？如何站才比较合适呢？并画出热力环流模式图"。最后再由教师对海陆风的形成原因进行归纳总结。

在这一内容的教学过程中,从学生的生活出发再到回归学生生活,最后落实到核心知识点。深入浅出地将课本中思考与实践中的问题进行落实，用理论知识指导实践，活跃课堂氛围之余，也能落实学科核心素养中的地理实践力。

四、"生活引领"的反思与提示

"学习对学生终生发展有用的地理"是最新版课程标准提出的指导性思想，随着核心素养的推进与落实，以及即将推行的新版统编教材，越来越多的教师已经将自己的教学内容生活化，同时也带给我们一些启示。

1. 教学内容生活化不一定就能提高学生学习兴趣。 不少学生在现今高考教育体制下一味追求成绩被迫放弃"生活"，缺少对生活的关注。因此，有时看似适切的生活化教学内容并不一定就能够提高学生的学习兴趣，有时甚至可能会起到反效果。如何应对这一问题，就需要教师能够及时对自己的教学内容以及策略进行调整。

2. 教学内容生活化有时流于形式。 良好的课堂导入可以提高教学质量，不少教师运用生活化的教学内容创设生活情境，但仅仅作为情境应用。或者只是在公开课时大量采取生活化的教学内容，而鲜见于日常教学之中。亦或者生活化的教学内容陈旧、老套，并未与时俱进，这都使得"生活引领"的教学内容显得流于形式。因此，适时积累教学素材、做好学情分析、及时对教学内容进行更新，将教学内容生活化贯穿教师整体课堂势在必行。

生活中的诸多现象等待着我们用地理的眼光进行挖掘，将生活与课堂有机结合，切实落实地理核心素养，那么"生活引领"的地理教学内容在一定程度上也会获得成功。

8. 因境升华：教学内容的确定与生成

徐丽华

作文教学是中学语文教学的重要内容,而目前的中学语文教学在作文的教学目标上是有阶段目标的。初中的语文教学完成的是以记叙文为主的作文教学目标要求,而高中语文作文教学目标的完成是以议论文为主的作文教学目标。所以初、高中作文的衔接教学就显得尤其重要。

高一的作文教学内容的确定,在整个高中作文教学中是十分关键的。我们知道要完成学生从初中写作的模式,向高中写作目标的提升,对高中教师的作文教学是一个巨大的挑战。同时,高中教材中对作文的具体教学过程和线索指导不是很明确,在这种情况下,确定具体作文教学内容的重任落在了教师身上。究竟如何让学生能顺利地完成好初、高中作文学习的华丽转身,是我在高一语文教学中研究探讨的重中之重。此外,高中语文教材也进行了革新,上海从 2019 级高一开始使用了部编版语文教材,因此依据新教材确定作文教学内容势在必行。

同时,随着近几年高中语文教学领域对任务驱动型作文的进一步探究,任务驱动型作文呈现出了新的命题趋势和特点。作文的任务指令更强调从贴近社会生活实际情境的角度,通过真实情境辨析,引发学生思考、激发起写作欲望。随着我国新一轮教育综合改革的全面展开,基于情境理论的教学设计在作文方面尤其能凸显其价值。根据《普通高中语文课程标准(2017 年版)》指出：考试、测评应以具体的情境为载体,以典型任务为主要内容①,并把语文活动情境明确分为"个人体验情境""社会生活情境""学科认知情境"三种。"个人体验情境"指向学生个体独自开展的语文实践活动,如在

---

① 中华人民共和国教育部.普通高中语文课程标准(2017 年版)[S].北京：人民教育出版社,2018：48.

文学作品阅读中体验丰富的情感,尝试不同的阅读方法以及创作文学作品等。"社会生活情境"指向校内外具体的社会生活,强调学生在具体生活场景中开展的语文实践活动,强调情境的真实性,意在考查学生个体以社会人身份,与世界、与他人的交流,强调语文实践活动过程中的角色感。其中"说理"是公共领域的重要交往方式之一,以促进相互理解为目的。"说"是表达、言说的意思。"理"是一个时代共同的价值观,也是一个领域的规则等。"学科认知情境"指向个体借助学科思维多角度地寻求答案,解决与学科内容有关的问题,并在此过程中发展学科认知能力。[①] 基于上述认识,我们发现在语文教学的各个方面都有"情境"的存在,有社会生活的大环境,有学生学习的环境,还有学生与教材的情境,在教学方面需要根据这些情境开展高一语文写作教学,达到"因境"确定教学内容,实现学生在高一作文写作上的转变与提升。笔者把自己在初、高中作文衔接教学探索中的一些做法、想法在这里进行深入地探讨。

一、根据教学的各种情境,实现高一新教材作文教学内容的确定

(一)根据语文高考要求的情境确定作文教学内容

高考的作文命题这些年多为材料作文,高中生在写作时可以从不同的层面和角度思考,提供了更多的角度立意,更体现了学生的思维的水平和能力。上海的高考命题呼应了全国卷的"任务驱动型作文"的潮流,直接将具有生活广泛性的道理抽象出来,如2016年的"评价他人的生活"、2017年的"预测"、2018年的"需要和被需要"、2019年的"中国味",作文材料不同,引发的任务自然不同。但这些高考的作文命题都引导学生通过独立思考,写出观点鲜明、逻辑严密、表达理性的文章。现在的高中作文教学也指向关注内心世界,倡导理性分析,让学生对某种问题或现实生活等进行思辨,引发富有价值的思考,构成独到的发现,表达深刻的感受。因此,我们必须让学生思考:这个材料讨论的是什么问题? 它解决的情境是什么? 而彰显这些目标的能力,主要还是要通过议论文的表达来得以实现。因此,从高一开始我们的作文教学就是在理性的前提下给学生构建一个思辨生活和人生的平台,引导学生感悟生活,直面人生。

(二)根据高中学生学习能力的情境确定教学内容

由于学生习惯了初中记叙文的写作,如果在高一立即让学生写议论文,学生会一

---

① 王木森.新高考语文试题"情景化"对现代文教学的启示[J].中学语文教学,2019(12).

下子无法适应。因此我们在高一时，让学生先写夹叙夹议的作文。高一第一篇作文是他们熟悉的命题作文，我以"喝彩"为题，让学生写夹叙夹议的作文，通过记叙一些初中值得称赞的人物事件，并在这些人物事件的基础上围绕主题展开议论抒情，学生在初中阅读和写作的积累的情况下，写作时也比较得心应手。但学生在写作时也留下了不足的地方，大多数学生对"喝彩"有一定的理解，并对喝彩的事件也有比较新颖的事例来叙写，但只叙述一个事件，而且文章写得十分具体，通过语言描写、细节描写和侧面描写等等，各种手法都用在自己的作文中，而叙写事件的语言过于的啰嗦，议论也经常浮于表面，事件和议论往往脱离，不够具有力度。所以，鉴于我们高一的学生的认知水平和思想的成熟水平还不能达到比较全面和有层次地议论表达，我们还要结合学生的实际情况，给予他们对一些问题和现象的切身的感受，才能激发他们对议论的重视。

（三）根据新教材的单元主题情境确定教学内容

根据高一新教材，我们高一第一单元的单元主题是"青春"，单元里收录了毛泽东的《沁园春·长沙》、茹志娟的《百合花》、闻一多的《红烛》等，考虑到学生对于单元中课文的学习与把握，我构想了一个《青春的梦想》的作文题。学生在看到青年毛泽东心怀天下的壮志，理解了战争中的青年小战士的真善美，懂得了闻一多为了自己的理想，要像红烛一样燃烧自己的奉献精神，学生在学习过程中就积累了有关"青春与立志"这一主题的相关内容。根据新教材的单元主题，我适时地组织学生挖掘自己的青春梦想。

（四）根据学生在高中的实际学习情境确定教学内容

高考作文命题的"情境性"设计，主要体现在创设出一个相对真实的情境场景和比较明确的问题要求，让学生通过写作提出解决问题的想法和方案。学生在高中的学习过程，就是一个个情境，我们在教材的学习过程中，在学生的初、高中衔接教学过程中，在学生的高一人生成长过程中，这些情境一直会给我们教学内容提供很好的情境与问题，我们随着具体情境，开展高一的作文教学，并确定适合学生的作文教学内容。

笔者在高一新教材《反对八股文》这篇文章的教学过程中，让学生深入地理解这篇议论文的写作思路、写作手法，并让学生明确《反对八股文》中涉及解决的实际问题。从面对问题、分析问题、解决问题的思路进行论述，学生也学习到了议论文写作的思路，同时我也重点把这篇课文的比喻论证与学生一起做了探讨，学生在对这篇议论文的学习过程中，收获了一些对自己议论文写作的启示。接着我就布置给学生一项任务，学习毛泽东的这篇议论文的说理思路和论证方法，写一篇议论文。学生在自己的作文中体现了议论文的说理的清晰性和论证方法的多样性。此外，我还结合任教两个班的不同学习情意，设计了针对性的作文题目。我考虑到有一个班级的学生平时比较懒散，布置了一篇有关《行动力》的作文，而另一个班，我在与一名同学探讨他的学习态度时，我们涉及一个有关自信的问题探讨，所以在那个班级我让学生写一篇《说自信》的议论文。学生们在各自的班级群体中发现了问题和现象，我们通过对现实现象的思考和探讨，让学生各抒己见，学生们确实通过自己的论述，表达了自己的观点。

二、新教材作文教学内容的确定，实现高一学生作文的升华

综合以上各种情境，我们在高一阶段成功"开启"了他们的议论文写作技能。针对高一学生在初、高中阶段的生活实践，我们让学生发表对平庸的看法，是不甘于平庸，还是消极地接受平庸，我们做了激烈的讨论，最后写下自己的观点和支持观点的缘由，学生很自然地写出自己在这个阶段对于平庸的各自理解，各自所持的对平庸的看法，注重探讨为什么不甘平庸的思考。通过这些教学的过程，让学生认识到议论文的说服力和魅力。紧接其后，我针对高一第六单元的《我与地坛》《赤壁赋》等人生遭遇重大挫折的单元主题，结合学生在适应高中学习中的遇到的困难，以及在家庭与社会中遭遇困难，设计了作文题《遇见困难》。学生在思考这一作文题时，进一步思考了面对困难时的态度和行动，大部分同学提出了自己在面对困难时，应该如何思考、如何应对。在这样的作文教学中既训练了学生从不同思维角度论说的能力，还让学生简捷地认识了高中议论文的内在思维过程。

下面我就通过分享两个学生议论的片段，展现他们在议论文写作上的成长。

学生习作1：

《不甘平庸》的议论片段：不甘平庸是一种积极向上的精神力量，而甘于平庸则是对现实的逃避。没有哪个成功的人士是甘于平庸的。瓦特没有受过良好的教育，原本只是一个普通的钟表工人，按常理他应该庸庸碌碌地度过一生，但瓦特却不甘平庸，通过无数次实验成功改变了原来的蒸汽机。不甘平庸的人才会为了自己的目标而努力，而那些甘于平庸的人却没有面对自己理想的勇气。

学生习作2：

《遇见挫折》的议论片段：网上常有鸡汤说，遇见挫折要越挫越勇，站起来面对它，这话当然没错。但是有些人对此有一些误解，并不是说遇见挫折时你不会被打击，也不是让你忽略或禁止内心发出的挫折带来的痛苦。若是强行禁止自己还未曾认清，就淹没了自己的真实的过错，倒可以说是一种逃避，所以应做的是在痛苦中尽力去认清问题的来源，当认清了问题，挫折带来的痛苦也会减轻一些。这时候再带着挫折给你带来的力气站起来重振旗鼓。就像李清照，春来花烂漫，秋至月如霜，虽然她后期的词作都带着忧与愁，洗尽铅华，但是她的词更动人，更成熟了。又如鲁滨逊靠着自己的双手，独战孤岛后成为富翁，并有了美满的家庭。

这篇《不甘平庸》的文章，对于高一学生来说，能有条不紊地阐述自己对平庸的想法，通过运用了对比说理，思路清晰，很好地回答了为什么"不甘平庸"的问题。而《遇见挫折》的这篇学生习作思路清晰，有对挫折比较深刻的理解，回答了"遇见挫折"，该怎么做。可见，学生在高一的写作教学下，思维水平也得到了比较大的提升。

总之，根据情境而设的作文教学，实现高一作文教学成果的升华。在作文教学的过程中，我们根据学生的学情情境、新教材的主题内容指向、学生在高一的实际学习情境、高考标准等情境的要求，"因境升华"实现了学生写作水平转变与提升的目标，让学生在初、高中衔接与新教材的双重要求下，完成写作思维的转变。

第八章

优化教学方法

　　优化教学方法是学情精准分析和教学目标达成的桥梁。教师应根据学情、教学目标、教材内容、学科特征、自身优势等因素，在教学过程中进行主题突出、目标明确、形式多样的教学方法实践，不断优化教学方法，提升教学效果。优化教学方法既是对学情是否精准把握的有效试验，也是对教学目标能否达成的宝贵探索。

　　教学方法包括教师的教法和学生的学法两个方面，两者互为一体，互相影响。在现代课堂教学中，我们坚持"以学习为中心"，不断优化教学方法，努力追求并创设出具有学习策略科学、教学节奏适当、教学环节均衡等特征的课堂。

　　优化教学方法在整个教学过程中地位突出，是学情精准分析和教学目标达成的桥梁，据此，我们认为教学方法的优化需要依据以下几点原则：1.依据学情分析进行优化。2.依据教学目标进行优化。3.依据教材内容的特点进行优化。除此之外，教师还需根据学科特征、自身优势等因素，在教学过程中进行主题突出、目标明确、形式多样的教学方法实践，在不断探索中优化教学方法，提升教学效果，以便为各学科的教学方法研究提供理论方面的宝贵经验和操作方面的有效指导。有的教师在教学中注重指导学生选择适切的学习策略，促进学生思维能力的发展；有的老师尝试以不同的教学方法激发学生的学习主动性，如通过创设具体的学习情境，引领学生逐渐进入状态，并在课堂上给予学生充分的"读、想、讲、练"的机会，让学生意识到自己的学习主体地位；有的教师则注重有效把控教学节奏，合理把握、积极调控课堂教学节奏，调动学习者的学习兴趣与热情，强化学习效果。这些教学手段和措施都是优化教学方法的具体体现，虽然有些仅仅是初步的、不成熟的尝试，但都对教学方法优化的再探索、再实践起到重要的奠基作用。

　　"以学习为中心"，不断优化教学方法有助于老师们总结教学经验、弥补教学遗憾、提升教学能力，更有利于形成学生学习主动性、培养学生学习能力、促成学生成长，是提升教学效果的重要手段，更是教师和学生共同进步的重要途径。在教学过程中，优化教学方法既是对学情是否精准把握的有效试验，也是对教学目标能否达成的宝贵探索。

（赵翀）

1.双轨并进：基于学科综合素养培育的教学策略

汤俊彪

"生活是学生最好的学习课堂"。以生活情境作为课堂思维教学的线索，学科所蕴含的知识原理从实际生活的角度出发，注重与生活的联系，能吸引学生关注，让学生感受地理的魅力，促进师生互动，提高课堂效率。

"技术改变生活"。"一支粉笔、一节课"的传统课堂已经无法满足现代地理课堂教学的需求，时下已经有很多媒体、软件，能服务于地理课堂教学，学生更希望通过实践，运用信息技术来获取新知。

生活是载体，技术是手段，思维能力是发展的核心。单纯地落实素养的培养，会导致课堂枯燥乏味，针对学生日益增长的需求，笔者尝试在教学中，将生活情境、APP技术在教与学的过程中有机融合，从而使地理课堂教学趋向高效并落实综合思维培养。

一、创设情境，生活引领课堂

情境教学是一种以学生的生活知识为基础，根据课堂教学的目标，让学生在体验中学习的教学方法。

同时地理学科的基本理念之一就是培养学生必备的地理学科核心素养。而生活又是学生最好的导师，一切源自于生活，一切又服务于生活。因此，教学时我们应该做到：

（一）更新理念，重塑观念

很多教师并没有完全摆脱"一言堂"的知识灌输的传统教学模式，"以教师为主的本位主义"仍旧是课堂教学的固有观念，想要从根本上改变教学方式，促进地理课堂改革，以更新观念为首要。基于生活情境的教学，是破旧立新的关键，是一条崭新的思路。"根据不同的地理情境进行不同的教学策略，教师结合地理学科的特点，并经过整合精炼，融入到地理课堂。让学生用自身的生活经验，了解学习内容，使学生的心理机能得到发展的教学方法"。[①]

(二) 关注生活，实现融合

高中地理教材中的很多知识点都和生活有着密切的联系，而"生活中的地理具有贴近学生生活世界与精神世界、引导学生应用知识于实际生活实践、内容的鲜活性与差异性三大优势"[②]，教师要善于把握知识内容，结合学生的生活经验和经历，进行重组或整合，有助于促进学生对于地理的认识，有助于帮助学生生存和决策能力的提升，促进学生综合思维的生成。

(三) 创新情境，优化教学

学习贴近生活的地理是新课标的基本理念。奥运会就是其中一项，根据学生的学情，笔者以"奥运之旅"作为课堂情境主线，与"世界气候类型"这一节课进行有效融合，整节课分为东京奥运和北京冬奥两大活动，通过东京、新潟、北京、上海等城市气候数据的对比，了解气候的两大要素，判断气候类型、气候特征以及气候成因。运用课堂所学的知识，从气候的角度对温哥华、索契、平昌三地主办冬奥会的合理性进行分析，归纳影响气候的主要因素，总结出举办冬奥会城市的必要自然条件。并在课堂的最后运用课堂所学知识，分析国际足球联合会卡塔尔锦标赛在 2022 年当地冬季举办的气候原因，将原本抽象、乏味、枯燥的内容变得具象化、生活化和兴趣化，有效地优化课堂教学。

二、巧用技术，APP 突破重点

在《世界气候类型》这节课中运用"MeteoEarth"APP，主要通过对地图的阅读，比较两地地理位置的差异性，辨析东京冬季气温高于新潟的原因；通过阅读地形图、风向图叠加，推断新潟冬季降水量多于东京的原因；通过地图、气候统计图表、地形图、风向图等多图的图层叠加，从自然地理要素的角度，分析 2022 年北京举办冬奥会的合理性；通

---

① 赵芳芳.基于地理核心素养的初中地理情境教学研究[D].石家庄：河北师范大学,2018.
② 姚伟国.让地理课堂走进生活的探讨[J].地理教学,2012(11)：12—14.

过地图定位韩国平昌、俄罗斯索契、加拿大温哥华的地理位置,通过软件生成的气温曲线和降水量柱状图,判断三地所属的气候类型,通过地形图,推断三地承办冬奥的原因。

（一）信息全面,内容充实,有实效性

"MeteoEarth"APP教学资源特点在于形式丰富多样,画质清晰,阅读应用既清楚又轻松;从全球角度到局部地区城市方位,在较大的空间尺度跨度下,平台的每一项功能,尤其是天气要素（主要包括气温、降水、云系、风向和风力、台风等压线等天气或气象）的现象分布都直观可见。

通过点击城市定位获取气候数据,可以获取绝大部分城市的气候状况,包括气温曲线和降水总量柱状图、降水天数柱状图等,此外当地的地方时和详细的地理位置定位都可以通过要素选取一一呈现。通过APP自带的大数据平台,实现数据实时更新,体现了APP软件的生活性和科学性,将真实生活和科学研究融为一体,激发学习兴趣,理解地理学科的生活化和实用性。

（二）目标明确,对象清晰,有针对性

"MeteoEarth"APP的地理教学资源繁多,但也有倾向性,体现其较强的针对性。课堂教学中,运用"MeteoEarth"APP突破重点和难点,帮助学生快速的找到城市的地理位置,通过读图判断气候类型并推断气候成因。

课后,让学生自主使用APP软件,合作探究学习,学生发现了实施数据和理论数据存在一定的差异性,通过教师的引导和解释,得出结论,感受地理学科的综合性和时空差异性。

在"MeteoEarth"辅助下,生生合作探究、师生互动学习效果良好,并且将教材与现实生活相结合,体现了地理的核心素养,极大地提高了学生的学习兴趣。气候是高中阶段的"重点、难点和失分点",通过APP的使用,运用信息技术辅助教学,将原本抽象、乏味、枯燥的内容变得具象化、生活化和兴趣化。

三、教学并进,双轨培养思维

综合思维是地理学基本的思维方式,指人全面、系统、动态地认识地理事物和现象的思维品质和能力。[①] 因此在这节课中,笔者以培养思维为主旨,突出重点原理,采用

---

① 韦志榕.与老师们谈谈地理核心素养[J].地理教育.2016(4)：32.

情境引领教学和信息技术辅助的教学方法，强化学生学习能力，通过思维风暴的形式，推动缓坡度、快节奏和高密度的课堂教学。

（一）结合生活情境，理清因果，归纳演绎思维

地理课堂需要知识情境化、情境问题化、问题任务化、任务活动化和活动思维化。地理环境本来就具有整体性的特征，要素与要素之间相互作用、相互影响。在分析问题的时候，需要缕清所有地理要素、以及要素之间的因果关系。[①] 这就要做到两点，一是基本点要全面。不能单点结构，需要并列结构，不仅是并列，更需要关联。罗列知识点，并不能反映要素之间的相互关系，必须要有关联性的语句，把要素之间的关联体现出来。二是分析原因不能一层。需要进一步再下一层，要挖掘原因背后的原因，明确因果逻辑关系。

（二）运用教学手段，贯穿时空，构建区域思维

地理学科的特点就是时间性和空间性的有机结合，"MeteoEarth"APP 中兼备了这一地理学科基本思想，全球不同地区，天气状况、气候要素都能一一体现；时间维度上，可以根据需求手动调整时间节点，选择日变化、月变化和年变化；在空间尺度上，可以按需在 2D 和 3D 界面随时切换，扩大和缩小地图比例尺来选择不同的画幅和区域，点面结合。对于显示的地理环境要素，可以按需单选，用于分析变化；在地理特征归纳时，还可以同时多选要素，通过图层叠加来推理要素之间的影响关系，体现区域性特征。

（三）注重师生配合，双管齐下，培养综合思维

在课堂教学中，无论是教师脱离学生，还是学生脱离教师，都无法保障良好的教学效果。教学，即教与学，两者缺一不可。用生活情境来引领课题主线，虽是教师"教"的一种方法，但其最终的目的是通过贴近学生生活的事例，来激发学生的兴趣，提升学生的主观能动性和求知欲，从而促进学生更好地"学"；教师借助 APP 技术辅助教学，从表相看是"教"，然而却给学生的"学"提供了又一条途径。学生可通过 APP 实践操作，搜索、阅读、辨析、解释不同的知识原理，将抽象的事物具象化，从而归纳现象与本质之间的潜在联系，地理学科的综合思维在潜移默化中得到了有效的培养。

---

① 教育部基础教育课程教材专家工作委员会.普通高中地理课程标准(2017 版)解读[M].北京：高等教育出版社,2018：6.

　　对于教师而言,以创设情境为主线,贴近学生生活,符合学生认知基础,课堂教学缓坡度;以运用技术为手段,提炼图文材料,丰富学生学习过程,信息辅助教与学,实现教学内容高密度;以培养思维为主旨,突出重点原理,强化学生学习能力,思维风暴快节奏。对学生而言,结合生活实际探索地理未知,提升求知欲;运用信息技术解释地理原理,实践出真知,落实学习行动力;"生活情境"与"APP 技术"的"双轨并进",让学生不仅能够感受到气候的差异,更能让学生关注到生活中不同的气候特征,寓教于学、寓学于用的同时,有效地解决生活问题,落实地理学科的核心任务"对于学生地理核心素养的培养",培养学生的综合思维。

2. 殊途同归：基于核心素养的课堂教学策略

邓婉婷

上海市第六十中学的课程教学改革始终关注研究文化的培育，在推动学科个性化优势发展的过程中，形成"三问"教学法，三个环节关联循环，螺旋式提升。因此，教学策略成为实现从"哪里来"即教学起点到"哪里去"即教学目标之间的重要一环，是教学从"此岸"到"彼岸"的桥梁。

基于对上海中学历史教材、中学生的历史学习基础，常见困难等情况的分析和历史核心素养的认知和落实，笔者在教学实践中进行了一系列教学策略的研究和实践，希望能寻得有关课堂教学策略设计和实施的一些有效做法。

一、对"此岸"即教学起点与"彼岸"即教学目标的认知

"教无定法，贵在得法"，教学策略的设计需要追求教学的有效性，而这就必须基于对高中历史现行统编教材、高中学生的情况和历史学科核心素养的解读和分析，这是设计教学策略的重要依据。

(一) 统编教材的体例和内容特点

从 2019 年起，上海高一学生开始使用教育部组织编写的统编教材《中外历史纲要》(2019 年版)，分上下两册。统编教材是以通史的叙事框架，展示中国历史和世界历史发展的基本过程，一共包含 24 个专题，是高中学习的基本内容。就已经在使用的《中外历史纲要》(上册)来看，教材以唯物史观为指导，展现中国自古代农耕文明的发轫再到经历近代救亡图存的探索，最后确立了社会主义制度，进而探索形成具有中国特色社会主义制度的强国之路的历史进程。课程内容丰富详实，但同时在一个学期内要完成如此大跨度的教学的确是对师生的巨大挑战。

（二）高中学生的特征

高中学生正处于生长的青春期，是生理和心理都发生巨大变化的一个时期。就生理来说，身体的快速成长，在此基础上，他们记忆能力、演绎能力和逻辑推理能力都有了极大提升，有了进入较为复杂和深刻的学科探究学习的能力基础。他们的人生观和世界观也正在形成，需要有正确的价值观的引导。同时，他们在初中已经完成了基本的中外历史基本概要的学习，具备一定的历史认知的基础。但同时，现在高中生在心理上会排斥传统的说教，排斥权威的束缚。而在学习上，进入高一后，学习的科目和要求较初中有了很大的提高，学业负担更重了，能花在阅读和思考的时间相对减少。

（三）历史学科核心素养的解读和认知

我国普通高中教育是在义务教育的基础上，进一步促进学生的全面发展，为之后其进入接受高等教育或进入社会生活或职业发展等奠定基础。为此，各个学科都提出了各自的核心素养，即关注学生在学科课程学习中收获正确的价值观、必备品格和关键能力。在此背景下，历史学科也提出了自己的五大核心素养，即唯物史观、时空观念、史料实证、历史解释和家国情怀。唯物史观是历史学科核心素养的灵魂；时空观念是历史学科核心素养的基础；史料实证历史学科的学习方法；历史解释是历史学科核心素养的综合体现；家国情怀是历史学科核心素养的人文追求和责任担当。五大素养"五位一体"，构建起历史学科关键能力和必备品格。

二、搭建起"此岸"与"彼岸"的"桥梁"

基于对统编教材、高中学生和历史学科核心素养的解读和分析，在教学策略的设计上就需要老师多关注教材的特点，学生的学情以及学科核心素养的达成。

（一）善用地图，具化时空历史演变

时空观念是历史学习的基础，任何历史事件都是在一定的时间和空间之下发生的。课程标准中对时空观念的要求之一就是要求学生能够按照时间顺序和空间要素，建构历史事件、历史人物、历史现象之间的相互关联；能够在不同的时空框架下对史实作出合理解释[①]。以下以德国的四幅地图为例，来谈谈如何利用地图来构建历史事件之间的关联并对出作出合理的解释。

[①] 徐蓝，朱汉国.普通高中历史课程标准(2017 年版)解读[M].北京：高等教育出版社，2018.

（1）将德国地图进行排序。（2 分）

（2）你如何理解德国历史上版图的变化。（12 分）

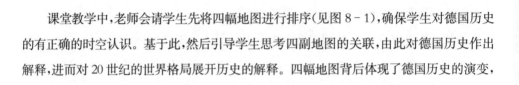

　　课堂教学中,老师会请学生先将四幅地图进行排序(见图 8-1),确保学生对德国历史的有正确的时空认识。基于此,然后引导学生思考四副地图的关联,由此对德国历史作出解释,进而对 20 世纪的世界格局展开历史的解释。四幅地图背后体现了德国历史的演变,也是世界格局自 19 世纪末形成资本主义世界体系到 20 世纪走向结构与重构的历程。

（二）善用图像史料,多角度解释历史

　　历史解释体现的是历史学的阐释学属性,是历史学科核心素养的综合体现。它要求依据一定的历史观和价值观,按照一定的表述原则和表述方法,对零散、杂乱、众多的史料进行编排、采撰,勾画出人类社会变迁的过程①。简而言之,历史解释是基于史料的对历史的诠释和评价。图像史料是一种重要的历史史料,形象直观,但因为没有文字的直接描述,对于学生的观察力要求较高,而学生是否能多角度去观察图像也决定学生基于图像所得出的历史解释是否足够全面和客观。以下以一组选自英国相当流行的讽刺杂志叫做"PUNCH"在 1894 年出版的甲午战争漫画来谈谈如何提取图像史料信息来获取历史解释。

一组有关甲午战争的漫画(图 8-1)

隔岸观火　　　　　打败巨人的孩童　　　　婴孩现象

图 8-1

---

① 徐蓝,朱汉国.普通高中历史课程标准(2017 年版)解读[M].北京：高等教育出版社,2018.

(1) 这一组漫画中有哪些角色？

(2) 这一组有关甲午战争的历史漫画有何寓意？

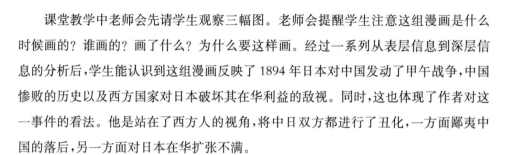

　　课堂教学中老师会先请学生观察三幅图。老师会提醒学生注意这组漫画是什么时候画的？谁画的？画了什么？为什么要这样画。经过一系列从表层信息到深层信息的分析后,学生能认识到这组漫画反映了1894年日本对中国发动了甲午战争,中国惨败的历史以及西方国家对日本破坏其在华利益的敌视。同时,这也体现了作者对这一事件的看法。他是站在了西方人的视角,将中日双方都进行了丑化,一方面鄙夷中国的落后,另一方面对日本在华扩张不满。

（三）叙史见人,浸润家国情怀

　　家国情怀是历史学科作为人文学科所承载的培养学生价值观素养的责任所在。在当前,家国情怀具体表现为1. 弘扬中华民族的民族精神,并具备宽广的国际视野。2. 增进以改革创新为核心的时代精神。3. 努力维护人类社会正义、基本伦理、人与人相互友爱、国与国和睦相处等基本的价值准则①。要培养学生这样的家国情怀,讲历史故事是一种很好的方法。而怎么让故事所承载的精神价值走进学生的心里,转化为人生观和世界观的一部分,叙事见人一大关键。以下以广州起义(黄花岗起义)中林觉民的一封家书为例来谈谈如何做到叙史见人。

　　林觉民1887年出生在福建闽县(如今福州),家境殷实。13岁参加科举考试,在考卷上题了"少年不望万户侯"七个大字,扬长而去。14岁时,考入全闽大学堂(今福州一中),开始接受民主革命思想,推崇自由平等学说。1907年,去日本留学,攻读哲学,并擅长日文、英文、德文,可谓青年才俊,大有一番作为。在日本,他加入同盟会,积极参加革命。1911年3月,广州响起了一阵密集的枪声,林觉民年轻的生命就停留在了这一时刻。临刑前,他为自己年轻的妻子留下了一封信,这就是很有名的《与妻书》："吾充吾爱汝之

① 徐蓝,朱汉国.普通高中历史课程标准(2017年版)解读［M］.北京：高等教育出版社,2018.

心，助天下人爱其所爱，所以敢先汝而死，不顾汝也。汝体吾此心，于啼泣之余，亦以天下人为念，当亦乐牺牲吾身与汝身之福利，为天下人谋永福也。汝其勿悲！"

讲完了这个故事，老师提问学生："林觉民只活了短短的 34 年，难道他不留恋生命吗？"学生在这个故事中，看到了是在 19 世纪末 20 世纪初，中国民族危机空前的时代背景下，一位爱国青年的成长的历程。他一方面潜心求学，另一方面更关心国事。他为国家舍弃了"小家"，为大众牺牲了"小我"。这种个人的抉择却是中国自古来有之的"先天下之忧而忧""后天下之乐而乐"的历史的体现，林觉民的故事将家国情怀具象化，走进学生的心中。

三、容易出现的误区

正如标题所言，教学策略设计是"殊途同归"，在指向学科核心素养落实的目标指引下，教学策略的设计过程要基于教学的对象，教材内容、教学的目标和教师自身的素养，多方面去考虑设计，追求教学有效性的最大化。以下这些误区是我们的教师需要注意的。

（一）教学策略设计围绕教学内容，忽视了"设计"学生

教学策略设计是为了达成教学的有效性。学生在学习过程中的体验和思维的收获应该是判断教学有效性的重要指标。"从根本上说，中学历史学科的课程目标是要让学生通过历史学习认识生存现状，不是为了学习历史专业知识而是为了提高生存智慧，不是为了了解过去而是为了开拓未来"。[1] 教学策略的设计过程中，老师要预设在教学过程中学生可能会有怎样的反映，并因此而做好相应的设计方案。特别是在课堂教学中，学生提出了一些老师之前没有想到过的一些观点和看法，不要因为和自己的教学设计相冲突就轻易否定或忽视，而是能根据学生的基础和需求来展开教学活动。有的时候激发学生去思考和表达，比完成教学知识本身的传授更有价值。

（二）教学策略设计依托史料，容易过分依赖史料而不作鉴别

历史课堂的教学是要依托于史料的。教师在教学策略设计中一定会涉及史料的

---

[1] 聂幼犁.历史课程语教学论[M].杭州：浙江教育出版社，2003.

选择。教师对史料的选择往往考虑的是这样的史料能否达成教学内容的认识,容易忽视对史料本身的真实和有效性的考量。因此,教师史料鉴别中要形成一些基本的意识,掌握基本的方法。注意关注史学研究动态等有利于我们史料选择的严谨性。

(三)教学策略设计关注价值观输出,走入"高""大"和"空"的局面

历史作为人文学科,一定承担着情感态度和价值观的教育,但这一过程的达成是基于历史学科特点和遵循学科规律的基础之上,水到渠成的结果,而不应该成为学科教学的唯一目的,将历史课变成说教课。如对第二次世界大战史实的教学,如果老师能更多地关注战争过程中人的表现,特别还能关注到三个法西斯国家内部的反战人士的斗争,那么就能把战争的认识升华到战争是军国主义和右端极端势力的罪责,是对所有热爱和平的人类和国家的迫害。这样的价值观教育聚焦到人,更能深入人心。

教师可以依据不同的教学策略设计不同的路径和方法,这是可以不断革故鼎新的教学过程。它需要教师对教学工作的"此岸"即教学起点,从教材到学生充分了解,还要有对教学工作"彼岸"学科核心素养有层次分明的了然,在这两者之间架起由"此"及"彼"的桥梁。最终实现"殊途同归",使学科核心素养落地生根。

3. 以读促写：学科核心素养 "点位"的精准把握

赵　翀

　　语言建构与运用是语文学科的核心素养之一，同时也是放在第一位的核心素养。这自然可以看出它是其它三个素养达成的基础。语言建构是运用的前提，运用是建构的目标与表现，在教学中需要安排足够数量且能切实做到的语文实践活动，让学生通过实践来学习和积累，以此达到语言的逐步建构并熟练运用的目的。阅读和写作是语文学习中最重要的两个部分，是实现语言建构与运用的重要途径，这两种途径是不可分割的，甚至可以说是语文学习的一体两面。

　　笔者认为，《邂逅霍金》对中学生的写作很有启示意义。不管是其记叙、议论还是抒情部分，都可以成为学生借鉴的宝贵资源，更是教师实践以读促写的优选材料。学生阅读文章的过程，也是积累写作方法与逐渐形成语感的过程。

一、从阅读中观察写作中的描写

　　在备《邂逅霍金》的过程中，结合查阅到的相关资料，笔者感觉到课文的记叙部分对学生的写作很有启示意义。上课时，笔者让学生仔细阅读，并梳理作者葛剑雄邂逅霍金的经过，学生在找出"缓缓驶来""车驶近了""经过""渐渐消失了"这几个关键点后，再寻找作者邂逅过程中的反应。这样做的目的有两点：一是关注作者对这一过程的描写。包括对现场的重现以及对霍金形象的认识。作者如何写霍金的身体状况——霍金的身体被安放在轮椅上，作者如何写霍金的精神面貌——霍金的目光显得异乎寻常，可以看成极度冷漠，也可以视为显示着超常的魅力……这些都是值得品味和学习的重要细节。二是让学生明确作者写作的切入点。邂逅的过程可能仅仅是几分钟甚至数十秒，但是作者却抓住了这个短暂的片刻，并记录下了当时的所见，这就是作者选取的写作角度。随后，笔者又进行了补充阅读——葛剑雄先生的《我写〈邂逅霍金〉》，让学生在阅读中找出作者这样写的原因，学生在阅读后划出了其中的关键句："邂逅霍金的一幕一直如在眼前，挥之不去。于是我有了写一篇短文的念头，但那又觉得难以动笔。如果只写一个过程，显得太单薄了，作为自己的日记还可以，用于发表就没有必要。但要写霍金其人，例如他的经历和成就，我并不了解，更不理解，哪有写的资格？在霍金的形象无数次重现后，忽然有了思路——就写我自己想到的。"[①]通过课内教材与课外材料的补充，学生对这种描写的方式有了更深的理解。

　　笔者认为补充的材料不仅是阅读的好素材，同时也给学生的写作几点启发：首先，别人忽视的点就是自己观察到的细节。不同的人会用不同的表达方式和语言再现同一个场景和事件，这是因为每个人关注到的点不同，这些被他人忽视的点其实就是自己观察到的细节。因此，在平日的生活中，也要留心身边的细节，从自己掌握的独特细节出发，这样写出的文章才是有鲜明特色的。其次，对所见有所触动。这个事件给作者以触动，这是促使作者写作的根源。在平日的写作训练中，教师还是要鼓励学生多写使自己内心有所触动的事件。第三，找到切入点，挑选最熟悉的角度。学生写作时经常会为记叙而记叙，记叙没有目的。同时，作者也意识到，写霍金其人的经历和成就并不合适，一是因为他并不了解，二是因为前人之述备矣。于是他才找到了最适合的点——就写我自己想到的。这里的所想其实就是这次"邂逅"所见带来的独特体验。写作归根到底是要用最适合自己身份的语言对所见的事物表达认知范围以内的观点和看法。

二、在阅读中感悟作者的真实情感

　　在课前，笔者就已经布置了预习作业，让学生试着写出作者想要表达的主题，上交的作业反馈情况和笔者预计的类似，大概有一半的同学都将这篇文章的主旨理解为赞颂霍金的在科学领域的伟大贡献及身残志坚的毅力与品质。还有一部分写到这篇课文讲述了作者邂逅霍金的经过，体现了作者对于霍金这类残疾人的关怀和敬仰。只有部分同学理解作者对霍金所生活的和谐宽松的人文环境的推崇。

---

① 葛剑雄.我写《邂逅霍金》[J].语文学习,2010(3).

之所以出现理解的偏差，还是学生没有读透这一连串的感慨。到文章的第九节，这场邂逅已经结束，后面的文字便是作者对于之前邂逅过程的议论。如果细读则会发现，从"不幸"与"幸运"再到"更庆幸"最后到"愿""更愿"，作者的情感有一个逐层递进的过程。如果说议论霍金"幸运"与"不幸"是作者对霍金人生遭遇的感慨，那么"我更庆幸"中的这个"我"则更明确地表达了这就是作者心中想说的话，即对剑桥这种人文环境的欣羡，这种欣羡之感产生的原因就是中国现在还没有形成这样的环境。"愿"和"更愿"则更进一步，以更直接的方式表达了对这种环境的迫切期盼。

可以推断，引发作者所感慨的，正是平日生活的环境与眼前遇到的情境之间的冲突。这一点在《我写〈邂逅霍金〉》一文中也有提到："霍金如果生在中国，或许他会被评为标兵，树为典型，整天生活在摄像机前、闪光灯下、主席台上、鲜花丛中。在某些人眼中，这无疑是大幸，但人类或许永远失去了写出《时间简史》的霍金。"①

学生的作文很多都并不是真实情况的再现，也不是真情实感的表达。不可否认，作文当中适当的虚构非常必要，但这种虚构只是为了更好地表达真实的情感而做出的些许调整，绝对不是喊口号、扯大旗式的说空话。就像葛剑雄先生所说，他要表达的是"最真实的"想法和情感。学生常常会抱怨，每天两点一线，没时间多愁善感，所写的内容也大部分是为赋新词强说愁。当然，这与部分题目的设置也有很大关系，一些题目让学生无从下手。但除此之外，学生不愿意深入思考，不善于从已有的认知经验中汲取有效信息，才是这种情感空洞虚假的最主要原因。

于是，基于这种现状，笔者在课堂上布置了一个小的写作环节，即要求学生再次阅读《邂逅霍金》之后，试着写一写偶遇自己的偶像时，会有怎样的感想，做出怎样的举动，并写出这样做的理由。几名同学交流了自己的习作，他们大多表明自己可能很难像葛剑雄那样"淡定"，但是也会尊重偶像的隐私与自由，会在合理的"度"内表达对偶像的追捧与喜爱。笔者认为这样的习作是有价值的，其既促进了学生的有效阅读，又表达了学生的真实想法，通过以读促写的方式，逐渐使语言的建构与运用得以实现，并提升了学生的辩证思维。

三、在阅读中明确议论主体的作用

很多学生总以为好的议论文就是多举几个鲜为人知的例子，或是引用几句名人名

---

① 葛剑雄.我写《邂逅霍金》[J].语文学习,2010(3).

言。这种写作方法固然不能算错,可是学生在列举完这些例子之后并不能将其与所表达的观点有机结合起来。议论文中的议论部分要对当代社会的某些问题有一定思考,当思考逐渐深入时,其现实意义和价值也随之体现。

《邂逅霍金》的作者葛剑雄先生身为高校的学者,他希望自己所处的人文环境也能够如此和谐、宽松、相互尊重。他在看到霍金能够在宁静的剑桥河边悠闲地"散步"之时,这种外部环境的平静或许造成了他内心的不平静,因此,他才大胆表达自己对于剑桥这样的人文环境的渴求,换句话说,他对于中国目前的这种环境还不是非常满意,而这也是这篇文章的现实意义所在。

要认识到议论文的现实意义,就必须解读和剖析现实社会中的问题。根据这一点,笔者给学生补充了阅读材料——葛剑雄的《学术,科普,还是明星出场?》[①],文中有一段文字记述了 2006 年霍金来到中国的场景:"6 月 19 日有超过 6000 人在人民大会堂万人报告厅参加国际弦理论会议,听霍金讲述'宇宙的起源',创下国际物理史学术讲演会听众人数之最……当主持人丘成桐宣布霍金将要出现时,几百人手持照相机迅速冲向台前,主席台立刻被围个严严实实,瞬间一片闪光,令人眼花缭乱。"由此场景作者再次抛出了质疑:一是拍照的人应该不都是与霍金、物理学、弦理论有关的媒体记者。二是弦理论并非向公众普及的内容也并非科普的最佳内容,这些人热烈追捧仅仅是因为霍金的名气。阅读后,笔者让学生比较其与《邂逅霍金》是否有相关之处,有学生很快就发现,这段文字恰恰与《邂逅霍金》中第一段文字相吻合:"自从《时间简史》在中国翻译出版后,知道霍金的人越来越多。青年学者争读《时间简史》,一时颇有洛阳纸贵之势。我没有看过这本书,一则太忙,二则有自知之明,未必看得懂。"[②]课文中的"争读"与作者"不读"之间的对比正体现了人们是图其名、追潮流而产生的非理性阅读行为,在作者看来这未必有自知之明。

学生在阅读后有了多层的思考,首先是对文本的思考,他们根据课文和补充材料得出结论,原来作者其实在课文的开头部分就已经表露了自己的观点,葛剑雄先生将问题抛出来,就是希望人们可以对学者生存的环境有进一步的认识与反思。除此之外,学生也意识到有现实意义的文章才是有价值的文章,而对现实问题的讨论自然而

① 葛剑雄.学术,科普,还是明星出场?［N］.新京报,2006－6－24.
② 葛剑雄.邂逅霍金,华东师大出版社高中语文教材第二册［Z］.王铁仙主编,上海:2007 华东师范大学出版社,34.

然需要"我"这个发声者。笔者趁热打铁，在结束这篇课文的教学之后，笔者布置了作业，要求学会结合课文以及所发的补充材料，也可以结合自己在网络中所查找的相关资料，写一篇题目为《我看〈邂逅霍金〉》的议论文，要求观点明确，鼓励写作时视角和主题由此及彼，由这个问题延展到其他社会现象的讨论。写作教学并非一蹴而就，还需教师付出大量的时间和精力进行研究，但有尝试就会有进步的可能，学生的语言文字能力就是在深入阅读、思辨阅读与反复习作中逐渐形成的。

　　作文的教学任重道远，或许教师花费很多时间和精力，却难以达到预想的效果。从所学的文章中汲取养分，让学生在阅读思考中逐渐学会写作的方法。笔者从《邂逅霍金》这篇文章中看到了作文表达方式方面的启示，不管是记叙、议论还是抒情，归根到底还是归结为一个词——"真诚"。以真诚的心记叙所见所想，抒发真实的情感，表达自我的态度，也许，写好一篇作文没那么难。语文核心素养中语言的建构与运用也正是通过一次次的阅读与写作实践而逐渐养成的。

4.增效减负：让学生爱上一个学科

项伟珠

作为一名教师和一位家长,对当下教育的最大感受是一个字——"累"。由于焦虑,大家纷纷抢先"在剧场中站起来",造成了愈演愈烈的"剧场效应",如此恶性循环使大家"观影体验很差",出现更多的焦虑情绪和心理问题,但"大家都站着观影和都坐着观影效果却是一样的",这个比喻很形象地揭示了我们当下的教育问题。作为教师,我们在教学中必须要思考并解决三个问题:学生的学习起点在哪里、要到哪里去、怎么去?这三个朴素的问题高度概括了教学的核心和本质。笔者也经常在思考,我们的学生和我们的教育到底要到哪里去?我想最终的目的地应该是回到教育的初心:激发兴趣唤醒潜能,而不是一味传授以致学生反感和恐惧。要增效减负、努力提升数学学习的幸福感和成就感,从而使学生主动学习、爱上数学。那如何能达到这样的目标呢?对于每一个立足三尺讲台的一线教师而言,我们是教育理念的直接践行者,我们能做的其实是很多的。

一、提倡"化繁为简"的原则

学生不会因为数学越学越难而喜欢数学,肯定因为越学越觉得容易才会喜爱这门课。大道至简,数学亦是如此。记得初为人师时,喜欢把题目讲难了因为显得自己有水平,上课语速快,因为想讲更多的题目。经过19年对数学教学的感悟、反思和理解,我觉得数学教学不应该让学生觉得越学越多、越学越难。

首先应该帮助学生构建整个高中数学完整的知识结构网络。让学生了解每个知识点产生、发生的过程,注重各个章节基础知识的梳理,强调公式、结论的推导过程,使得各个散落的知识点之间建立起意义链接,每个所学的新知识都能与学生已学过的知识点之间建立起联系，那么学生会觉得越学越少，一旦忘记其中的一个可以用链接自行推导。

其次，帮助学生读懂数学语言。 数学题目的表达抽象、精练，学生有时候连题目都看不懂自然无法解题。我注重引导学生将"数学语言"与"通俗语言"进行互译，将"代数定义"与"几何图像"进行互化。如不等式的恒成立问题和方程根的存在性问题对于学生来说很难理解，首先要教会学生将这类抽象问题用通俗易懂的语言翻译过来，再结合直观的几何图像加以理解，如 "$x \in R$ 时，$2x^2 - ax + 1 > 0$ 恒成立"翻译成"函数 $y = 2x^2 - ax + 1$ 的全部图像都在 x 轴上方"，学生就自然会将其转化为只要图像的最低点在 x 轴上方，即函数的最小值大于零即可。引导学生同时从代数（最值）的角度和几何（图像）角度充分理解不等式恒成立的含义。

另外，对于那些综合性很强的难题，教会学生用分析法将其转化为较为简单的常规题。 讲评难题时千万不能按照标准答案中的逻辑顺序来讲解，应该用分析法按学生考虑问题的思路来讲，也就是据果索因根据所求结论去分析解题思路，并将综合题中各知识点切割成一块块小问题逐个突破，教会学生拆除难题、新题外的包装，将它化归为熟悉的常规题，化繁为简、化未知为已知。

二、坚持将课堂"还"给学生

我们很多时候批作业的时候都感觉自己上了一节假课，反馈结果很不理想。我们感觉自己上完了，但学生并没有掌握，这等于是零，所以我们的教学必须以学生学懂为首要目标。

首先，学生是一张白纸，从不懂到懂有一个慢慢领悟的过程，需要坡度和时间，老师不能贪多求快，欲速则不达。 所以如何合理安排好课堂 40 分钟的时间需要老师课前花大量时间精心的备课，备教材、备学生。挑选课堂例题少而精，按专题分类，每道题归纳通解通法，讲一道题会一类题，将学生从题海中解救出来。

其次，让学生动手练、开口讲比他们被动听效果要好很多。 为了鼓励学生成为课堂的主角，我在课堂上开展小组竞赛，每节课前我都针对教学中的关键点精心设计推动知识点深入的一系列问题，激励同学们积极思考、踊跃回答，老师在关键地方进行点拨，最后再引导学生进行梳理、归纳。总之，老师就是总导演，但主演绝对是学生，只有让他们去亲身经历知识产生发生的来龙去脉才能印象深刻。另外我也经常鼓励学生充当小老师,不仅鼓励他们在课堂上分享好的解题思路,更会鼓励他们课后帮助其他同学讲解题目,理解的最高境界不是自己学懂,而是要能够讲得清楚把别人教懂。

为了让学生喜欢数学,我不断挖掘教材、数学史,以及课程资源中的快乐因素,用寓教于乐的方式,让学生体会到学习数学的乐趣以及数学的思维之美。比如在推导等差数列求和公式时将数学家高斯小时候机智聪明的故事娓娓道来,数学公式一下子就变得非常有亲和力。在讲解斜三角形时,将题目的背景与东方明珠、上海中心大厦结合起来,同学们仿佛身临其境,体会到数学知识能运用于生活中的喜悦。在讲圆锥曲线时,我还制作小教具让学生上黑板共同演示椭圆、双曲线的形成过程,学生通过体验可以很直观地得出椭圆和双曲线的几何定义。

三、倡导好习惯促成长的教育理念

虽然高中教学的主要目标是应对高考,但从长远来看,教育的主要目的是培养学生终身受益的学习习惯。所以作为初始年级,在高一培养学生良好的自主学习的习惯是当务之急,事半功倍。

"凡事预则立,不预则废"。首先课前要求学生花 20 分钟时间预习书本并完成书后练习,通过预习,学生能及早明确本节课的学习目标和任务,预习中碰到的问题会激发学生上课的求知欲,让听课变得更有针对性,增强了学习的自主性和成就感。

其次"温故而知新"。培养学生当天作业前及时复习的习惯。复习的目的,当然是和遗忘做斗争。根据记忆规律,遗忘是先快后慢,刚学的内容开始最容易遗忘,两天后遗忘速度变缓。因此每天回家作业前要及时复习当天学校所学的内容,事半功倍。复习的过程中要将所学知识归纳整理,使其完全内化、融入到自己原有的知识结构中。

再次,"知己知彼,百战不殆"。让学生重视自己的错题订正,不轻易放过自己的薄弱环节。错题集的建立好比是为每个人量身定制的一张药方,既有症状描述,又有对症下的药。我要求学生每天将作业中的错题整理在错题本上,除了写出正确的解题过程,更要归纳这类题的通解通法,还要警示标注易错点。考前通过复习这本自己独一无二的武功秘笈,能够非常精准的查漏补缺,事半功倍。总之,科学表明一个习惯的养成需要三周的持续强化,所以良好学习习惯的养成不可能一蹴而就,难能可贵的是持之以恒,需要我们耐心地鼓励、督促学生坚持不懈直至成功。好习惯一旦养成后不再需要外部的监督和自身的意志力坚持，习惯成自然，好习惯将会成为一生受用的宝贵财富。

"旧壶装新酒"，虽然从教 19 年，随着阅历、心态以及学生的变化，笔者每一年都会对教学有些新的感悟，也许当一个老师最大的幸福也是最大的责任在于自己的理念和言行会潜移默化地影响很多人，所以用心播撒一些希望的种子，静待花开！

5. 直抵心根：让学生积极主动地参与课堂

孙　霏

　　《普通高中语文课程标准(2017年版)》的颁布,以纲领性的文件确定了"语文学科素养"：语言建构与运用、思维发展与提升、审美鉴赏与创造、文化传承与理解。为更好地提高学生的语文学科素养,结合我校"三问"教学法的探究,我认为需要在教学实践中调动学生的积极性。而教学要实现激发学生兴趣、使学生获得技能,最后得到价值认同的教学目标,就要让学生有积极主动的态度去参与课堂,这样才有水到渠成的结果。那么,教师需要做什么? 我认为,首先,教学设计要能够抓住学生的"心",直抵心根,让学生积极主动地参与课堂;其次,教学过程中要善于切入教学的"本";再者,教学效果最终指向学生,学生能够获得价值认同,核心素养得以落实。

一、"直抵心根"的实践与操作

　　在教学实践中,我注重做到：教学设计重创意设计;教学设计重因人施教;教学设计重培养素养。

　　以《我所认识的蔡孑民先生》的教学为例。《我所认识的蔡孑民先生》是一篇写人叙事的散文,气象阔大而意义深沉,蕴含着了解蔡元培先生的教学思想和文化贡献,感受蔡元培先生的人格魅力的教学目标。在教学时,应该结合学生的学情,精准设定教学目标来进行课堂设计与教学策略的选择,从而让学生的思维品质得到提升,核心素养得以落实。

(一)引趣

　　教学设计需重创意设计。良好的切入点对于兴趣激发的作用,是建立在现在学生对于人物评价容易"贴标签"这么一个学情分析的基础上的。在课堂上,让学生把书翻到第几页，划出哪几行，理解并背诵，以这样的方式教学，学生最终也能理解背诵的，但是这样的教学是没有灵魂的，学生是无趣的。只有引发学生的兴趣，把知识和趣味相结合，才能把课堂上的所学内化成学生的知识。

1. 切入点有冲击力。教学在课堂一开始就一定要有冲击力，一开始就要吸引人。有冲击力和吸引力的导入，一下就能让学生产生兴趣，迅速进入学习氛围。《我所认识的蔡孑民先生》的教学中，通过开发史料资源，我以油画《北大钟声》作为导入切入点，展示油画的同时，看学生的观察能力，启发学生展开对油画内容的讨论：讨论蔡元培是如何把一群桀骜不驯、各具个性的"大咖"们汇聚在一起的？

学生看到这幅画的瞬间，兴趣就被点燃了，不用老师说，就热烈地讨论起来，迅速地投入到课堂，这样的教学设计就是有冲击力的，尊重了学生的兴趣起点，从而让学生对课堂的参与度更高。

在其他课堂中，我也很好地做到了引趣。比如《石钟山记》的教学中，让学生去讨论分析"苏轼嘲笑李渤之陋可不可取？"在《白莽作〈孩儿塔〉序》的教学中，从诗集的命名导入。

2. 过程自然流淌。教学不能让学生死记硬背，贴标签，这样学生和老师都很痛苦，教学效果不会好。当学生通过有冲击力的切入点产生了兴趣后，要让学生沉浸下来主动进行思考学习，这样的教学过程才是自然流淌的，才会有好的效果。

教学设计重因人施教。因人施教，重点在于需要知道学生的起点在哪里。和高二的学生讲蔡元培"思想自由""兼容并包"的办学理念，学生听不懂的，但油画《北大钟声》这个艺术作品，油画中 16 位中国学界的泰斗级人物，群星璀璨，汇聚北大。一看服饰就知道，有穿长袍马褂的主张旧学的辜鸿铭，又有新文化运动的代表人物李大钊，还有西装革履的洋学生，画面中心就是时任北大校长蔡元培，这些人都可以在北大进行思想的交流与碰撞，这样学生一下就明白了，北大得以成为当时新文化运动的思想高地，就是因为校长蔡元培"思想自由""兼容并包"的办学理念，一幅画无声胜有声。

这时，学生对蔡元培的评价是没看文本之前的评价，然后让学生阅读文本继续评价，回答："你所了解的蔡孑民是怎样的？"学生在讨论之后，是能准确回答出"校长""可敬"这些关键词的。让学生对写作内容、写作对象先有个整体印象，然后通过文本阅读，慢慢沉浸下去，学生对课堂的参与度就很高，始终在和老师和文本互动，这样的教学设计积极带动学生的思考，因人施教，点燃了学生的兴趣点，留给学生的印象是长久的。多年之后，他可能不会记得这节课老师说了什么，但他一定会记得这幅画以及由此引发的讨论。

（二）致知

教学设计重培养素养。立足于语文学科本身，学生要在课堂上获得知识技能，语文老师要能让学生感受到语言之美，语言的伟大力量。在《我所认识的蔡孑民先生》的教学中，我把"学习本文叙议结合、以小见大的写作手法"设为了教学目标，把"对于历史人物的再现如何做到生动可感"设为了教学重难点。

1. 打破。在引导学生解读蔡元培的人物形象时，让学生先不看书进行评价，再看书继续进行评价；由评价一个人到叙述一个人。立足于语文学科，一般先叙后议，而我在这节课的教学设计中，先议后叙，按照如下思路进行设计：

（1）作为校长

思路：他人评价——贡献——原因——结论

（2）作为先生

思路：作者简介——作者与蔡先生的交往——作者所获得的感受

语文课的思路一般是先叙后议的，这节课的设计打破了这种常规思路，尝试着反过来进行教学，让学生先感受到人物的可贵之处，再去了解任务，进行评价，从而获得最终的认识。经过这样的设计，学生最终完成了下面的表格填写：

你所了解的蔡孑民（校长）侧重成就贡献——可敬

我所认识的蔡孑民（先生）侧重人格魅力——可亲

这样的设计，理性和感性就结合在一起了。

2. 重建。《我所认识的蔡孑民先生》这篇文章比较长，分成两个部分"春风化雨"和"兼容并包"来写。对于这两部分的关系是怎样的，可以通过进行文本的重建来内化学生的理解。

在教学设计中，我引导学生思考：那么高的成就，却能够那么谦和，那么春风化雨，让人感到"可亲"的原因；而反过来，正是因为有了那么高的人格，才能够在北大"兼容并包"，才能够取得那么大的成就，两方面相辅相成，所以行文顺序不能互换。把文本内容重新组合，用学生的视野来重新折射这篇文章，一位蔼然仁者，一位本色书生，一位一代宗师就鲜活地出现在了学生的视野中。所以最后效果还是不错的。

在《故都的秋》《晨昏诺日朗》等散文的教学中，我也采用了这种设计。我通过对文本语言进行重新编辑，进行增加、删减或替换，让学生比对阅读，从而形成自己的阅读体验。

3. 获得。在教学设计上越是精准，学生越能在文本的情境中体验到强烈的真实感。他们在感受蔡元培人物形象时，自然而然就会去探究：作为校长，作者是如何叙述与评价的；作为先生，作者是如何进行人物形象刻画。这种对写法的探究就会内化为学生的知识技能，在他们今后的写作表达中呈现出来。

清代张潮曾经说过："情必近于痴而始真，才必兼乎趣而始化。"把知识和趣味相结合，内化成学生的知识，才是最好的课堂。这节课，如果在课堂上，基本都是老师在唱独角戏，对蔡元培的介绍与评价都是老师给的，告诉学生蔡元培很伟大，学生也能接受。但是这样的课堂是不纳入学生互动的，学生不能及时反馈信息。学生的起点，学生的效能，学生的习得都不知道，因而，最终学生的获得也是肤浅的。

二、"直抵心根"所带来的价值认同

价值性知识，通过体验和感悟获得，教育部称之为核心素养。教学中聚焦在关键能力和必备品格上，聚焦在可迁移的素养上，才能让学生应对未来的挑战。卢梭说过，教育的艺术是使学生喜欢你教的东西。围绕学生，是我们老师必须要做的，课堂上要跟学生主动交流，让学生成为主角而非配角。唯此，学生才可能认同老师所想要传达的价值观，从而把自己在课堂学到的东西、提炼到的东西，在实践中再次升华提高。

我把"了解蔡元培先生的教育思想和文化贡献，感受蔡先生的人格魅力"作为教学目标之一。这篇课文有个升华锤炼、意味悠长的结尾，回扣文首"中国近代最大的教育家"。用旧日的话说，他是中国的一代宗师，用现在的话说，他是中国现代的大教育家。何为一代宗师？王家卫《一代宗师》中说过：第一，见自己，明确自己的志向，不断进行自我的修炼；第二，见天地，知道天外有天，人外有人，博采众长，发展自我；第三，见众生，就是把自己学到的东西，提炼到的东西，在实践中再次升华提高，感动众生，用一种精神感动更多的人，成为一代宗师。蔡元培先生执掌北大虽然时间不长，但功在当时，泽被后世，这样的人格魅力就能使学生产生价值认同。

教是为了不教，能让学生爱上课堂，积极主动地参与课堂才是好的教学。这就需要教师打造好每一节课。每一堂好课,其实背后都需要花费大量的功夫和心血来准备,要把学生研究透彻,知道学生的起点在哪里,学生要学习什么能力,要思考怎么帮助学生达成。所谓功夫在诗外。精雕细刻,追求细节,打造精品,每一节课都千锤百炼,我们的课就能实现最佳效能。

6. 合作研究：提高自主学习能力的方法

薛忆韵

学校的课程教学改革始终关注研究文化的培育，在推动学科个性化优势发展的过程中，开展了以学习为中心的"三问"教学法的实践探索，要求教师在教学实施中思考并解决三个问题："第一问"指向学情分析与目标设定，"第二问"指向教学内容与策略方法，"第三问"指向教学效果的反馈与评价。这三个部分关联循环，螺旋式提升。本文就"第二问"中的教学策略与方法进行研究，旨在提高学生对于艺术课程的自主学习能力。

如今，互联网科技的高度发展，促使教育教学也发生了重大的改革，那么十几年前就提出的"研究性学习"在当下还能适应教学发展吗？笔者认为答案是肯定的。研究什么？如何研究？是个人研究还是以合作形式进行研究？研究成果如何展现？教师又如何对学生的研究进行评价？这些都是新时代下一名艺术教师需要再探索的。

一、合作研究的意义

《普通高中艺术课程标准（2017年版）》明确了高中艺术课程目标。

艺术课程面向全体学生发展素质教育，以美育人培育学生的艺术学科核心素养，增强社会责任感，促进学生全面发展，达到立德树人根本任务，学生在艺术与生活，艺术与文化，艺术与科学相关的情境中，参与各艺术门类实践活动，获得艺术感知，创意表达，审美情趣和文化理解的艺术学科核心素养。

要在视、听、画、演、创的过程中，投入艺术情感，积累艺术审美实践经验，运用艺术学习的方法与策略，培养学生艺术学习的兴趣和意愿，形成艺术判断，发展艺术的感受与鉴赏，合作与分享，创作与表现的能力，小组合作研究学习是最有效的学习方法。

二、合作研究的原则与方法

"合作研究"基于"研究"。高中艺术这一门以艺术鉴赏与理解为重点的课程,本身就是开发学生"三度创作"的能力,因此教师无需多讲知识点,更不能将自己对艺术的理解强加于学生,只需抛出问题,让学生通过自主探索获得知识,感知艺术,审美艺术,鉴赏艺术,最终对艺术产生个性的理解。

"合作研究"在于"合作"。对于艺术的研究当然可以"单打独斗",但是研究的效果往往不尽人意,比如学生个体的能力不够全面,要完成一个比较复杂的研究项目,花费的时间比较长,也未必能做到研究深入。此外,由于课堂时间有限,无法让每一名学生都能一一展示他们的成果,从而失去了交流的可能,无法达到在师生互动中再学习的效果。然而,"合作学习"恰恰弥补了以上诸多问题。大部分学生都不是全面性人才,但在团队中他可以发挥自己某方面的特长,每个人做自己的一份工作,就不需要花费太多的时间,"众人拾柴火焰高"的效应最终也可以让研究的成果更丰富更深入。每班4个小组,使课堂交流有了充分的时间,学生在互相交流互相评价中又进行了一次学习。

三、如何开展艺术课堂合作研究学习

(一)创建合作研究学习小组

以每个班级的学生人数大致在 28—32 之间计算,分成 4 个小组,每组 7—8 人比较合适。这样一节课 40 分钟 4 个小组均有 10 分钟的时间向同学们充分展示自己的研究成果。

至于如何组合,那就让学生自由选择吧!由于研究内容和交流方式的多样性,学生会根据每个人的特长和兴趣,自主选择对本组有利的同学加入研究小组,为自己的小组配备 PPT 制作能人、音视频剪辑高手、能说会道的演讲员以及适合本组研究课题的相应的人才。为了得到相应的评价得分,每名同学必须主动参与小组研究,积极发挥自己的一份力量。选择成员,也是锻炼学生发现人才,运用人才的"领导力"的充分体现。

(二)分享合作研究学习的过程

艺术课堂研究性学习主要包括教师布置研究课题,学生分工研究,学生合作完成研究任务和课堂交流。

1. 教师对研究课题的选择。2018 年市教委出台了《单元教学设计》指导意见，笔者对高中三年的艺术教材进行整合，设计了 4 个单元，分别是"音乐剧单元""舞蹈单元""影视单元"和"戏剧单元"，并为每个单元设计了相应的研究课题。以下以"音乐剧"单元举例：

在介绍了一堂课的音乐剧《猫》的基本要点之后，教师布置了一个研究作业：分小组对《猫》的化妆、服装、演唱、舞蹈等四个方面做研究，探索音乐剧的艺术价值，在课堂上进行交流展示，同时将本组的研究过程及结果整理成研究报告。

2. 小组成员的分工及责任。为了调动学生积极参与研究，做到人人有任务，人人有成绩，教师为组员作了大致的分工。学生可以挑选适合自己的任务，担当研究小组的一个角色，这些角色缺一不可，只有发挥互相合作的精神才能最终圆满地完成研究任务。

3. 小组成员分工合作完成研究任务。接到研究课题后学生们便有 1—2 周的时间来进行研究。一般来说，收集资料和整理资料的工作很快就能完成了，但视频剪辑和多媒体制作可能略有难度，是比较专业的项目，不过笔者发现，在电脑技术如此发达的时代，这些对学生来说都不是大问题。即使真的遇到困难了，他们也会向身边的能人请教，这样也是激发学生主动学习的能力。

4. 课堂交流成果及互相学习。由于时间限制，每组只有 10 分钟的交流时间，期间还包含了他组的评价与疑问以及交流小组对疑问的解释与回答。

课堂交流时，每组都派上了口齿伶俐、思路清晰的同学上台演讲，绝大多数的同学都能简明清晰地阐述该小组的研究成果。

当然幕后团队为 PPT 的呈现也付出了他们的智慧与技术，大部分学生的多媒体课件都做得美观大方，条理清晰，这其中不乏一些"电脑高手"，能熟练掌握一些视频、音频编辑软件，将需要的音画文字进行合成，是本组阐述的成果有力的证据。

"化妆"这个主题是学生在生活中很少尝试的，尤其是舞台上"猫"的形象装，更接近于中国戏剧的脸谱装，学生需要花半小时以上的时间用自备的彩绘笔在同伴的脸上描绘，虽然笔法略显稚嫩，但是效果却出乎意料的好；还有一些有创意的学生，课前用白色的面具描绘了十几张猫脸谱，在课堂上请同伴佩戴展示。这些都是发挥学生美术特长的最佳途径。

"舞蹈"这个主题老师的最低要求是学生能模仿一两个简单却是音乐剧"猫"中最

有代表性的动作。但很多同学都很有舞蹈才华,学过舞蹈的同学能基本还原音乐剧中的舞蹈片段,没有学过舞蹈的同学就跟着音乐自由发挥,课堂中充满了欢乐的气氛。从中艺术教师还能挖掘到一些舞蹈人才,为学校的艺术团扩充了队伍。

"服装"这个主题是最具有难度的,要求学生课前仿制一件"猫"的服装。原本老师的提议是请学生在废旧的 T 恤上进行绘画创作,但是没想到很多学生发挥了想象的空间,制作出足可以乱真的舞台服装。有用自己多年不穿的黑色卫衣粘上黑色亮片,挂上 led 串灯模仿的"魔术猫服";有用白色紧身连体体操服,缝上白色拼接皮草,制成"芭蕾白猫服";还有用黑色连体衣贴上豹纹布块,围上棕色皮毛围巾制成的"摇滚猫服",让同学们赞叹不已,可见学生的创意与动手能力是老师们始料未及的。

"演唱"这个主题相对前几项应该比较简单,但是学生并没有因此而忽略对待,每班负责这个任务的小组都挖掘了本班最强歌唱阵容,有些还邀请了他组成员作为外援,目的就是要更好地完成任务,为本组取得好成绩而想尽了办法,动足了脑筋。

"研究报告撰写"这个任务是合作小组的灵魂,小组从接受项目到挑选人员,完成多媒体制作到演讲与表演,同学的点评到老师的提炼,整个研究过程整理成文,并且完成结题报告,是需要全程参与,仔细观察,认真记录,总结凝练的,充分发挥了学生的学习力和实践力。

(三)评价合作研究学习的结果

以学生评价(课堂中)与教师评价(课堂中与课堂后)相结合。学生通过课堂上的口头表述与填写学生互评表,对其他小组展示的主题是否明确、资料搜集是否完整、视频编辑是否恰当、PPT 制作是否美观、表演是否出色等各方面进行评价,并提出意见和建议,这对评价者和被评价者来说也是一个相互学习的途径。

教师在课堂上及时总结纠正和提炼各组的展示及学生的评价,课堂后填写教师评价表,并结合学生互评表及教师评价表给每名学生相应的成绩。

用自我评价、生生互评、教师评价等方法促进学生对内容的认知、作品的完善、课后总结整理,将学习过程和学习评价融为一体,培养团队合作精神和创新思维,尊重不同角度的理解和阐述,尊重个性差异,以肯定为主,正确引导。

四、开展合作研究学习的反思

合作研究学习在高一年级已经开展了多年,达到并超越了预期的效果。学生不仅提高了艺术欣赏的兴趣和能力，还学会了如何去发掘生活中的艺术精华，与同伴分工合作，提高了研究性学习的能力。

从与学生的交流与反馈中得知，其实他们对这些看似多余的"回家作业"并没有产生很大的反感，反而都很积极地准备交流的材料。更难能可贵的是，以前对艺术课的轻视现象不复存在了，上课的纪律也大大改观，学生是真正陶醉在艺术中，有学生感慨："只有自己发现的艺术美才是真正美的艺术啊！"

总之，艺术课程还是要以学校"适性成才"为目标，以"课内课外、校内校外、线上线下"三个维度为实施路径，以科学完备的评估体系为实施保障，全面落实学校"造就多元人才，和谐全面发展"的新追求。

7. 自主学习：多课型教学路径探究

朱巍峰

众所周知,高中数学长期受到课时紧、容量大、独立各章节多、教学重复少、教学进度的安排不当、学生学习主观努力不够等不利因素的影响,致使不少学生对高中数学的学习产生了畏难情绪,严重制约了高中数学教育效果。因此如何提高学生的学习兴趣,促进高中学生数学思维的发展,提高数学教学效果,是摆在高中数学教育工作者面前的一大课题。而"自主学习"就成了解决这一困惑的极为有效的途径。

一、"自主学习"的操作方法

（一）多管齐下精准定位学生的学情

什么是学情?"学情"也就是指学生的实际特点,如学生的实际发展水平,年龄心理特征、个性差异等。因此,我们在教学中要多考虑学生的实际情况以及他们的心理因素,在教学方法的选择上也应在立足全体学生的前提下关注个体差异。

了解学情的途径有哪些呢?我认为有以下几种:

1. 课堂教学过程学生情况的反馈。首先,注意提问的目的和对象,因为不同层次的问题分别反映在不同学生身上。一方面,如果要求全体学生掌握的,就要提问学习上较为后进的学生。另一方面,若是了解比较难的问题的掌握情况,就要提问班级学习比较好的学生。其次,要注意察言观色,若是大部分学生表情木然,没有反应,就说明大部分学生跟不上。若是大部分学生对老师的提问有呼应,比如点头微笑表情丰富,就说明教学效果好。

2. 课后作业以及阶段性测试的结果。在具体操作过程中,可以通过课堂小练习、课后作业、章节测验、考试等方式来了解学生的学习效果。作业要有针对性、分层布置、形式多样、训练及时、反馈得当。批改及时，及时通过统计各题错误率或者知识点做错的学生比例的大小来掌握学生对于知识点的掌握情况。

3. 教师与各种层次的学生各种的交流。一方面，教师与学生交流要注意创设融洽和谐的气氛，要亦师亦友，不能过于激烈和敏感，否则会导致学生不敢说出真实的想法和情况。另一方面，教师要选择不同层次的学生进行交流，了解不同层次学生对上课的方式、教学方法、作业的完成时间、作业难度和作业量以及对知识的接受能力等。

（二）厚积薄发夯实教师本体知识

大量的教学实践已经证明：要形成一种真正有效的教学模式，就需要发挥学生主体以及教师主导的作用，在这过程中，意义上的预习，是一种真正的对新知识的学习。而课堂是根据学习的实际情况进行讨论，共同解决。这种新型教学方式的产生就对教师的知识储备提出了新的更高的要求。因为在这样教学的过程中，学生往往会提出自己的不同见解、不同的解题方法，等待教师作出正确的评价和引导，因此我们教师要具有渊博的知识储备，随时应对课堂中可能出现的问题，能对学生提出的问题和观点加以引导，使整堂课学生的有效参与成了教学的关键，但教师无论从哪个角度来看，都是教学过程的组织者，因而教师的知识储备就成了教学实施的前提。

（三）综合运用关注学生学习过程

《课程标准》中特别提到"要充分关注课程中的学习过程"，而学习过程的主体是学生，学生以何种形式去进行学习，这是教师需要考虑的问题。教师在实践中，应充分考虑到学生已有的知识经验、学生探求新知的兴趣等因素，要提供给学生积极参与学习的机会，从而掌握方法、形成经验。而要真正地让学生积极参与学习，教师就需要实行多样化的教学模式，并将这些教学模式进行综合运用。

二、"自主学习"的实践策略

在教学实践中，我在全面学习了"自主学习"的理论之后，经过认真的思考与实践，摸索出了不同课型的一些教学方式：

（一）新授课教学模式

在新授课的教学中，我始终坚持：情境的创设→兴趣的激发→问题的发现→小组的合作，问题的最终解决→自主练习，归纳总结。

1. 创设情境，激发兴趣。一节课的成功关键是开头，如果我们一上来就能创设一个情境,引起学生的兴趣,那整节课的效果就能事半功倍了。所以我认为一节好课,开头是关键。而要有一个好的开头,课前的导入以及学生兴趣的调动就极为重要。

2. 发现问题,提出问题。有了好的情境,那接下来就是要让学生从情境中去发现问题,然后才能解决问题,所以提出问题是很重要的。在平时教学中,教师可以让学生自己从情境中去发现问题,也可以教师引导学生去发现问题,从而解决问题,让学生真正感到成功的快感,也让学生真正感受到学习数学是有用的。在高三第一轮复习《直线方程》这节课中我就以曲线方程观点下的直线方程为这节课的课题,具体教学过程如下:

(1) 复习曲线的方程和方程的曲线的概念,概述解析几何的思想方法。

(2) 问题1:一条确定的直线可以看作一个动点按照怎样的规律运动形成的?

问题2:直线的方向可以用哪些几何量来表达?

问题3:直线的倾斜角是如何定义的?

问题4:在解析几何中是如何用数量来表示直线的方向的?

问题5:你能从其中一个量出发,推导出其他两个量吗?

问题6:你能推导各种形式的直线方程吗?

(3) 小结

a. 斜率、倾斜角、方向向量、法向量之间的关系。

b. 直线方程的各种形式。

c. (延续)通过直线的方程可以研究点与直线、直线与直线间的位置关系。

在这一过程中,这一系列问题的提出,都是源于课前我曾借助翻转课堂的形式,事先制作了一个关于直线的教学视频让学生自学,然后根据学生自己提出的问题的集中提炼,由于问题来自于学生,所以课堂上进行分析讨论时就很有针对性,教学效果非常好。

3. 小组合作,解决问题。我们传统教学往往是教师"满堂灌",这显然已跟不上课堂教学需求的发展,根据《高中数学新课程标准》,自主探索、合作交流、动手操作是学生学习数学的重要方式。要让学生自主学习,"小组合作"的学习方式就尤为重要。学生是主体,教师的作用就是在学生不懂的时候对学生及时地点拨,给学生一个"柳暗花明又一村"的感觉。这样可以有效地激发学生学习的积极性。

（二）习题课教学模式

习题课在高中数学课中是一个非常重要的环节，要让学生在做的过程中锻炼思维，形成知识结构体系。在平时教学中，我主要采用了变式训练→归纳总结。主要采用如下方式：

1. 一题多解，在高中教学中尽可能要求学生能做到一题多解，这是对学生综合能力的一种考验。比如在求数列最大项的问题中，我们可以利用函数的图像、数列的单调性还有最大项本身的含义多角度去思考。例如：求数列 $a_n = (n+1)\left(\dfrac{9}{10}\right)^n$ 的最大项。

解一：$a_{n+1} - a_n = (n+2)\left(\dfrac{9}{10}\right)^{n+1} - (n+1)\left(\dfrac{9}{10}\right)^n = \left(\dfrac{9}{10}\right)\left(\dfrac{8-n}{10}\right)$

当 $1 \leqslant n \leqslant 7$　$a_{n+1} > a_n$，$a_8 > a_7 > \cdots > a_1$

当 $n = 8$　$a_9 = a_8$

当 $n \geqslant 9$　$a_{n+1} < a_n$　$a_9 > a_{10} > \cdots$

综上 $(a_n)_{\max} = a_8 = a_9 = \dfrac{9^9}{10^8}$

解二：设 $\{a_n\}$ 的最大项为 a_n

$$\begin{cases} a_n \geqslant a_{n+1} \\ a_n \geqslant a_{n-1} \end{cases} \Rightarrow \begin{cases} (n+1)\left(\dfrac{9}{10}\right)^n \geqslant (n+2)\left(\dfrac{9}{10}\right)^{n+1} \\ (n+1)\left(\dfrac{9}{10}\right)^n \geqslant n\left(\dfrac{9}{10}\right)^{n-1} \end{cases} \Rightarrow 8 \leqslant n \leqslant 9$$

综上 $(a_n)_{\max} = a_8 = a_9 = \dfrac{9^9}{10^8}$

2. 一题多变，课堂教学要通常要求新，求变，通过一道题目可以延伸出很多相类似的题目，我们在平时教学中可以挖掘此类习题，由此培养学生创新能力。比如由"求已知抛物线上的点到定直线的最短距离"可以引申出"求已知双曲线上的点到定直线的最短距离""求已知抛物线上的点到定点的最短距离""求已知圆上的点到定曲线上的点的最短距离"。

3. 多题一解，学生在做数学题时，虽然许多题目形式并不一样，但往往解法是相同的。如在解决函数零点问题时，我们往往利用函数图像来解决，又如在恒成立问题上，我们往往会用分离变量的方法来解决。所以只要学生在平时能对自己所做题加以总结和归纳,那么数学题会变得越做越少,这就是多题一解。

(三)复习课教学模式

在复习课中,我主要采用了如下流程:知识梳理→典型例题分析→提出疑问→解决疑问→反馈评价。我曾经在复习函数的基本性质时,教学过程如下:

复习函数的代数定义和几何定义(图像)

代数定义:x,y 的对应关系

几何定义:研究图像

问题1:函数的基本性质有哪些?

奇偶性、单调性、最值、零点

函数的奇偶性

问题1:若函数 $y=f(x)(x\in D)$ 的图像关于 y 轴对称,则该函数具有怎样的代数特征

问题2:偶函数的定义:对于任意一个实数 $x\in D$,都有 $f(x)=f(-x)$

问题3:若函数 $y=f(x)(x\in D)$ 的图像关于原点对称,则该函数具有怎样的代数特征

问题4:奇函数的定义:对于任意一个实数 $x\in D$,都有 $f(x)=-f(-x)$

问题5:偶函数和奇函数可将全体函数分为几类? 请举例说明

问题6:请你描述奇函数和偶函数的定义,并解释定义的合理性

例1:试判断函数 $f(x)=\dfrac{1-2^x}{1+2^x}$ 的奇偶性,并证明你的结论

函数的单调性

问题7:如何用代数语言描述"若函数 $y=f(x)(x\in D)$ 的图像从左至右逐渐升高"?

问题8:如何用代数语言描述"若函数 $y=f(x)(x\in D)$ 的图像从左至右逐渐降低"?

问题9:增函数和减函数可将全体函数分为几类? 请举例说明

问题10:请你描述单调函数的定义,并解释定义的含义

现代的教学模式是以学生为主,来确定内容和教学方式,这就为我们的课堂带来新鲜感,有时还会给我们带来意外的惊喜。这就是"自主学习"。

8. 环环相扣：例谈习题课的案例设计

梅晓明

教学案例研究是教学过程的一个重要环节，是落实"三问"教学法"怎么去"的一个关键步骤。根据教学内容的不同，数学习题课可以分为以下三种类型：(1)"解题巩固深化型"，这种课型往往适用于概念课后、且问题与概念关联较近的习题课。如二次曲线图形及性质学习后，求二次曲线方程等习题课。(2)"提炼方法型"，这种课型适用于问题与概念、法则、性质等关联较远但通过提示引导能够解决问题的习题课。如排列、组合混合问题、解分式不等式等习题课。(3)"示范型"，这种课型适用于问题与概念、法则、性质等关联较远同时通过提示引导较难解决问题的习题课，这种课往往需要通过教师的解题示范才能解决的。如涉及含参数的方程的有解与恒成立等习题课。限于篇幅，本文只涉及"提炼方法型"习题课。本文就核心素养下的数学习题课教学案例的设计，结合学校"三问"课题研究和笔者的教学实践，以"排列组合"一节课为例，作如下探讨。学情分析是了解学生"从哪里来"的根本途径，是进行案例设计的前提。在本节课之前，学生系统学习了加法原理、乘法原理和排列、组合基础知识，基本掌握了解决单纯的排列和单纯的组合最基本的方法；解决排列组合混合问题向两个原理和排列组合的等价转化的能力还十分不够。

一、教材内容的分析是案例设计的基础

排列组合这一部分是极富有生命力的中学数学教学题材。排列组合比较抽象，因而这一部分被认为是高中数学中训练学生思维的好题材，它对培养数学表达能力、数学建模能力、运算求解能力等数学核心能力十分有用。排列组合是现代数学概率论等高等数学的基础，随着大数据科学的发展，概率论得到了广泛的应用，因此排列组合在

高中数学教学中已引起足够的重视。

确立本节课以下教学要求和目标：1. 进一步理解加法原理和乘法原理的异同、排列与组合的异同；2. 会灵活运用两个原理和排列组合的方法解决简单的排列组合应用题；3. 感受数学建模、数学表达、数学运算求解的过程。确立教学重点为：两个原理与排列组合的应用与基本方法的提炼。教学难点为：两个原理、排列与组合的区别和方法的适切应用。

二、遵循选题原则是落实育人目标的根本保证

开发习题课的育人功能，做好德育和文化渗透；面向全体学生，突出学生的主体地位；优化课程结构，精选教学内容，突出教学主线；是课程标准对我们提出的组织教学内容的根本遵循。习题课的选题要在以课本习题优先的前提下，进行选题。对于有些在课本上没有的内容（如排列组合混合问题），是要我们教师根据教学实际和学生实际自主选定的。在这一部分我们要按照针对性、可行性、典型性的原则进行选题；同时要尽量选择一部分题型新颖的问题，提高对学生的吸引力，提高学生学习的积极性。只有做好这些才能引导学生进行有效学习，才能真正回答好"三问教学法"中的"到哪里去和怎么去"问题。

比如在"排列组合"这一课中，我就选择和改编使用了下面四道例题：

例 1. 甲、乙、丙 3 个人站到共有 7 级的台阶上，若每级台阶最多站 2 人，同一级台阶上的人不区分站的位置，问有多少种不同的站法？

例 2. 截至去年末，我国铁路营业里程达 13.1 万公里以上，位于世界第一。某火车站将 5 列高铁停在 5 条不同的轨道上，其中 a 列车不停在第一轨道上，b 列车不停在第二轨道上，问有多少种不同的停放方法？

例 3. 甲、乙、丙等 5 个人站站成一排，要求甲、乙均不与丙相邻，问有多少种不同的站法？

例 4. 如图 8-2 所示，洋山港码头货场有同样大小的 5 个集装箱，一堆 2 个，一堆 3 个，要把集装箱一个一个地吊装到某远洋货轮上，每次只能吊装其中一堆最上面的一个，则不同的吊装次序有多少种？（用数字

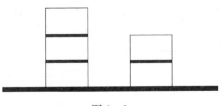

图 8-2

作答）。

为了发挥习题课教学的育人功能,歌颂我们伟大的祖国七十年铁路建设成就和港口建设成就,我专门设计了例2与例4;四道例题涵盖了间接法（排除法）、直接法;特元、特位优待法、相邻问题的捆绑法;不相邻问题的插入法、图表法等重要的基本方法;加之这四个问题本身就比较新颖,四个问题由浅入深,符合学生实际,提高了对学生的吸引力和学习本节课的积极性,很好地体现了针对性、可行性、典型性的原则。

三、遵循"提炼方法型"是凸显学生主体地位的根本途径

要凸显学生的主体地位、突出问题驱动,"提炼方法型"习题课教学的过程必须设计好以下五个过程：第一是读题过程。在这一过程中,通过学生读题理解题意,将问题归类。第二是悟题过程。在这一过程中,促成学生将问题与知识点联系。第三是探究解题过程。使用原理等尝试解决问题,形成解题过程。第四是交流与评讲过程。在这个过程中,让学生大胆地将小组或个人的解题过程进行展示,教师进行评讲。具体在习题课教学过程中,要按照"最近发展区"的理论,科学设计习题课的问题;而问题的设计要根据学生的基础实际,基础差的班级问题的坡度要小一些;基础好的班级问题的坡度可以大一些;只有这样在基础差的班级才不至于冷场;基础好的班级才能保证思维量。

例1.【读题过程】师：请一名同学读题。

生：读题。

师：本题是怎样的一个问题呢？

生：这是3个元素有条件放到7个位置的有条件的排列组合问题。

【悟题过程】师：同学们认为这一题将与哪些知识点发生联系呢？

生：可能与两个原理与排列组合知识点均有联系。

【探究解题过程】师：请同学们试试看此题的解法（小组讨论）。

1	2	3	4	5	6	7

【交流与评讲过程】师：请同学们讲出自己的解题过程。

生一：将甲、乙、丙三人看成三个元素,放入下列7个空位中,得：

$$N=7(\text{放甲})\times7(\text{放乙})\times7(\text{放丙})-7(\text{3人在一起})=336$$

【提炼方法】师：本方法从加法原理（即分步的角度）出发，使用了分步和正难则反，总体淘汰的策略，此种方法我们把它叫做间接法或排除法。

生二：将甲、乙、丙三人看成三个元素，放入下列 7 个空位中，分两种情况：3 个人站在三阶和二阶上，得：

$$N=C_7^3(\text{选位置})\times P_3^3(\text{排 3 人})(\text{站在三阶上})+C_7^2(\text{选阶})\times C_3^2(\text{人分堆})\times$$

$$P_2^2(\text{站在二阶})$$

$$=336\text{ 或简化成：}N=P_7^3(\text{排 3 人})(\text{站在三阶上})+$$

$$C_3^1(\text{人分堆})\times P_7^2(\text{排两堆})=336$$

【提炼方法】师：本题从加法原理（即分步的角度）出发，使用了分类解题的策略，此种方法我们把它叫做直接法。

使用类似方法解决例 2 与例 3。

例 2. 解法一：将五列动车人看成五个元素，放入下列 5 个空位中，得：

$$N=1(a\text{ 放位置 2})\times P_4^4(\text{放其余列车})+P_3^1(a\text{ 在 }3,4,5\text{ 之一位})P_3^1$$

$$(b\text{ 只有三个位能排})P_3^3(\text{排其余})$$

$$=78$$

【提炼方法】师：本题使用了分类的直接考虑问题的策略，采取先考虑 a 列车，再考虑 b 列车，最后考虑其余的思考步骤，此种方法我们把它叫做特元、特位优待法。

解法二：将五列动车人看成五个元素，放入下列 5 个空位中，得：

$$N=P_5^5-2P_4^4+P_3^3=78(\text{此种方法即为间接法})$$

例 3. 解：将甲、乙、丙等 5 人看成 5 个元素，放入下列 5 个空位中，得：

$$N_1=P_2^2(\text{捆绑相邻的甲乙})\times P_2^2(\text{排甲乙丙以外两人})\times P_3^3(\text{放两个新元素})=24$$

$$N_2=P_2^2(\text{排甲乙丙以外两人})\times P_3^3(\text{排甲乙丙})=12,\text{故 }N=N_1+N_2=36$$

【提炼方法】师：本方法从甲乙相邻与不相邻出发，使用了相邻元素排一起（看成一个新元素），不相邻元素插入的策略，此种方法我们把它们分别叫做捆绑法和插入法。

例 4. 生：如图 8-3 所示，将甲、乙、丙等 5 人看成 5 个元素，放入下列 5 个空

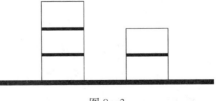

图 8-3

位中,得：

$$N = C_5^3(选\ 3\ 个位置)\times 1(填\ 1,2,3)\times C_2^2(填\ 4,5)=10$$

【情景预设】本题将实际问题转化为数学问题,这一过程是解决这一问题的关键步骤,也是一个难点,因为这里需要借助于图形(数表),来进行思考;同时还需要通过探索找到每一种吊装的方法都与一条指令相对应。本题涉及等价转化、数形结合等数学方法,因此此处学生可能有些困难,老师可能要根据课堂进行的情况作适当的提问和引导。

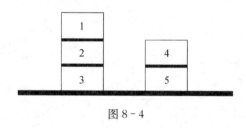

图 8-4

【提炼方法】师：本题借助于数表将问题转化为用元素来填空格的排列组合问题,此处借助了数形结合、等价转化的策略。此种方法我们把它叫做图表法。

问题的设计可以根据往届的教学情况和对比来进行预设。问题包含了针对全班面上的一般性大坡度问题和有特定指向的降坡问题。一般性问题对基础好的同学来说留有思考空间和思维量。涉及教师巡视过程中现场有针对性地个别交流中临时可以提出的降坡问题,例如在解决例 4 的过程中对于思路不畅的同学可以通过：每种吊装方法对应什么？每条指令怎样生成？等等问题来驱动引导思考。在具体的课堂中,问题不是一成不变的,这就需要教师有随机应变的能力。

四、课堂小结是培养学生归纳能力的重要环节

"提炼方法型习题课"课堂小结是对本节课涉及的基本方法的一个归纳总结。通过这一过程可以促进学生知识结构的形成,知识模块的建立,促成对知识的同化和对知识结构的顺应的效果;促成解题技能的优化和思想方法的提炼。同时也是对学生的归纳和表达能力,以及对本节课掌握的一个很好的呈现,为教学评价提供了一个很好的机会。因此对课堂小结应该予以足够的重视。

例如"排列组合"这节课我就设计了以下的课后小结：(学生小结,教师补充的方

式完成）

　　学生小结：（1）本节课通过四个例题，学习了使用两个原理和排列组合知识解决排列组合的混合问题的方法；（2）通过例 1 总结出间接法（排除法）；（3）通过例 2 总结出直接法；（4）通过例 3 总结出相邻问题的捆绑法；不相邻问题的插入法；（5）通过例 4 总结出图表法。

　　师：总结得很好。对一个问题的研究往往方法并不唯一，其实排列组合也是如此。在排列组合问题中，根据问题的实际，往往我们还可以作其他的联想、探索和转化，其中的方法多种多样，这些还需要同学们不断地去探索和发现。

　　教学案例设计是有一定的针对性的，是充分体现教师教学风格和个性的创造性劳动；只有把控好教学内容的精当选择、课堂提问的科学设计、进行画龙点睛式的课堂小结，才能使案例设计成为一个环环相扣的整体结构，形成一篇好的案例。

9. 循序渐进：教学坡度的选择策略

茅 杰

当前在全国范围内已经开始了全面打造高效课堂,探索处理多种不同的教学方式,例如翻转课堂、情景创设、探究式等。这些教学方式确实能够有效地提升课堂教学效率。但是随着这些教学方式在不同地区的开展,其中的不足也不断地暴露出来,最为突出的就是坡度设计不合理的问题,正是由于设计的教学坡度不符合学生的实际情况,导致学生学习积极性无法被充分激发。本文根据笔者多年的实践教学经验,对在高中数学教学过程中坡度选择策略进行探究,为一线教师打造高效课堂提供一些借鉴经验。

一、坡度设计的教学意义

数学是一门抽象程度较高的学科,对于逻辑思维能力要求较大。高中数学相较于初中阶段而言,不仅在难度上有了大幅度提升,而且其知识内容更加抽象化,这使得学生学习的难度非常大,大大降低了学生对于高中数学的学习兴趣。初中数学作为基础知识,其内容的设置较为简单,学生学习掌握难度较低。但是在高中阶段,无论是函数,还是数列、二项式定理,还是在解析几何等内容,其难度非常大,一旦在教学过程中,设计的坡度较大,将无助于学生掌握新的知识内容,这对于打造高效课堂造成了极大影响。为了更好地让学生掌握知识内容,提高课堂的学习效率,教师必须根据大多数学生的知识水平、接受能力等实际情况采用合适的教学方法。尤其是在讲授新的知识内容时,应充分做好铺垫,减缓坡度,使学生能够很容易地完成新旧知识点之间的转换,一旦教学坡度设计不合理,会使学生的自信心受到打击,从而降低学习的积极性。

二、坡度设计概述

在高中数学教学过程中,通常分为牵着走、护着走和放手走三种设计方式。

(一) 牵着走

例如:设计以下几个问题:

(1) $T_{64} = 1 + 2 + 2^2 + 2^3 + \cdots + 2^{63}$ 的计算

(2) $\dfrac{1}{2} + \dfrac{1}{4} + \dfrac{1}{8} + \cdots + \dfrac{1}{2^n}$ 的计算

(3) $1 + x + x^2 + x^3 + \cdots + x^{n-1}$ 的计算

(4) 数列$\{a_n\}$为等比数列,则 $a_1 + a_2 + a_3 + \cdots + a_n$

在问题(1)中,可以通过计算国际象棋棋盘格子内放入的麦粒这个故事进行引入,激发学生的探究欲望。学生会有几种常见思路:

1) $T_{64} = 1 + 2 + 2^2 + 2^3 + \cdots + 2^{63} = 1 + 2(1 + 2 + 2^2 + 2^3 + \cdots + 2^{62}) = 1 + 2(T_{64} - 2^{63})$,因此,$T_{64} = 1 + 2 + 2^2 + 2^3 + \cdots + 2^{63} = 2^{64} - 1$

2) $T_{64} = 1 + 2 + 2^2 + 2^3 + \cdots + 2^{63}$,$2T_{64} = 2 + 2^2 + 2^3 + \cdots + 2^{64}$,因此可以得到 $T_{64} = 2^{64} - 1$。

问题 2 是等比数列前 n 项求和的具体例子,设置此问题的目的主要是为后续讲解一般的等比数列前 n 项求和方法提供一些铺垫,让坡度更缓一些,由特例到一般缓缓过渡。其中问题 3 设置也是此思想,问题 3 不再是特例,而是更换为未知数 x,更加抽象,坡度也有所提升,而问题 4 则是完全变换成等比数列的一般形式的求和。通过设置上述 4 个问题,能够让学生逐步掌握等比数列的求和方法,这样的设计探究坡度较小,学生的思维在教师的指导下一步一步地被"牵着走",不容易出现"意外"。

(二) 护着走

设置问题以下三个问题

1. 等比数列的基本量有哪些?

2. 等比数列的前 n 项和会与哪些基本量有关?

3. 如何用这些基本量来表示前 n 项的和 S_n?

上述三个问题对于学生能力的要求是不断提升,首先通过问题 1 让学生能够更好地对概念、定义和关系式进行理解掌握,此问题比较简单,大部分学生完全可以正确回答。而通过设置问题 2 让学生对等比数列的求和公式所涉及的基本量进行探索,此问题可能比问题1的难度有所增加，教师通过适当的引导，帮助学生理解，学生出错时，应及时纠正，问题3的难度更大，此时学生出错的概率更大，但是教师应该让学生充分表达自己的思想，如果学生出错，给与正确的引导，通过"护着走"的方式让学生对整个课堂的知识内容能够深入了解和掌握。

（三）放手走

"放手走"设计模式同样采用类似于上述两种方式的坡度设计方法，通过难度逐渐增加来降低教学坡度，"放手走"意味着在教学过程中教师不会进行讲解和引导，所有的理解和思考过程完全由学生决定。例如在等比数列教学过程中，从特例等比数列计算到一般关系式的等比数列计算完全由学生进行总结和归纳，主要是通过让学生自行探讨，经过不断地分析和修正，最终归纳出正确的结论。此教学方法不仅对学生的综合能力要求更高，同时对于教师的课堂控制能力要求也非常高。

三、坡度设计策略

（一）从学生的实际情况出发

每个学生在知识水平、学习能力、兴趣爱好等方面都会存在一定的差异。在教学坡度设计时，应该对班级的所有学生的实际情况进行深入了解，坡度的选择应该兼顾绝大多数学生的学习基础。此外，对于不同年级的学生选择的坡度也应该有所差异，比如在高一阶段，此时学生还处于初中与高中衔接的阶段，坡度需要小一些，才能更好地帮助学生接受高中数学思想，待更高年级后，坡度可以稍微提高一些。随着年龄段的增加，学生的数学知识和学习能力在不断地提升，因此，教师应根据学生各个年龄段的特点设计合适的教学坡度。

例如，可以采用填空和选择、判断等题型来帮助学生辨清基础知识中的关键词句，用填空引导学生掌握运用基础知识解决简单问题的步骤、方法。这是降低难度的有效办法。如在立体几何线、面平行教学中，为了让学生把线、面平行的性质定理和判定定理辨别清楚、运用准确，可设计一步或两步推理填空题，让学生真正搞清判定定理和性质定理的区别，明确何时用性质定理，何时用判定定理，让学生在做填空题时潜移默化地学会解题的方法，感受数学证明的灵活、优美和精巧，深刻理解论证推理的关键是由题设推出结论。在平时小测验与考试中，让学生多次体验到成功的喜悦，使学生在无意间突破几何入门难的问题。

（二）立足教程的创新教学

高中数学内容比初中在难度上有了非常大的提高，初中数学更注重数学基础知识的学习掌握，数学的抽象特性未能完全体现，学生通过教师的讲解能够有很直观的理解，之后通过课后的大强度重复训练，学生可以熟练地掌握。但是，进入高中阶段，数学的概念更加抽象，尤其是在高一阶段，学生在数学思想、知识内容都还处于一个模式转换之中，这就使得学生的学习难度陡增，大多学生一时不能完全适应。为了能更好地让学生适应，可以通过将教学坡度降低，创新地将高中教材初中化，这种做法可以大大降低教材的难度，使得抽象的数学知识简单化、趣味化、具体化。其中简单化、趣味化、具体化教学可以借助多媒体、实验设备等现代化的辅助教学设备得以实施。

例如，在集合知识教学时，可以将抽象的概念与实际生活相结合，使抽象的数学概念具体化、生活化。例如通过引入个人、集体等具体的示例来说明集合与集合之间的子集、交集、并集、补集等关系，可以让学生从具体的特例中理解集合的相关概念和逻辑性。

每个学生在知识水平、接受能力等方面都存在一定的差异，但是目前大多数教师在高中数学教学过程中重视程度不够，这导致了数学教学过程中坡度设计不合理，使得学生学习效果不理想。因此，要使学生能够更好地理解高中数学，需要根据大部分学生的实际情况设定教学坡度，这样才能让学生更加顺利、简单地接受新知识内容，有效提升课堂教学效率，此外，还应充分利用教学工具，将高中数学简单化，促进学生的理解。

10. 启承转合：图式理论在教学中的应用

张 鹄

在当下上海的高中英语教学中，阅读能力的培养是至关重要的一个教学环节，从近些年的高考真题中亦可以明显看出，阅读能力的高低决定了学生在高考中取得成绩的高低。因此，阅读教学成为高中教学的首要任务。

根据英语学业发展的要求以及注重对学生的阅读认知能力的培养提高，高中英语课程强调在发展学生全方位语言运用能力的基础上，突出培养学生用英语语言工具获取处理信息、分析解决问题的能力。但是，目前一些阅读教学模式已经不能适应现代教学的需要，我们需要研发出一种更加合理的教学模式，切实提高学生的英语综合能力，包括阅读水平，交流能力和实际生活运用。

基于我校的"三问"教学法的研究探讨，笔者在获得充分的学情分析的基础上，试图打破传统教学的对于阅读的桎梏，放飞学生的阅读视野，提高学生的阅读能力和技巧，最终达到更行之有效的教学目标。

一、图式理论在阅读理解中的作用

通过进行大量的相关实验研究，可以十分清楚地看到图式理论在阅读理解中起着举足轻重的作用，主要有以下几个方面：

1. 为吸收篇章信息提供了心理框架。阅读文章时，图式可提供信息源头，如果相关信息被大脑神经收到，它就能找到其合适的位置。

2. 有助于注意力的分配。图式可引导学生到达相关的认知资源，便于学生快速识别所看到的信息主次之分。这样自然对于学生来说，是有助于他们把注意力集中于更加重要的而又相对不熟悉的信息上来。

3. 有助于推导性发挥。很多文章有很多隐含的信息，如果泛泛而读，就难以领悟到文章的深意。而图式理论则给阅读的人提供了找到这些信息的保障。

4. 对搜寻信息有极大的帮助。图式可以起到类似于搜索引擎的功能，可以引导读者找到需要回忆的信息，主动过滤掉很多在大脑中的无关的信息，只是让学生在阅读时回忆起相关的特定信息。

5. 有助于编辑与总结。图式让学生可以区分对待不同信息，形成主次之分。在阅读过程中，一些隐含的信息会产生信息沟，从而对一篇文章形成不完全理解。而采用图式可以把这些隐含的信息沟和文章的信息对接起来，让学生真正理解文章的深层含义。

二、在阅读过程中使用图式理论的实用技巧

在阅读过程中，合理地使用图式理论的技巧，能够达到事半功倍的效果。那么，图式理论的实用技巧可以在阅读的三个过程中充分利用，体现出它的高效性来。

（一）阅读之前的准备工作起到启迪作用

在准备阅读一篇文章之前，老师可以要求学生先看文章的标题，顺便问一下他们是否对于相关的背景知识是否有所了解，从而可以大致预测一下文章所写的内容。接下来，老师可以利用文章当中的插图或下图片，以及下载一些与文章内容有关的视频，以此来激发学生的阅读兴趣，提高阅读效果。然后通过问答法，有意识地引导学生把所提的问题和他们自身的背景知识联系起来，将文章内容和学生的背景信息有机地结合起来。最后，老师可以通过讨论法。鼓励学生自由讨论，启发学生对文章的相关话题进行思考。

（二）阅读过程中的图式理论运用起到承和转的作用

在阅读过程中，最是体现图式的信息处理功能强大功力的时候。因此，老师可以通过两步骤来帮助学生运用图式，并同步建立相关的图式，以便更好地理解文章。第一步是 Skimming 和 Scanning。其阅读目的是让学生能够了解文章大意，从而获得文章的总体信息。第二步也是最重要的一步，Intensive reading。这一步的最重要的目的是让学生对所阅读的文章能有一个更深层次的理解，起到承上启下的作用。然后，通过掌握语篇标识词有助于读者清楚准确地把握文章的脉络，很好地转接到作者所要表达出来的思想。

（三）阅读最后的图式理论起到总结贯通的作用

阅读后，要充分发挥图式的记忆组织功能。因为，说到底，图式仍然是一种结构，对于读者有条理地回忆文章中的信息是帮助很大的。

阅读后的活动可以有以下四个基本类型：1. 通过将学到的词语填入句子的空格当中，以达到强化学生语言图式的目的。2.将课文进行复述，可以通过高效地应用建立好的图式，和文章的内容有机地结合起来，达到对阅读材料的进一步理解。3.写文章的小结或者总结。读后写小结或者总结可以帮助学生更加深入地理解材料，加强记忆，让学生能够对所学知识有一个长期的记忆，而且会有利于建立新的图示，为下一步的学习打下坚实的基础。4. 运用所学的内容撰写故事，鼓励学生将所学的内容图式和语言图式相结合，并合理地运用形式图式。通过这样的活动，学习者会建立一些新的图式。在反复地运用这种方式后，学生们就会主动、有意识地在平时的阅读中运用图式理论，对于学生们全面深入地理解文章能起到关键的作用。

概括地说，所有语篇都是由语言图式、内容图式和形式图式这三种图式组成。学生在阅读语篇时，一般都是先通过语言图式获得内容图式和形式图式，而最后记住的多数是内容图式和形式图式。所以说，语篇阅读理解取决于三种图式的相互作用，三足鼎立。因此，教师在阅读教学中，要尽力去帮助学生建立适当的这三种图式，这样才能真正理解语篇，从而达到全面提高学生阅读理解能力的目的。

三、图式理论在高中英语阅读教学中的案例与分析

（一）学习课文新词汇的英文解释

1. vague (a)：not clearly understood or expressed

2. ripen (Vt.)：become fully grown and ready to be eaten

3. straightforward (a)：very easy to understand；（of a person）honest and not planning to hide their opinions

【设计说明】为了减少因语言图式的缺乏，对文章理解造成的影响。通过上面的步骤能够最大限度地去帮助学生构建新的语言图式。通过英英互译的方式解释词汇意义，除了帮助学生提高阅读速度，也是为了让学生用英语的方式来思考问题。

（二）快速浏览

Question 1. What is a slang?

Question 2. Which slang is often used to describe children?

【设计说明】为了帮助提升学生的注意力范围,教师可以设计一些有概括性的问题,让学生能够快速把答案从文章中提炼出来,从而达到全面激活已有图式的目的。在这一教学设计中,我通过对学生要求整体阅读,熟悉课文内容,以达到构建内容图式的教学目的。这样的设计就起到了承上启下的作用。

（三）泛读

再次阅读这篇文章并完成 C2 部分。确保在规定时间选出相关信息

1. Why does this passage have many slangs?

2. Which slang in this passage is relevant to Agricultural life?

【设计说明】图式理论注重各种结构相互处理的有机结合。为了更进一步地丰富同学们的内容图式,在这个阶段的阅读过程中应当加入更加详细,更加具体的内容。给学生们提供更多的有关所学文章的问题,可以方便学生集中找到问题的答案。

（四）读后任务

结构分析

第一部分(Para 1) Definition of slangs

第二部分(Paras 2—6) Examples of slangs

第三部分(Para 7) Importance of learning slangs

【设计说明】回答问题之后,要求学生能根据所阅读的内容,对文章的结构进行进一步的分析,从整体上对文章能有充分的理解,能够建立起新的形式图式。在这一活动中,采用了把文章分成几个部分的方法也采用了与高考相匹配的任务型阅读的图表式呈现。

（五）作业布置

上网找出尽可能多的俚语

【设计说明】这个环节主要目的是对本文的进一步拓展,通过在前面已经建立起来的并丰富的内容图式和形式图式结合语言图式,使学生在图式的推动下对文本有了自己的情感态度。这一环节意味着整节课的结束了,但更是延伸课堂的一种模式,通过运用身边的材料来提升自己语言图式,内容图式和形式图式的层次。

四、总结与反思

1. 实验前测中,两个班的成绩不存在明显的差距;而经过实验后,实验班的成绩较

之前取得了显著的进步。

2. 经过实验，发现图式理论为理论基础的教学模式对学生的帮助很大。

3. 通过实验后的调查问卷使用，发现了学生阅读的兴趣在不断增强，并且在今后的阅读中熟练地使用这种阅读策略，因此，学生们的阅读就更具有了目的性和主动性。图式理论帮助学生解决了他们在阅读中的一些难以解决的问题，增强了他们阅读的自信心。所以，图式理论的阅读教学模式完全适合高中英语阅读教学。

由于本次研究材料和研究手段相对有限，最终的研究结果也有一定的局限性。1.尽管问卷调查的选项设置还算是比较客观，但是有些问题的设计还不够精确，有一些不够合理的地方。其次，由于前一次测试试卷和后一次测试卷的难度系数很难达到完全的一致，会对测试结果的客观公正性有一定影响。2.由于课时安排也相对不够宽裕，有的阅读教学不能顺利地完成。3.这一次实验的对象只在我任教的两个班进行，学生人数不多，所以样本相对也就比较小。当然，这就为之后进行下一步的研究提供了可能，我有理由相信本次研究对未来的探索具有一定参考价值。

第九章

及时进行教学反馈

　　反馈与评价是教师依据教学目标测量教学效果的重要途径。教师应在明确反馈与评价的原则、标准、策略的基础上，依据及时性、全面性与科学性的原则，充分考虑学情、教学目标、教学内容等因素，综合多种形式进行有效的反馈与评价，为及时调整教学策略，重组教学内容，改进教学方法提供有价值的信息。

　　反馈与评价是教师依据教学目标测量教学效果的重要途径，是基于教学实践而进行的效率评估。其中，反馈是指在教学过程中，教与学双方各种信息的相互传递和作用。它可以捕捉来自学生各方面的反应，有针对性地调控教学行为，使教师作出更有利于学生发展的教学决策。而评价则是按照科学的标准，运用一切有效的技术手段，对教学过程及结果进行测量，并给予价值判断的过程。它是在教学反馈的基础上指向教学过程和教学效果。两者相辅相成，相互补充，共同指向学生在某一阶段、某一学段的学习效果，对教学决策提供了有用信息。反馈与评价是"三问"教学法的重要环节，帮助教师精准定位学生到底"走到了哪里"。

　　在核心素养的视域下，传统的教学反馈与评价方式面临着困境。在教育综合改革的背景下，教师对反馈与评价的原则、标准、策略进行了思考与探索，为全面、客观地检测教学效果提供了一些思路。有的老师侧重作业设计的标准研究，通过"全面涵盖"课标、学情与素养，为教学的反馈与评价提供了明晰的标准，以确保反馈与评价的全面有效，为下一步及时调整教学策略，重组教学内容，改进教学方法提供有价值的信息。有的老师聚焦课堂教学评价的策略研究，通过诊断评估、调节改善和促进激励，实现课堂教学评价的"科学全面"。这一及时性的反馈与评价策略，为挖掘与提升学生的潜能、促进课堂效果的有效生成、及时调整课堂的教学行为，提供了重要的参考。有的老师则关注教学的反馈与评价过程，通过"导控诊治"，检测教学内容是否已经被学生吸收、内化、应用，并综合多种评价方式、多个评价侧重点的契合，评估学生在不同情境中学科任务的完成质量，全面衡量学生的发展状况，提升学科核心素养。

　　教学的反馈与评价形式多样。在实践中，教师在基于及时性、全面性与科学性的原则之上，充分考虑学情、教学目标、教学内容等因素，并根据自身的教学需要，综合运用科学的反馈与评价形式，借以对被评价者做出全面鉴定。

　　当然，在核心素养的时代，教学的反馈与评价除了注意"课堂与课后的两个结合""多种评价方式的综合"与"多个评价侧重点的契合"的策略外，更应该注重不同学科核心素养落实的评价。根据不同学科的核心素养，构建真实的生活情境作为反馈与评价的内容。整合质性评价与量化评价的优势，综合动态的学习过程与静态的学习结果评价，对整个教学活动的效果做出总结性评定。

（王祖康）

1. 全面涵盖：基于课标与
学情的作业设计路径

王祖康

　　课后作业是检测学生是否掌握课堂教学内容、评价学生学习效果最常用的方式之一，然而在高三历史等级课的教学实践中，既有基于通史学习的专题模块新课，也有在旧知识模块基础上重整内容的复习课。现行的高三历史练习册编制于 2010 年，虽然在 2019 年对教学内容进行了增加、修订，但其内容体系只适用于专题模块新课，且其出版时核心素养并未公布，题型也是针对"3＋1"时代旧高考设计的，与等级考背景下的学情相距甚远，难以匹配教材重构后的等级课日常教学。因此在实际教学中，高三历史等级课的作业往往不能聚焦课程标准与学情和提升素养，未能对学生的学习效果进行较为准确的评价。

　　所谓"全面涵盖"指的是：基于学校"三问"教学法的研究，在充分分析学情的基础上，聚焦课标、《上海高中历史学科基本要求》、素养提升与教学内容主旨的设定，结合教学环节的重、难点，设计课后反馈作业，力求全面涵盖各方面因素，真正评估学生的课堂掌握情况，以期在教考一致"同心"的基础上，检测学生是否达到预设的教学目标，实现"聚力"，即掌握关键能力与必备品格。

一、"全面涵盖"——作业设计的目标依据

　　高三历史等级课作业设计必须以课程标准与《上海市高中历史学科基本要求》为指导，在分析学情与每节课教学内容主旨的基础上，设计作业内容。在设计过程中注重知识点、题型覆盖的全面性、互异性、分层性，设计出符合高三历史等级课教学要求的作业。

（一）基于"课标"探索作业设计的素养依据

在 2017 年出版的《普通高中》历史课程标准中提出了学科核心素养的概念，历史学科的核心素养分别为：唯物史观、时空观念、史料实证、历史解释、家国情怀五个方面。五大素养中既有方法统摄，又有达成途径；既有学科本质体现，又有价值追求目标。同时在附录中，将历史学科核心素养水平划分为 4 个层次，第 3、4 层次就是针对等级考而言的素养达成水平。在高三历史等级课作业设计的过程中，我们应该以附录中的历史学科核心素养水平划分作为作业设计的素养依据，但在设计时切不可忽略水平 1、水平 2，因为在选修历史的群体中，存在相当一部分基础相对薄弱的学生，他们学习态度较差、能力相对较低。以时空观念素养为例，水平 1 的表述为："能够辨别历史叙述中不同实践与空间的表达方式。"[1]按理说这应该是历史合格考学习中已经掌握的内容，然而在等级考的练习过程中仍会发现有一部分同学在公元纪年换算世纪表述的过程中出现错误。水平 2 的表述为："能够将某一史事定位在特定的时间和空间框架下。"[2]但在等级考的练习过程中，仍发现有学生在不平等条约的排序、将不平等条约置于西方工业文明发展程度加深的视域下，考察方面也相对薄弱。然而时空观念作为历史学科的显性特征之一，时空观念的水平 1、2 会导致水平 3、4 难以实现。

（二）基于"要求"构建作业设计的内容依据

由于《历史课程标准》的内容要求是针对统编高中历史教材编写的，而上海高三等级考还在使用华师大版教材，因此必须以《上海高中历史学科基本要求》中的学习内容与要求作为作业设计的内容依据。作业设计的过程中，既要体现学习内容上学习水平 A（识记）、B（理解）、C（应用）、D（综合）的差异，又要检测学生是否掌握课堂示范的技能与方法。由于基本要求中关于内容目标的设定较为模糊，因此在作业设计的过程中，必须进一步细化教材知识。如在二战后世界格局的教学中，基本要求有一栏表述的学习内容为"美苏争霸的重要史实"，学习水平为 B 即理解。在作业设计时必须先梳理第六分册教材对应的知识点，包括第二次柏林危机、古巴导弹危机、越南战争、星球大战计划等核心史实，同时根据附录的学科学习水平界定表进行

---

① 中华人民共和国教育部.普通高中历史课程标准[S].北京：人民教育出版社，2018：70.
② 同上注.

命题。理解层次可以设计考察重要历史事件、人物、时代特征的选择题，也可以考察区分历史叙述与历史解释的简单题，更可以考察概括材料观点、归纳时代特征的综合题。

（三）基于"学情"完善作业设计的能力依据

高三作业设计离不开教师对每天教学内容尤其是教学重、难点的把握，更源于教师课后对每天教学实施效果的反思：今天我完成的程度是什么？学生的能力上限与下限分别是什么？这就需要我们对学情有一个精准的把握。一般而言在高三等级课的教学过程中，我们可以通过课堂练习、问题讨论、课堂观察、电子终端等方法了解学生的反馈，每天动态地调整作业设计与布置。例如在对我校某届高三历史等级班50名的学生抽样调查中，有60%的学生讨厌时空的识记，这既反映了学生在历史学习中的薄弱点，又为我们指明了在作业设计过程中必须提升的能力水平。同时针对学习能力不同的学生，可以设计分层的选做作业。例如在设计提升"历史的诠释评价"能力的作业时，对于能力薄弱的学生可以设计考察归纳历史叙述的异同点的题型，对于能力较高的学生可以设计考察关注历史解释的差异，说明对历史为何有不同解释，进而对评价作出自己的观点。

三、"全面涵盖"——作业设计的操作实践

基于上述分析，我们不难发现，作业设计的依据涵盖了"标准""要求"与"学情"。三者构成一个同心圆，圆心指向学生是否掌握教学内容、习得关键能力、提升核心素养，进而实现立德树人。而检测学生是否能从学情起点的此岸、到达圆心的彼岸的最常用的方法是作业设计。

在全面涵盖素养依据、内容依据与学情依据的基础上，如何结合高三历史等级课的教学，进行作业设计的操作实践，下面笔者结合高三"工业文明入侵背景下中国近代不平等条约体系"这一专题的作业设计谈谈实践路径。

首先，是基于"要求"确定作业设计的内容目标表（如表9-1），表中包含对应课程内容与学习水平。

其次，依据"标准"中的素养依据，结合内容目标表，设计与课堂教学内容相关的作业，制作双向细目表。

表 9 - 1：不平等条约体系在学科基本要求中涉及的内容目标与学习水平
整理自《上海市高中历史学科基本要求》2017 年版

内容板块	一级主题	二级主题	学 习 要 点	学习水平
不平等条约体系	天朝的危机	4.1.1 鸦片战争与五口通商	虎门销烟的背景和原因	B
			林则徐领导虎门销烟	A
			《南京条约》的主要内容	C
			《南京条约》的影响	D
			第二次鸦片战争的爆发	A
			火烧圆明园	B
			《天津条约》《北京条约》的主要内容及影响	B
	救亡图存	4.2.2 甲午战争与戊戌维新	甲午战争的原因、主要战役	A
			《马关条约》的主要内容及影响	C
		4.2.3《辛丑条约》与清末新政	列强资本输出的主要方式	A
			"门户开放"政策	B
			八国联军侵华的时间	A
			《辛丑条约》的主要内容及影响	C
	国共分裂与抗战开始	4.4.1 南京国民政府内政外交	改定新约的内容及作用	B
	从新民主主义向社会主义的过渡	6.1.1 中华人民共和国成立	中华人民共和国成立的历史意义	C
拓展型课程	上海的历史变迁	7.4.2 近代上海市政的变迁	上海开埠与租界的市政	C
			晚清华界的市政	A

如在作业的第一部分设计不平等条约体系的时空印象检测,利用鱼骨图帮助学生认识侵略战争、不平等条约与西方工业文明发展水平之间的关系,利用地图帮助学生辨识条约开放的通商口岸与签订地。这一部分对应的是时空观念素养中的水平 1、水平 2、水平 3。从能力层级与作业分层而言,对应的是全体学生。

作业的第二部分是选择练习检测。设计依据是：根据学习要点中内容模块对应的教科书中的全部知识,结合学生的学情与不同的能力发展水平进行试题编制,力求做到知识点与能力考查不重复。如"《马关条约》的主要内容及影响"一栏在教材上对应《马关条约》的所有内容。因此它所对应的试题不止一题,所有内容都可能作为命题者考试出题的依据,那自然也成了作业设计的依据。

如该条约内容允许列强在通商口岸设厂,在作业设计中则设计了一道试题:

"规定在各通商口岸"得自由从事各种制造工业",对中国经济带来致命伤的条约是

A.《南京条约》　　B.《天津条约》　　C.《马关条约》　　D.《辛丑条约》

如该条约内容割让了台湾、澎湖与辽东半岛等土地,笔者依据条约原文设计了一道核心信息提取的试题:

"该线抵营口之辽河后,即顺流至海口止,彼此以河中心为分界。辽东湾东岸及黄海北岸在奉天所属诸岛屿,亦一并在所让界内"。作为条约条款,该条约内容出自

A.《南京条约》　　B.《天津条约》　　C.《北京条约》　　D.《马关条约》

作业的第三部分是综合练习检测。这部分的设计依据是:根据内容目标中学习水平 D、C 档的内容,或综合所有 B 档的内容进行作业设计,题型包含配伍、简答与材料题。从素养提升来看,主要结合五大核心素养的水平 3、4 进行设计,考察学生综合运用"集证辨据"与"诠释评价"的能力。

如在该专题作业中笔者引用、改编了 2019 年普陀区高三历史模拟题中的最后一题:"美国记者长江见闻"。

该题第 1 问"1877 年美国记者这篇游记的时代背景是什么?"考察了时空观念素养水平 4,能将历史置于具体的时空框架下考察,定位中外时代大势。该题第 2 问"从该史料中可以提炼清国的哪些重要特征?"考查了史料实证素养的水平 3,培养学生提取历史信息,进而归纳现象反映的时代特征。第 3 问"你如何理解这位美国记者的游记?"则综合考察了唯物史观素养水平 3、4,历史解释素养水平 2、3、4。该题学生必须区分游记中哪些是客观历史叙述、哪些是时代特征下主观历史评价,再基于唯物史观进行辩证、全面的评价。

尝试探索基于标准、学情与素养提升的高三历史等级课作业设计,是针对当下诸多等级考科目作业设计内容过多、目标不明确,把学生带入低效的"题海战术"而提出的。在实践过程中主要取得了以下几点成效:其一,作业设计目标明确,提升了学生完成作业的积极性。其二,作业内容全面涵盖,保证了高三复习课堂的有效性。

　　当然我们的作业设计也有需要反思之处：其一，作业设计过于追求"面面俱到"，导致重难点不够突出，如缺少了对不平等条约体系进行评价的题目，而过于关注"以小见大"的现象折射时代的题型。其二，如何确定能力与素养依据，这方面缺乏科学的理论指导，边界比较模糊，缺乏相应的量化标准。

2. 科学全面：指向学习效果
提升的课堂评价策略

李 瑾

课堂教学的最终目的是实现教学的有效性，课程的实施要求课堂上应该有对学生学习情况的评价，通过评价，更好地指引教师进行下一步的教学设计，从而促进学生学习，实现有效的教学。

一、课堂评价中要做到科学全面的意义

课堂评价要做到科学全面的意义价值主要体现在三个方面：诊断评估、调节改善和促进激励。第一，通过课堂评价，教师对于课堂教学的各个环节都能够与预设的教学目标进行比较，从而根据实际反馈的情况诊断出教师教学中存在哪些问题和不足，是否适应当下学生的具体情况，便于教师评估教学效果和学生掌握的情况。第二，经过适时的诊断评估，教师可对接下来的教学采取适当手段进行调节和改善。可以是教学的进度、难度、呈现的方式等各个方面。从而提升本节课的效果或者是为今后的课堂教学提供更适当的教学策略。第三，科学全面的课堂评价，对于学生的学也是非常好的促进与激励。正面的评价可以引导学生更为主动地学习、主动地思考；而指出学生的错误和不足也能及时引导他们建立正确的知识结构，潜移默化学生勇于质疑、客观公正的思维品质。

二、提升学习效果的课堂评价策略分析

学生的个体是有差异的，在课堂教学中，针对不同的学生，他们都能在课堂上有自己的获得感是教师教学的目标。课堂教学不能只关注学生知识层次目标的达成，也应

该关注学生在学习过程中，是否获得了体验和进步，是否转化为个人能力。因此，有效的教学不仅是让学生掌握课程目标内的知识内容和知识结构，更重要的是对于学生思维方式方法的提升以及知识迁移和灵活应用能力的培养。一份教学设计不可能放之四海而皆准，只有符合了听课学生的认知水平，对他们的知识能力有所提升，才是有效的教学。笔者认为促进学习的课堂评价策略可以从以下几方面入手。

（一）重视对学生数学基础知识和基本技能掌握情况的评价。

重视学生对基础知识和基本技能掌握情况的评价，就是对全体学生应该初步掌握内容的评价。学生是有差异的，学生对于知识获得的速度、感受是不同的。作为课堂教学，我们不能只面对某些聪明的学生，我们要让大部分同学都能有获得感。这种评价就要设计的简单基础一点，是对全体学生应该初步掌握内容的评价，不要过分强调解题技巧，避免转化过多，偏难偏繁的问题。让全体学生都能独立思考、主动参与、轻松学习，并为后续学习增强信心，打好基础。

（二）重视对学生课堂学习过程的评价。

在课堂学习的评价策略中，既要重视知识的掌握程度，也要重视课堂上的学习过程。学习过程体现在课堂阅读、课堂聆听、课堂练习各个方面。对学生的学习方法和能力进行全方位的评价和指导，同时也关注学生合作交流的能力，提升他们的学习素养。

（三）重视学生学习能力的评价。

如何检验课堂的有效性，需要教师设计具有一定知识迁移能力的问题来考察学生的学习能力。课堂教学的最终目的是为了学生的发展，课堂反馈的评价必须落实到提升学生主动探究和解决问题的能力才是有效的评价。

（四）重视学生归纳小结的表达能力的评价。

课堂小结对于提升学生的学习有效性有着重要的作用。经过一节短短的四十分钟的课，学生接受的信息量其实是非常大的，如果不加以提炼和总结，遗忘也会非常快。高中数学本身是一门比较抽象的学科，学生如果在课堂上对内容只是一知半解，没有自己的思考，掌握就不会充分和牢固。因此特别需要进行课堂小结。而课堂小结最好由学生自己完成，而不是简单的接受和模仿。教师对于学生归纳小结的表达能力的评价，也是引导他们主动的思考、主动的学习。学生一旦建立起总结归纳的能力，更容易实现知识之间的联系，也就能更好地掌握知识和技能。

三、案例呈现

笔者作为一名高中数学教师，以一堂区公开课"基于概念理解的高三数列极限复习课"（以下简称"极限"）为例谈一谈在整个课堂过程中如何实施课堂评价来促进学习的有效性。

首先，"极限"一课中，在进行了数列极限的定义的阅读和理解后，设计如下练习：

判断下列数列是否存在极限？如果有极限，极限是多少？

(1) 数列 $\dfrac{1}{2}, \dfrac{1}{2^2}, \dfrac{1}{2^3}, \cdots, \dfrac{1}{2^{10\,000}}$；
(2) $a_n = \begin{cases} 2n+1, & 1 \leqslant n \leqslant 10\,000, \\ \left(\dfrac{1}{2}\right)^n, & n > 10\,000, \end{cases}$；

(3) $a_n = 1$；
(4) $a_n = \dfrac{1}{n}$；

(5) $a_n = q^n$；
(6) $a_n = \begin{cases} 0 & n = 2k-1, \\ \dfrac{1}{n} & n = 2k, \end{cases} \quad k \in \mathbf{N}^*$；

(7) $a_n = \sqrt{n+1} - \sqrt{n}$.

这些问题的设计不需要高深的理解和繁复的计算，只是考察学生是否清楚地认识到"数列极限的概念是在无穷项数列的背景下出现的，无穷数列若有极限则极限唯一；但无穷数列不一定有极限；有穷数列的项数是有限的，不存在极限这个概念；并且数列极限与前有限项无关"这些基本的概念。

通过学生掌握情况的反馈，教师就可以对学生在数学知识点本质的理解、基本数学方法的掌握有一个基本的了解。教师通过评价反馈，了解大部分学生的思维发展水平，及时修正和改进，同时可以及时调整下一步的课堂教学，以实现课堂教学的有效性。评价的过程中，教师关注的不是学生片面的机械的记忆和某些解题方法的简单模仿，而是知识的来龙去脉，发生发展。学生通过及时的反馈评价，也可以对后续课堂学习产生求知的欲望和主动性。

接着，在"极限"一课中，要求学生用求数列极限的方法研究无穷等比数列前 n 项和 S_n 的极限公式。在之前的学习中，已经介绍了等比数列的前 n 项和与极限的概念，通过学生的类比迁移，不难利用极限这个工具将"等比数列的有限项求和"转化为"等比数列的无限项求和"。这种自行探究的过程让课堂有一个留白的时间,让学生深刻体会从有限认识无限、从已知认识未知、从近似认识精确的极限思想。

在这个过程中,教师的角色开始转变,不是一个讲授者,而是一个等待者和倾听者。在学生自主学习探究的过程中,教师凑近观察,同时也个别指导。作为课堂上的一份子,参加到学生的活动中。对于学生学习过程的评价,让教师更多地是创设学习情境、设计学习进程、组织学生探究、分享探究结果。这种反馈评价策略正是帮助学生建立独立思考的能力,提升数学的基本素养,更有利于学生的全面发展。

第三,对于学生学习能力的评价,"极限"这节课我是这样体现的。我针对的是文科班的学生,学生数学基础差,学习能力不强。因此设计评价就不能太难、太繁琐,超过他们的能力,从而变成无效评价。但是由于是高三教学,也不能过于简单,不利于学生对自己的准确定位和后续学习积极性的培养。本节课的最后设计如下问题来检验学生的学习效果:

问题5：请运用数列极限思想来解决数学问题.

已知数列 $\{a_n\}(n \in \mathbf{N}^*)$,若 $P_n(n, a_n)(n \in \mathbf{N}^*)$ 均在函数 $y = x^{-\frac{1}{3}}$ 上,则 $\lim\limits_{n \to \infty} | P_n P_{n+1} | = $ _____。

变式：已知数列 $\{a_n\}$ 满足 $a_n < a_{n+1}(n \in \mathbf{N}^*)$,若 $P_n(n, a_n)(n \geqslant 3$ 且 $n \in \mathbf{N}^*)$ 均在双曲线 $\dfrac{x^2}{6} - \dfrac{y^2}{2} = 1$ 上,则 $\lim\limits_{n \to \infty} | P_n P_{n+1} | = $ _____。

变式部分是2019年的上海秋考数学真题,如果用极限计算去解决就会比较麻烦。而通过本节课的学习,学生若能回顾数列极限的描述性定义,探寻动点 $P_n(n, a_n)$ 无穷运动的规律特点,从而与双曲线的渐近线发生联系,解答的过程就会变得轻而易举。如下:

解：当 $n \to \infty$ 时,$P_n P_{n+1}$ 与渐近线平行,$P_n P_{n+1}$ 在 x 轴投影为1,渐近线斜角 θ 满足: $\tan\theta = \dfrac{\sqrt{3}}{3}$, $\therefore P_n P_{n+1} = \dfrac{1}{\cos\dfrac{\pi}{6}} = \dfrac{2\sqrt{3}}{3}$。

实际操作中,特意加上了前一个问题,正是出于对学生学情的分析。从简到难,做一个铺垫。这个问题的设置正是通过对学生的反馈的评价,来检验课程效果的有效性。最终的目的还是为了教学目标服务。让学生体会到在高中数学问题的解答上如果运用极限的思想,可以从直观上考察无穷运动的终极状态,从思维和想象中加以辩证理解,不仅可以避开抽象、复杂的运算,优化解题过程、降低解题难度,也有利于培养学生的创新思维和探索能力。

在课堂上重视对学生的数学能力的评价,也就是强调了学生的学习能力的培养应该渗透于解决问题的过程中。学以致用不是说说的口号,而是真正要落到实处,作为评价标准而存在的。

最后,在课堂小结环节也是重视了对学生归纳小结的表达能力的评价。教师对于学生归纳小结的表达能力的评价,也是引导他们主动思考、主动学习。学生一旦建立起总结归纳的能力,更容易实现知识之间的联系,也就能更好地掌握知识和技能。例如《极限》中,学生就对本节课的知识点和学习方法进行了小结。笔者从知识、能力、情感等方面予以引导,学生总结出本堂课在知识层面学习了数列极限的定义、三个重要数列极限公式、极限的四则运算法则和无穷等比数列各项和的定义。期间还渗透了数形结合、分类讨论、有限无限等数学思想。最后,学生体会到追求极限是一种变化过程。在这一过程中,"无限趋近"的思想一直伴随期间。即使不能一步达到,但是可以步步趋近。出发前一切只是梦想,行动后一路都是挑战。"无限趋近"精神激励自己锲而不舍,挑战极限,去达成自己的理想。

对于不同层次的同学,归纳理解的体会是不一样的,正是通过这种不同的反馈评价,进一步提升了课堂的有效性。

总之,促进学生学习的课堂评价策略,根本目的是为了全面提高课堂有效性,在课堂的各个环节注重师生对话,适时反馈评价。多让学生思考,多让学生动起来。最大限度地调动学生的积极性,激发他们的学习兴趣和能力。同时,及时地反馈和评价也帮助教师了解教学情况,作出应对措施,因材施教,实现高效课堂。

3. 导控诊治：指向学习过程的作业设计研究

黄雅娟

高中思想政治课是一门学科，也是意识形态和价值体系的引领，给予学生更多的是观察、分析、思考问题的立场、观点和方法。作业设计是教学设计的重要环节、达成教学目标的重要手段、实施教学评价的重要组成。新课标下的作业观要处理好"课程""素养""评价"三者的关系，真正实现"教""学""评"一体化。

基于此，高中思想政治课作业设计将关注点指向学习过程，通过导（导学）、控（监控）、诊（诊断）、治（治疗），着重记录学生各种学习行为表现和可视化作品，并伴随着各种支架程序和诊断程序，了解学生有没有学会、学会了什么、怎么学会的，以及在学习过程中的发展需要，充分发挥作业巩固、诊断、应用、改进等功能，帮助学生学会自我诊断、自我改进，引导其真正明白去哪里、怎么去、怎么知道已经到哪里了，从而提升其在学习和实践中认识世界、改造世界的学科核心素养和关键能力。

一、"导控诊治"的理念与意义

通过"导控诊治"，把作业内容转化为教学内容，将其拓展为一系列学习任务的集合，从甄别选拔转向激励改进，贯穿于学习全过程，既关注学生的"过去"和"现在"，也关注学生的"将来"，并促进教师针对性地改进教学，让教与学在不断的反馈、修正中日趋完善。

（一）"导控诊治"将学情分析贯穿于教学始终，有效开展"精准施教"

多元智能理论主张各种智能只有领域不同，没有优劣之分，因此每个学生都具有发展的潜力。这就需要教师从不同领域、不同视角去看待和培养每一个学生，以促进其发展。

"导控诊治"将学情分析从"教学前"扩至"教学中"和"教学后"，从关注学生认知起点扩至及时反馈学生各阶段学习的学情,从而有效判断不同学生的不同特点及其发展潜力,为学生进行学习诊断并提出适合其个人发展的建议,有效开展"精准施教",将其潜能最大程度地调动起来并加以实现。

（二）"导控诊治"让学生经历知识和技能的生成过程,真正实现"授人以渔"

建构主义认为,学生不是被动的信息接受者,学习不是知识由教师到学生的简单转移或传递,而是在师生共同的活动中,教师通过提供帮助和支持,使学生主动地建构自己知识经验的过程,这种建构是任何人所不能代替的。[①]

"导控诊治"引导学生在学习探究和社会实践中发现问题、分析问题、解决问题,让学生在完成作业中展现思维过程、经历知识和技能的生成过程,使其在思考、体验、选择、解决中真切感受到亲身获得的学习内容和相关能力,推进自学成效,从而真正实现教师"授人以渔"的教学目的。

（三）"导控诊治"引教师主导为多方位助学,充分凸显"学生中心"

教学过程是学生自主建构和教师价值引领相统一的过程。从他主到自主、从依赖到独立是一个"从教到学"的转化过程。[②]

"导控诊治"以学生为中心,推动教师在作业设计时充分发挥自身主导作用,展开多方位助学,以保证学生学习的方向性和有效性。如果说学生是积极主动的学习者,那么教师就是积极主动的组织者、促学者、指导者和评价者。

二、"导控诊治"的实践与操作

指向学习过程的高中思想政治课作业设计,围绕"导、控、诊、治"四个关键要素,通过提供学习支架、进行过程干预、诊断问题症结、实施补救措施等,引导学生自我正确认知,进而去弊存善,培养良好的学习方法和习惯,并不断发现问题、解决问题,增强学习获得感。教师也可以通过作业设计与布置,适时干预和及时反馈,了解不同学生的学习情况,进而对每一个学生的学习发展进行有效评价和帮助。

（一）导（导学）——提供学习支架

作业"导学"如同建高楼大厦使用的脚手架。教师通过课前提供作业导学,例如作

① 袁秋菊,李继征.当代教育心理学同步辅导·考点解析·考研真题[M].西安:西北工业大学出版社,2015:91.
② 余文森.核心素养导向的课堂教学[M].上海:上海教育出版社,2017:238.

业模板、学习任务单、可参考的学习资源、评价量规等，为学生搭建学习支架，让学生明确学习要求和方向，并通过支架支撑不断攀升；同时提升学习效率，做到"有的放矢"，避免学生盲目行动。

（二）控（监控）——进行过程干预

作业"监控"是通过阶段检查、评价、反馈，并根据反馈结果对学生学习作出相应调节的过程干预，内容涉及学习时间、学习方式和学习质量等，方式有了解、提醒、引导等。通过监控，教师及时记录和了解学生的学习情况，提优补缺，推动质优发展。

（三）诊（诊断）——诊断问题症结

作业"诊断"是教师给学生开学习"处方"。如医生看病，教师在诊断前也会通过多种途径和方式对学生进行全面"检查"，搜集相关数据，并在开"处方"时，给学生一些可描述的具体内容（如反馈意见、活动评语等），以帮助学生清楚自己的"问题症结"和"治疗方式"。

（四）治（治疗）——实施补救措施

作业"治疗"即回应诊断结果，在发现问题基础上有针对性地解决问题，"治疗"的目的在于改进。关注学生学习过程的作业诊疗，要兼顾"共同性"与"差异性"，做到"统一治疗"与个体"定制补救"相结合。新高考改革实施后，无论是合格考还是等级考，都在共同评价尺度的框架中体现了"差异性"，唯有对症下药，方能真正促进学生优势发展和全面发展。

三、"导控诊治"的案例与分析

"导控诊治"不是孤立的作业设计各个过程的简单叠加，而是结构化的学习任务群融合。本文以经济常识"国家财政依法纳税"一课为例，就围绕"导控诊治"开展指向学习过程的高中思想政治课作业设计探究。

依据《上海市高中思想政治学科教学基本要求》的学习内容与要求，"国家财政依法纳税"一课设置了5个课时。

（一）开启课前"导学"

每一课时都有"课前作业"与"课后作业"，但彼此有联系：课前"导学"作业为课后作业做好铺垫，而课后作业则是课前"导学"作业的进一步深化。

例如第二课时的课前"导学"作业是对"2019年我国部分财政支出情况"进行网上信息检索，查找相关资料完成数据填写（表9-2）：

表9-2 Z2001：网上检索信息，查找相关资料完成下列表格，并提供数据来源
2019年我国部分财政支出情况

2019中央财政将安排_____亿元支持"厕所革命"，整治农村人居环境污染。
2019年的中国国防支出预算_____亿元规模，接近1 800亿美元的规模创下了新中国国防支出的纪录，但约7.5％的增长率在2000年以来的增速上达到了历史最低位。
2019年中央投资乡村产业基础设施工程重点支持4大项目： 1)_____项目;2)_____项目;3)_____项目;4)农机具存放保养基础设施项目;
2019中央财政教育支出安排超_____万亿元，国家财政性教育经费占GDP比重超4％。

数据来源：_____

而该课时的课后作业就是在"完善课前查找信息"的基础上，结合课堂所学，完成与各支出项目相对应的"财政作用"连线：

Z2002：完善课前查找的信息，并结合课堂所学，完成下列连线
表9-3 2019年我国部分财政支出情况　　　　　　　财政的重要作用

2019年我国部分财政支出情况	财政的重要作用
2019中央财政将安排<u>70</u>亿元支持"厕所革命"，整治农村人居环境污染。	促进经济的发展
2019年的中国国防支出预算<u>11 899</u>亿元规模，接近1 800亿美元的规模，创下了新中国国防支出的纪录，但约7.5％的增长率在2000年以来的增速上达到了历史最低位。	促进科学、教育、文化、卫生事业的发展
2019年中央投资乡村产业基础设施工程重点支持4大项目： 1)<u>农产品初加工基础设施项目</u>;2)<u>现代农业产业园建设项目</u>;3)<u>农业"走出去"支撑建设项目</u>;4)<u>农机具存放保养基础设施项目</u>;	促进人民生活水平的提高
2019中央财政教育支出安排超<u>1</u>万亿元，国家财政性教育经费占GDP比重超4％。	为巩固国防提供可靠的物质保障

这样的设计，让学生以"导学"为出发点，从补充相关储备到理论联系实际，虽各有侧重但又彼此关联，共同促进学习目标的达成。

同样，在第四课时的课前"导学"作业中，教师提供学习任务单，指导学生通过任务单支架有规划地进行阅读教材、上网查阅、采访父母、数据比较等学习活动：

表9-4 Z4001：课前调查探究，按照下列任务单要求完成相关任务

关于"个人所得税专项附加扣除"的调查任务单		
序号	任务	完成情况描述
1	阅读教材	个人所得税是指 _____ _____ 。 征税对象有 _____ _____ 。
2	上网查阅	"个人所得税专项附加扣除"包括① _____ 、② _____ 、③ _____ 、④ _____ 、⑤ _____ 、⑥ _____ 等六项专项附加扣除，是落实新修订的个人所得税法的配套措施之一。
3	采访父母	结合2所获取的信息，了解新个税法实施后父母"个人所得税专项附加扣除"项目有① _____ ② _____ ③ _____ ④ _____ ⑤ _____ ⑥ _____ （打"√"即可，有几项打"√"几项）
4	数据比较	新个税实施前后，税收减免情况在（　　） A. 1 000 元以内　　B. 1 000—2 000 元（不包括2 000 元） C. 2 000 元—3 000 元（不包括3 000 元）　D. 3 000 元及以上

可以看出，教师提供的学习任务单，既提升了学生学习时间的利用效率，也为其今后开展类似学习活动提供了"规划模板"，一举两得。

（二）关注过程"监控"

站在学习者的角度，本课作业设计尝试更多对作业过程中学习路径规划和学习收获的监控。

例如第一课时课前作业有网上检索信息，并要求学生在获取信息数据的同时必须注明数据来源：

表9-5 Z1001：网上检索信息或实地采访，查找相关资料完成
下列表格，并提供数据来源
2018 年中央财政收支情况和 2019 年中央财政收支预算

	2018 年	2019 年
中央财政收入总量(亿元)		
中央财政支出总量(亿元)		

数据来源：_____

教师通过学生记录的资料来源，可以对学生学习过程进行了解，及时发现问题、解决问题。

再如第五课时课前"导学作业"是运用相关知识针对热点新闻相关资料作简要评价"：

表9-6 Z5001：网上检索信息，查找"范冰冰逃税案"热点新闻的相关资料，运用依法诚信纳税的相关知识，简要写下你的评价观点和理由，为课上交流做好准备（交流时间为2分钟）。
评价建议：此作业为开放性评价，教师可提供学生作品评价表，供学生参考

标　　准	权重	自我评价	小组评价	修改意见
查找热点新闻，信息来源可靠	30%			
正确运用依法诚信纳税的相关知识进行评价	40%			
观点合理，理由阐述有逻辑性	30%			

到课后作业设计为"以小组为单位，就课前所撰写的评价观点进行自评、互评和提出修改意见"：

Z5005：结合课堂交流，以小组为单位，就课前所写的评价观点进行自我评价和小组评价，填写下列"学生作品评价表"（表9-7），并在此基础上完善原有评价观点。

表9-7 学生作业评价表

标　　准	权重	自我评价	小组评价	修改意见
查找热点新闻，信息来源可靠	30%			
正确运用依法诚信纳税的相关知识进行评价	40%			
观点合理，理由阐述有逻辑性	30%			

再到后续作业设计"结合修改意见进一步撰写小论文"：

Z5006：结合整理后的修改意见，以"我看范冰冰逃税案"为题写一篇300字左右的小论文。

三项内容一气呵成，充分监控学生在学习过程不同阶段由浅至深的发展进程，提升其学习的纵深度。

此外，第三课时的课后作业有一题：结合生活热点，要求学生对观点进行判断对错并提出相关依据：

> Z3005：课外探究，查找资料，判断对错，提出相关依据（此题为选做题）
>
> 按照税法规定，偶然所得（是指个人得奖、中奖、中彩以及其他偶然性质的所得，非经常性的，属于各种机遇性所得）是需要进行纳税的，适用20％的比例税率。以每次收入额为应纳税所得额。
>
> 判断：所有的彩票中奖都需要缴纳个人所得税。（   ）（填"√"或"×"）依据：
>
> _____
>
> _____

这与仅判断对错相比，能力要求更高，更突出判断结论的有理有据。教师通过学生提供的依据，及时了解其获取证据的途径，并对其提供的证据予以评价，引导其在学习过程中走的每一步更扎实，让学生既收获果实又收获风景。

（三）展开问题"诊断"

学生个体有差异，学习认知、学习需求和达成目标也不同，若只用同一种作业来诊断，显然存在不足，因此教师要提供丰富多样的题型，并选择与不同学生需求相适应的作业加以诊断，以此更好地了解学生的真实学习情况。

本课作业题目在设计上设置了梯度，比如设计必做题（主要为基础题），选做题、能力分层题等。例如第四课时中有关进一步探讨"个人所得税专项附加扣除"对家庭生活和国民经济发展的影响，便被设计成分层题，供不同能力的学生选择：

表9-8 Z4003：简答题（此题为能力分层题，第1小题为基础题，第2小题为能力提高题）

请根据本课课前作业调查任务单"4"的税收减免情况，试着回答：
(1)国家施行"个人所得税专项附加扣除"对人民家庭生活产生了哪些影响？
(2)国家施行"个人所得税专项附加扣除"对国民经济的发展产生了哪些影响？

4	数据比较	新个税实施前后，税收减免情况在（ ） A. 1 000元以内　B. 1 000—2 000元(不包括2 000元) C. 2 000元—3 000元(不包括3 000元)　D. 3 000元及以上 学生根据实际情况作答

第 1 小题为基础题,面向全体学生,第 2 小题为能力提高题,学有余力且有等级考意愿的学生,可以尝试完成。

此外第五课时设计了撰写小论文并提供"学生作品评价表",也是充分考虑到不同学生的学习需求,提供了个人学习、小组合作的双重学习机会和双重诊断机会。

(四)提供对症"治疗"

"治疗"也是学生自我修正完善和蜕变发展的过程,必须对症下药。

例如每一课时的作业都设计了通过"网上检索信息"或"社会调查"等学科社会实践途径进行个人研究或小组合作研究,并要求形成或呈现一定成果,就是考虑到互联网时代对学生的信息素养提出的更高要求,希望学生在完成这些作业时,能够看到自己的不足,继而提升获取信息、有效筛选信息和正确处理信息的能力。

此外还引入了有效评价手段,例如第五课时中就向学生提供了开放程度更高的评价建议(表格 9-9):

表9-9 评价建议

标　　准	权重	自我评价	小组评价	修改意见
查找热点新闻,信息来源可靠	30%			
正确运用依法诚信纳税的相关知识进行评价	40%			
观点合理,理由阐述有逻辑性	30%			

提供评价分值参考依据:可参考权重,即 30% 就是 30 分,评价分值在 85 分以上为 A,75—80 分为 B,60—75 为合格,60 分以下为不合格。

让学生既可以事先以此为参照完成作业,又可以事后再以此为参照修正和完善作业。

"导控诊治"关注学生学习过程和学习行为表现,综合评估学生在不同情境中学科任务的完成质量,全面衡量学生的发展状况,引导学生不断丰富学习经历,提升学科核心素养和关键能力,是聚焦新课标下教与学新变化,探索高中思想政治课学生学习自主内化和实施有效评价的新途径。

随着互联网和通信技术的迅猛发展,多类在线直播授课平台涌现,让我们看到了有效开展"导控诊治"的更多可能性,也明确了进一步思考的方向:打造实体课堂与网络课堂相结合平台,拓宽"导控诊治"辐射圈,更好地引导学生在自主学习中优势发展和全面发展。

后　记

　　《"三问"教学法：深度学习的聚焦》一书，是继"成才教育"系列丛书之后，全体"六十人"努力探索、共同实践的又一智慧结晶。

　　在教育综合改革背景下，上海市第六十中学将"造就多元人才，和谐全面发展"作为进一步践行"成才教育"办学思想的新追求，提出"为每一个学生成才提供丰富多样的学习图景"的课程理念，构建"全景式课程"体系，形成包括学科"1＋X"课程群、专题教育、兴趣特长、实践体验等四大板块的"四叶草"结构，致力于培养学生面对未来社会的四种关键能力——"学习力、实践力、领导力、创新力"，为学生成人成才、和谐全面发展奠基。在此基础上，我们申报的"在全景式课程中建设'1＋X'课程群的实践研究"成功被立项为2018年度上海市教育科研课题，各学科教研组在一年多时间内完成了一共14门学科的"课程方案"的撰写、论证、修改、定稿等工作。目前，"全景式课程"已经在根植于每一位"六十"的教师的心中。

　　2019年初，我们基于之前的研究，结合学校优秀教师长期以来形成的教学主张和实践经验，着手进行了六十中学教学模式的构建与探索。在专家的指导下，我们以"聚焦深度学习的'三问'教学法"为核心，深入探究了"全景式课程"的课程实施之路，一问学情分析与目标设定，即学生的学习起点"在哪里"，"要到哪里去"；二问教学内容与策略方法，即应该"怎么去"；三问教学效果的反馈与评价，即"去了没有"。整个研究涵盖面广、深入扎实，既有理论上的不断完善，也有实践中的循证，多角度、多途径地探索着"全景式课程"的落地，并欣喜地看到我们的研究正在开花与结果。

　　在本书出版之际，由衷感谢上海市教育科学研究院杨四耕老师的倾情指导,他为我们提炼了"'三问'教学法"的核心观点,架构了本书的框架,并对我们的教师进了全程指导,令人感佩。同时,也要感谢学校教师将自己宝贵的教育教学经验进行分享,感谢学校科研室胡胜辉主任对本书细致的梳理与编辑,感谢参与本书撰稿、编辑、校对的单颖、陈硕、赵翀、胡宝元、王祖康、江旭等老师们的辛勤付出。

从"全景式课程"到"三问教学法",我们一直走在探索的路上。本书既是我们"六十人"探索历程的一个记载,也是我们跨入新征程的一个新的起点。

王晓虹

2020 年 3 月于上海市第六十中学